M. Fröschl

Gesund-Sein

Dimensionen Sozialer Arbeit und der Pflege Band 3

Herausgegeben von der Katholischen Stiftungsfachhochschule München

Abteilungen Benediktbeuern und München

Gesund-Sein

Integrative Gesund-Seins-Förderung als Ansatz für Pflege, soziale Arbeit und Medizin

von Monika Fröschl

Lucius und Lucius

Meinen Eltern gewidmet,
deren Liebe mir ein
sicheres Fundament gibt

Anschrift der Verfasserin:

Frau Professor
Dr. Monika Fröschl
Kath. Stiftungsfachhochschule München
Preysingstr. 83
81667 München

Die Deutsche Bibliothek – CIP-Einheitsaufnahme

Fröschl, Monika:
Gesund-Sein : integrative Gesund-Seins-Förderung als Ansatz für Pflege, soziale Arbeit und Medizin / Monika Fröschl. – Stuttgart : Lucius und Lucius, 2000

    (Dimensionen sozialer Arbeit und der Pflege ; Bd. 3)
    ISBN 3-8282-0132-6

© Lucius & Lucius Verlagsgesellschaft mbH, Stuttgart 2000
   Gerokstr. 51, D-70184 Stuttgart

Das Werk einschließlich aller seiner Teile ist urheberrechtlich geschützt. Jede Verwertung außerhalb der engen Grenzen des Urheberrechtsgesetzes ist ohne Zustimmung des Verlages unzulässig und strafbar. Das gilt insbesondere für Vervielfältigung, Übersetzungen, Mikroverfilmungen und die Einspeicherung, Verarbeitung und Übermittlung in elektronischen Systemen.

Druck und Einband: Druckhaus Thomas Müntzer, Bad Langensalza

Printed in Germany

Vorwort

„Gesundheit" – begegnet jeder Frau und jedem Mann alltäglich. Als Wort, als Wert, als Wunsch. Bei meinem beruflichen Weg über die Medizin in die Lehre der Sozialen Arbeit und der Pflege habe ich mich auf die Suche nach einer umfassenden Sichtweise begeben, die den defizitären und reduktionistischen Krankheits-Blickwinkel verläßt. Dabei führte mein Weg über die Gesundheit zum **Gesund-Sein** als gelingendem Leben.
Eine **Integrative Gesund-Seins-Förderung** auf systemtheoretischer Basis bietet eine hoffnungsvolle, positive Perspektive, die die Ressourcen von Kindern, Frauen und Männern in den Mittelpunkt stellt und dabei von den individuellen Gesund-Seins-Geschichten ausgeht.

Ressourcenorientierung wird in der heutigen Praxis oft als leeres Schlagwort gebraucht, da die Umsetzung in einer defizitorientierten Berufswelt Schwierigkeiten bereitet. Zum gegenwärtigen Zeitpunkt ist die Projektarbeit ein gangbarer Weg, da hier Neues erprobt werden kann. Dieses Buch soll den Weg zu einer neuen Berufspraxis aufzeigen, die in einer umfassenden Sichtweise ein neues Miteinander von Professionellen und Betroffenen als KonduzentInnen ermöglicht

Mir kommt es darauf an, gesund-seins-fördernde Sichtweisen und Prinzipien (wieder) zu entdecken. Eine transdisziplinäre Sicht, die das Wissen aus Naturwissenschaft, Sozialwissenschaft und Pflegewissenschaft in eine ökologische Humanwissenschaft integriert, ist mein Anliegen. Aber es ist mir wichtiger, Fragen zu stellen und Anregungen zu geben, als fertige Antworten parat zu haben. Im Verlauf der Arbeit an diesem Buch ist mir bewußt geworden: wenn ich etwas schaffe, gebe ich etwas von mir zu erkennen. Aus diesem Grund finden Sie, liebe Leserin und lieber Leser, mich auch als Subjekt in diesem Buch.

Werden konnte ich und meine Arbeit nur in meiner Mit- und Umwelt. Eine besondere Bereicherung in meinem Leben und viele neue Sichtweisen verdanke ich dabei „meinen" Kindern. Meiner Nichte Sandra, mit der ich viele gemeinsame Ausflüge gemacht habe und die mich lehrte Dinge anders zu sehen. Meinem kleinen Neffen Fabian, dessen Fantasie mich immer wieder erfrischt. Und Oliver und Cornelia, deren Kunstwerke mich nach Griechenland begleitet haben.

In der wunderschönen Umgebung einer griechischen Kykladeninsel ist dieses Buch entstanden. Wärmende Sonne, blaues Meer und traumhafte Ausblicke haben mein Tun unterstützt. Und noch mehr meine griechischen Freundinnen und Freunde. Ευχαριστω παρα πολυ Κατηνα και Αντωνι και ολο το Κουταλα. Ermöglicht wurde mir dies im Rahmen eines Praxis- und Forschungssemesters.

Herzlichen Dank an Frau Helmtrude Engelhart, von der ich Aufmunterung und liebevolle Kritik erfahren habe. Bedanken möchte ich mich bei Kolleginnen und Kollegen und Studentinnen und Studenten. Aus vielen Gesprächen und Diskussionen habe ich wertvolle Anregungen erhalten.
Ich danke Angela Will, die mit großem Engagement das Korrektur-Lesen übernommen hat. Auch Sonja Fröschl sei für die Unterstützung gedankt.
Ganz besonders bedanke ich mich bei Franz Mödl, der mich im Prozeß des Werdens dieses Buches kontinuierlich unterstützt hat.

Mein Wunsch ist, dass das Buch zu einer intensiven Diskussion über eine Integrative Gesund-Seins-Förderung beiträgt und Ärzte und Ärztinnen, SozialarbeiterInnen und Pflegekräfte sich auf einen gemeinsamen hoffnungsvollen Weg zum Gesund-Sein begeben.

München, im März 2000

Monika Fröschl

Gliederung

1.	**Gesund-Sein: eine systemische Betrachtung**	**1**
1.1	Vom dichotomen zum Kontinuum-Modell von Gesundheit	1
1.2	Systemtheoretische Grundlagen	5
1.3	Systemisches Modell des Gesund-Seins	11
2.	**Paradigmenwechsel: vom defizitären Objekt zum fähigen Subjekt**	**18**
3.	**Grundlagen der Gesundheitsförderung**	**24**
3.1	Gesundheitsförderung als professioneller Zugang	24
3.2	Personale und ökosoziale Ressourcen	30
3.2.1	Personale Ressourcen	32
3.2.2	Ökosoziale Ressourcen	34
3.3	Lebensweisenkonzept	37
3.4	Die Salutogenese als ressourcenorientiertes Konzept	40
3.5	Handlungsansatz Empowerment	46
4.	**Die (Wieder)Entdeckung gesundheitsfördernder Prinzipien**	**51**
4.1	Langsam im Rhythmus die Eigenzeit leben	51
4.1.1	Rhythmus und Zyklen	52
4.1.2	Eigenzeit	56
4.1.3	Synchronisation und Langsamkeit	59
4.2	**Qualität durch Kooperation**	62
4.2.1	Kooperation statt Konkurrenz	63
4.2.2	Voraussetzungen für effektive Kooperation	64
4.2.3	Kooperation als Weg zur Qualität	67
4.3	**Emotionalität**	**69**
4.4	**Körper-Sein**	**72**
4.4.1	Die Weisheit des Körpers entdecken	75
4.4.2	Lust und Genuß	77
4.4.3	Kontakt- und Grenzerfahrungen durch die Haut	78
4.4.4	Schlaf und Entspannung	82
4.4.5	Bewegung leben	84
4.4.6	Körper – systemisch gesehen	84
4.5	**Spiritualität**	**86**
4.5.1	Glaube und Religion	87
4.5.2	Bewertung von Leid	89
4.5.3	Heilung als Wille zum Sinn	91
4.5.4	Die Kraft der Rituale	94
4.6	**Arbeit zum Sein**	**96**

5. Integrative Gesund-Seins-Förderung auf dem Weg zu einer neuen Heilkultur — 100

- 5.1 Integrative Heilkultur in der Geschichte — 102
- 5.2 Spaltung der Disziplinen im gesellschaftlichen Wandel — 104
  - 5.2.1 Gesund-Seins-Förderung und Soziale Arbeit — 105
  - 5.2.2 Gesund-Seins-Förderung und Pflege — 107
  - 5.2.3 Gesund-Seins-Förderung im Spannungsfeld von Medizin und Gesundheitswissenschaft — 109
- 5.3 Integrative Gesund-Seins-Förderung als neue Heilkultur — 111
  - 5.3.1 Gesund-Seins-Förderung: moderne Worthülse oder mit Leben gefüllt? — 112
  - 5.3.2 Integrative Gesund-Seins-Förderung unter dem Dach einer ökologischen Humanwissenschaft — 113
  - 5.3.3 Spezialisierung oder Generalisierung in der Integrativen Gesund-Seins-Förderung? — 116
  - 5.3.4 Ebenen der Integrativen Gesund-Seins-Förderung — 118
  - 5.3.5 Prinzipien der Integrativen Gesund-Seins-Förderung — 121

6. Integrative Gesund-Seins-Förderung in Projekten — 128

- 6.1 Orientierungsphase: die Projektidee integrieren — 131
  - 6.1.1 Idee und Anlaß — 131
  - 6.1.2 Projekt in der Umwelt — 131
  - 6.1.3 Projekt-Arbeit in der Lebenswelt — 132
- 6.2 Planungsphase: ein Konzept erstellen — 135
  - 6.2.1 Ziele und Zielgruppen — 136
  - 6.2.2 Zeitplanung — 138
  - 6.2.3 Finanzierung — 138
  - 6.2.4 Maßnahmenplanung und Qualitätssicherung — 139
  - 6.2.5 Organisationsform, Leitung und Team — 141
- 6.3 Durchführungsphase: Projekte steuern — 143
  - 6.3.1 Teamarbeit — 143
  - 6.3.2 Dokumentation und Kontrolle — 146
  - 6.3.3 Öffentlichkeitsarbeit — 149
- 6.4 Abschlußphase: Projekte beenden — 151
  - 6.4.1 Abschluß und Evaluation — 151
  - 6.4.2 Was bleibt für die Zukunft? — 154

7. Zusammenfassung — 155

Literatur — 159

1. Gesund-Sein: eine systemische Betrachtung

Wenn im folgenden nicht ausschließlich von Gesundheit, sondern auch immer wieder von Krankheit die Rede ist, ist ein Punkt von zentraler Bedeutung: der Blickwinkel geht von Gesundheit aus, nicht von Krankheit. Dagegen wird in unserem Kulturkreis mit der Definitionsmacht der Medizin Gesundheit häufig über die Abwesenheit von Krankheit definiert.

Das althochdeutsche Wort „gisunt", das angelsächsische „gesund" und das altfriesische „sund" bedeuten heil, wohlbehalten, lebendig. Der Begriff krank leitet sich von althochdeutsch „kranc" ab und heißt eigentlich gebeugt, gekrümmt. Erst im späten Mittelalter ersetzt dieses Adjektiv das Wort siech:elend (Schipperges 1990, 18/19).

Geltende Modelle arbeiten mit dem Begriff Gesundheit. Die Entwicklung eines systemischen Modells von Gesund-Sein ist Ziel dieses Kapitels. Gesund-Sein mit dem Individuum im Mittelpunkt.

1.1 Vom dichotomen zum Kontinuum-Modell von Gesundheit

Die Weltgesundheitsorganisation (WHO) schlägt in ihrer Definition von 1948 tatsächlich eine Richtungsänderung ein, indem Gesundheit als **„ein Zustand vollkommenen körperlichen, seelisch-geistigen und sozialen Wohlbefindens und nicht allein als Fehlen von Krankheit oder Gebrechen"** definiert wird (WHO 1948). Die Aussage, dass umfassendes somatopsychosoziales (körperliches, seelisches und soziales) Wohlbefinden mit Gesundheit gleichzusetzen ist, stellt einen wichtigen, da positiven Blickwinkel dar. Ergänzungsbedürftig ist dieser Begriff um ein Wohlbefinden im spirituellen Bereich. Aber es bleibt ein Rest der Negativ-Definition von Gesundheit übrig: „nicht allein das Fehlen von Krankheit oder Gebrechen". Das Wort Zustand suggeriert zudem, dass Gesundheit etwas Statisches ist. Das Werden von Gesundheit, die Veränderung des Wohlbefindens im Laufe des Tages oder der Woche findet keinen Ausdruck.

Und wer ist schon „vollkommen" gesund? Die Begriffsbestimmung geht von der Erreichbarkeit eines Idealzustandes aus.

Die soziale Dimension der Gesundheit wird in der Formulierung der Menschenrechte durch die Generalversammlung der Vereinten Nationen nochmals verdeutlicht. In den Artikeln 22-27 wird u.a. das Recht auf einen Lebensstandard, der für die Bewahrung der Gesundheit und das Wohlbefinden notwendig ist, festgelegt (zit. nach Miller 1999, 108/109).

Auch ethische Fragen müssen im Zusammenhang mit der Definition von Gesundheit diskutiert werden. Wird Gesundheit von Mächtigen definiert, die von einem eingeschränkten Menschen- und Weltbild ausgehen, so kann der Gesundheitsbegriff zur Aussonderung von Menschen, beispielsweise mit Behinderung, mißbraucht werden. Dies führen die Erfahrungen im nationalsozialistischen Deutschland mehr als deutlich vor Augen.

Das von mir gewählte ressourcenorientierte Menschenbild und systemische Weltbild ist in den Kapiteln 1.2 und 2 dargestellt.

Dichotomes Modell
Die WHO-Definition läuft darüber hinaus auf eine Dichotomisierung von Gesundheit und Krankheit hinaus. Dichotomisierung im Sinne des Wortes - in zwei Teile schneidend. In diesem Modell gibt es zwei Pole, die sich gegenseitig ausschließen: entweder krank oder gesund.

In unserem täglichen Leben ist das dichotome Modell noch weit verbreitet. Entweder bin ich krank und damit arbeitsunfähig, oder gesund und damit voll arbeitsfähig. In der kapitalistischen Gesellschaft wird Gesundheit häufig über die Erwerbsfähigkeit definiert.

Dieses dichotome Modell verleitet auch dazu Gesundheit über Krankheit zu definieren, oder einen Menschen über seine Schwierigkeiten und Defizite, wie z.B. Verhaltensauffälligkeit oder HIV-Infektion.

 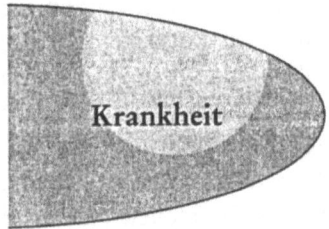

Abb. 1.1a Dichotomes Modell von Gesundheit

Yin-Yang-Modell

Der Erziehungswissenschaftler Gerhard Schäfer (1989) bezeichnet Gesundheit als gelungenes Leben. Gelungenes Leben kann nur dann erreicht werden, wenn es dem Individuum gelingt, in allen Lebensbereichen Gegensätze zu überwinden und ein Gleichgewicht zwischen widerstrebenden Kräften herzustellen. Somit gibt es keine Gesundheit ohne Krankheit und keine Krankheit ohne Gesundheit. Gemäß dem östlichen Yin und Yang-Motiv, in dem sich gegensätzliche Eigenschaften gegenseitig bedingen und in jeder Eigenschaft ein Teil der anderen enthalten ist.

Abb. 1.1b Yin-Yang-Modell von Gesundheit

Kontinuum-Modell von Gesundheit

Eine Weiterentwicklung des dichotomen Modells stellt das Kontinuum-Modell von Gesundheit und Krankheit dar. Es geht davon aus, dass Mann oder Frau sich zu jedem Zeitpunkt irgendwo zwischen den Polen Gesundheit und Krankheit befindet.

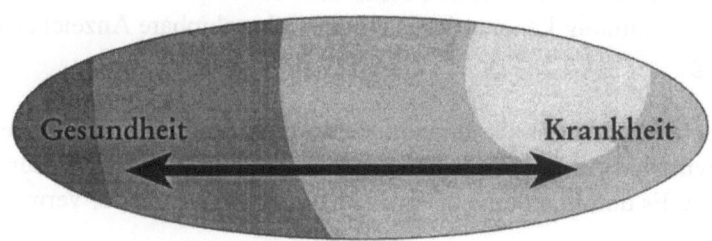

Abb. 1.1c Kontinuum-Modell von Gesundheit

Diese Vorstellung läßt zu, dass der „Befindenspunkt" heute anders liegen kann als morgen. Zudem kann ein Mensch mit einer schweren chronischen Krankheit wie AIDS sich auch über seine gesunden Anteile definieren und damit verschiebt sich sein Befinden in Richtung Gesundheit. Dieses Modell wurde vom amerikanischen Streßforscher Aaron Antonovsky (Antonovsky 1981, 69; 1997, 23) eingeführt.

Laienvorstellungen von Gesundheit lassen sich den verschiedenen dargestellten Modellen gut zuordnen. Laien lassen sich dadurch kennzeichnen, dass sie kein berufliches Spezialwissen und keine fachlich-spezialisierten Kompetenzen im Feld von Gesundheit und Krankheit erworben haben; sie verfügen aber über umfangreiches gesundheitsbezogenes Wissen und Kompetenzen (Faltermaier 1998b, 72).
In einer umfassenden empirischen Studie an 61 Erwachsenen der Mittelschicht untersuchten Faltermaier et al. (1998a, 5ff.) die Gesundheitsvorstellungen von gesunden Menschen und ihr Gesundheitshandeln im Alltag (s. 1.3 und 3.2.1). Dazu wurden qualitative Interviews mit gesunden berufstätigen Erwachsenen aus Handwerks- und Verwaltungsberufen durchgeführt. In dieser gesundheitswissenschaftlichen Studie wurden kognitive Vorstellungen, die Motivation zum Handeln und soziale Interaktionen untersucht. Das Ziel war: durch die Rekonstruktion der subjektiven und sozialen Konstruktion von Gesundheit wesentliche Grundlagen für eine angemessenere Gesundheitsförderung zu schaffen unter Integration einer salutogenetischen und subjektorientierten Perspektive, die auf Partizipation und Kompetenz von Laien setzt. Als Ergebnis konnten vier Typen von Gesundheitskonzepten identifiziert werden (Faltermaier 1998a, 83ff.):

1. Schalter-Modell von Gesundheit (On-Off), das dadurch charakterisiert ist, dass Gesundheit entweder vorhanden oder nicht vorhanden ist. Dies entspricht einer weitgehenden Dichotomisierung. Diese Personen sehen wenig eigenen Einfluß auf ihre Gesundheit und sehen sich auf ExpertInnen angewiesen. Die Selbstwahrnehmung konzentriert sich auf wahrnehmbare Anzeichen einer Erkrankung.

2. Batterie-Modell von Gesundheit. Gesundheit baut sich im Lauf des Lebens ab und wird verbraucht. Es gibt fließende Übergänge zwischen Gesundheit und Krankheit. Es dominiert eine defensive Lebenshaltung mit der Vermeidung von Risiken.

3. Akkumulator-Modell von Gesundheit. Hier ist Gesundheit regenerierbar. Die Frauen und Männer haben differenzierte Gesundheitskonzepte, die körperliche, psychische und soziale Prozesse einbeziehen. Sie sehen vielfältige soziale Kontrollmöglichkeiten, die auch auf aktive Bemühungen zur Wiederherstellung des Potentials zielen. Dieses Modell steht dem Kontinuum-Modell nahe.

4. Generator-Modell von Gesundheit. Die Gesundheit verändert sich in einem kontinuierlichen Prozeß. Systemische Anteile (s. 1.3) sind erkennbar.

Gemeinsam haben diese Gesundheitskonzepte, dass sie dynamisch und lebenszeitlich orientiert sind. So erfolgt der individuelle Zugang zum Thema Gesundheit über die persönliche Entwicklungsgeschichte. Biografische Aspekte wie Veränderung durch Alterungsprozesse oder persönliche Erfahrungen werden in das Gesundheitsverständnis nicht einfach integriert, sondern Veränderungsprozesse im Leben führen zu einer Modifikation des Gesundheitsverständnisses. Jedoch wird bei diesen Modellen oder in ihrer Kategorisierung durch die ExpertInnen der Bezug zum Maschinenmodell des Körpers sichtbar.

1.2 Systemtheoretische Grundlagen

Im folgenden sollen wesentliche Aspekte der Systemtheorie unter dem Blickwinkel der Gesundheit betrachtet werden. Ein Überblick über die Systemtheorie ist in allgemeinverständlicher Sprache beim amerikanischen Physiker Fritjof Capra (1982, 1996) nachzulesen. Wichtige Begriffe sind in Abb. 1.2 zusammengefaßt.

System	integriertes Ganzes
Systemdenken	Beziehungs- und Prozeßdenken
Dynamische Ordnung	aufeinander bezogene Wechselwirkungen in einem System
Autopoiese/Selbstorganisation	Autonomie durch Selbsterzeugung
Strukturelle Koppelung	gegenseitige Anpassung von System und Umwelt
Netzwerk	Gewebe von Verbindungslinien mit Knotenpunkten

Abb. 1.2 Begriffe der Systemtheorie

Unter **System** soll im folgenden in Anlehnung an Capra (1996, 40) ein integriertes Ganzes verstanden werden, dessen wesentliche Eigenschaften sich aus den Beziehungen zwischen den Teilen ergeben (griech. systánei zusammenstellen). Systemdenken ist Beziehungs- und Prozeßdenken. Ein System kann im Bereich des Biologischen eine Körperzelle oder der Körper sein, im sozialen Bereich die Familie oder ein Krankenhaus.

Systeme sind in die **Umwelt** eingebettet. Als Umwelt soll die Summe von Systemen, Ereignissen und Handlungen, die außerhalb des Bezugssystems liegen, bezeichnet werden (s. auch Miller 1999, 35). Mitwelt umfaßt die sozialen Beziehungen zu Mitmenschen in der Umwelt, ist also Teil der Umwelt.

Die **Ökologie** befaßt sich als Wissenschaft mit den Beziehungen des Organismus zur umgebenden Außenwelt (Umwelt). So wurde der Begriff 1866 vom Biologen Ernst von Haeckel geprägt. Der Gegenstand der Ökologie (oikos: griech. Wohnung, Haus, Haushalten) ist das Haushalten von Organismen in ihrer jeweiligen Umwelt (Reheis 1998, 37; Capra 1996, 46).

Aus dieser Sicht ist es wichtig den Blick auch auf die helfenden Systeme, wie beispielsweise das System Krankenhaus, zu richten, die bestehende Probleme nicht immer lösen, sondern vielleicht verschärfen (Imber-Black 1997, 7ff.).

Bei Hildegard von Bingen (1098-1179) ist bereits eine systemische Denkweise zu finden. Eine Frau, die das Ganze betrachtete und dabei immer spirituelle Aspekte integrierte. Für sie ist der Mensch ein Mikrokosmos im Makrokosmos der Welt, System Mensch in der Umwelt (Müller 1994, 166; Schipperges 1995, 39ff.). Grundlagen zu diesem Denken finden sich auch bei Nicolas von Cusa (1401-1464), Sohn eines deutschen Moselschiffers, der in Padua zum Priester geweiht wurde. Zentrale Aussagen seines Verständnisses lauten: jedes Teil ist ein Teil des Universums und der Mensch enthält das ganze Universum in begrenztem Maß (ex omnibus partibus relucet totum) (zit. nach von Bertalanffy 1975, 54).

Als Begründer der modernen Systemtheorie gilt aber im allgemeinen der österreichische Biologe Ludwig von Bertalanffy (1901-1972). Er grenzt sich deutlich von gängigen naturwissenschaftlichen Denkweisen ab.

Viele systemische Ideen stammen aus den Naturwissenschaften. Sie finden in den modernen Naturwissenschaften jedoch bis heute kein großes Echo. Anders ist die Situation in den Sozialwissenschaften. Systemische Paradigmen haben heute einen wichtigen (vielleicht den wichtigsten Platz) in den Theorien der Sozialen Arbeit.

Die heute noch geltenden Hypothesen der Selektion und natürlichen Auslese bei Charles Darwin entsprechen einem mechanistischen Weltbild. Die Selektion erfolgt als Reaktion auf einen Umweltreiz im Sinne eines Ursache-Wirkungsgefüges. Die Lebewesen passen sich an veränderte Umwelten an. Die Lebewesen und damit auch der Mensch reagieren auf den Knopfdruck aus der Umwelt. Die naturwissenschaftliche Forschung an toten Modellen verstärkt diese mechanistischen Auffassungen (von Bertalanffy 1937, 5). Weit verbreitet ist dieses Modell in der modernen technischen Medizin, die von einem mechanistischen Bild des Menschen als Maschine ausgeht. Gesundheit kaputt = Krankheit = Defekt -> Suche nach der Ursache -> technische Reparatur durch Experten -> Gesundheit.

Demnach müßten größere Ausgaben im „Gesundheitssystem" - das eigentlich ein Krankheitssystem ist - durch den hohen technischen Aufwand der Experten zur besseren Gesundheit führen. Eine Gesundheitsstudie der Organisation für wirtschaftliche Zusammenarbeit und Entwicklung (OECD) widerspricht dieser Aussage: die Ausgaben der „Gesundheitswesen" in den meisten der 29 Mitgliedsstaaten gehen zurück, gleichzeitig verbessert sich der Gesundheitszustand der Bevölkerung (Süddeutsche Zeitung, 29.7.1999, S.21). Zum gleichen Ergebnis kommt man bei einem Kostenvergleich zwischen Japan und den USA: obwohl Japan nur die Hälfte für das nationale Gesundheitssystem ausgibt, nämlich 6% des Bruttosozialproduktes im Vergleich mit 12% in den USA, leben die Menschen in Japan länger (Paulus 1992, 31).

Nach systemischem Denken wird nicht nach „der Ursache" gesucht, sondern nach Zusammenhängen und Wechselwirkungen. Sehr viel komplexer, aber wirklichkeitsnäher. Die Systemtheorie geht von der **dynamischen Ordnung** von Vorgängen innerhalb eines Systems aus. „Das Charakteristische des Lebens liegt nicht in einer Besonderheit einzelner Vorgänge, wohl aber in der bestimmten und erstaunlichen Ordnung aller dieser Vorgänge untereinander, indem diese im organischen System so ablaufen, dass sie zu seiner Erhaltung (bzw. Entwicklung und Vermehrung) führen" (von Bertalanffy 1937, 11). „Auch wenn wir z.B. jeden der eine Zelle aufbauenden Stoffe kennen würden, so würden wir doch niemals die Lebenseigenschaften des Stoffwechsels erhalten....Der Organismus bedeutet ein System, in welchem die Elemente und Vorgänge in einer bestimmten Weise geordnet sind, und in welchem letzten Endes jeder Einzelteil, jedes Einzelgeschehen von allen anderen Teilen, allen anderen Geschehnissen abhängt. Das Verhalten eines isolierten Teiles ist daher ein anderes, als es im Zusammenhang des Ganzen zeigt" (von Bertalanffy, 1937, 12).

Das Ganze ist daher immer mehr als die Summe der Einzelteile (von Bertalanffy 1981, Vorwort). Für die Gesundheit bedeutet dies, dass die Konzentration auf ein Organ oder auch die Konzentration auf eine spezifische soziale

Fragestellung immer nur einen Teilaspekt berücksichtigt und nie die letztendliche Antwort darstellen kann. Als Aufgabe der Forschung sieht Ludwig von Bertalanffy die Ermittlung von Systemgesetzen, die die Ordnung aller Teile und Vorgänge untereinander beherrschen. Dabei kann es sehr wohl auch sinnvoll sein, Teile zu untersuchen, aber es müssen immer die Beziehungen, in denen diese untereinander und zum Ganzen stehen, berücksichtigt werden. Diese Denkweise kann einen gangbaren Weg einer transdisziplinären Synthese darstellen (von Bertalanffy 1975, 42). Die Systemtheorie bietet sich als transdisziplinäre Theorie für eine interdisziplinäre Kooperation an; als Querschnittstheorie für eine Zusammenarbeit von Pflege, Sozialer Arbeit und Medizin. Interdisziplinär bedeutet im folgenden die Zusammenarbeit mehrerer Disziplinen (Brockhaus 1997b, 596).

Zentrale Begriffe: Autopoiese und strukturelle Koppelung
Zentraler Begriff im systemischen Denken ist die **Autopoiese** (griech. autos selbst; poiein machen). Dieser Begriff wurde von den chilenischen Neurobiologen Humberto Maturana und Francisco Varela geprägt. Sie haben es sich zum Ziel gesetzt, ein Systembild der elementaren Lebensvorgänge und Prozesse darzustellen. Dabei definieren sie Lebewesen als autopoietische Organisationen, die sich andauernd selbst erzeugen (Maturana et al. 1987, 50). Lebewesen sind demnach autonome Einheiten, d.h. sie haben ihre eigene Gesetzlichkeit.
Die Organisation der Einheiten ist durch gewisse Relationen gegeben: zelluläre autopoietische Einheiten sind in einem kontinuierlichen Netzwerk von Wechselwirkungen miteinander verbunden. In der Biochemie heißt dies allgemein zellulärer Metabolismus (Zellstoffwechsel). Darüber hinaus erzeugt der Zellstoffwechsel Bestandteile, die wieder in die Zelle integriert werden. Einige dieser Bestandteile bilden dabei einen Rand, eine Membran. Diese Membran ist ebenfalls an den autopoietischen Prozessen beteiligt (Maturana et al. 1987, 51).

Lebewesen sind, so die Autoren, selbst Erzeuger und Erzeugnis, damit gehören Sein und Tun zusammen. Das Erkennen ist nicht eine Repräsentation der Welt da draußen, sondern ein andauerndes Hervorbringen einer Welt durch den Prozeß des Lebens selbst. Die Realität ergibt sich aus dem erkennenden Tun des Beobachters oder der Beobachterin und ist immer ein subjektgebundenes Konstrukt. Der Unterschied zwischen Subjekt und Objekt verschwindet.
Dabei ist jedes Phänomen ein biologisches Phänomen, das die Autopoiese mindestens eines Lebewesens einbezieht (Maturana et al. 1987, 60).
Der Psychosomatiker Thure von Uexküll betont, dass schon die einzelne Zelle ein autonomes Gebilde ist, das ein Selbst besitzt und durch Interpretation ihrer Umgebung nach ihren Sollwerten ihre eigene Realität erzeugt. Lebende Sys-

teme sind mit rezeptorischen und effektorischen Einrichtungen ausgerüstet, mit denen sie Nachrichten empfangen und senden. Diese Einrichtungen dienen primär nicht der Aufgabe Beziehung zur Umwelt herzustellen, sondern zur Führung von Selbstgesprächen: Propriozeption. Die Antworten lebender Systeme hängen nicht von der physikalischen oder chemischen Beschaffenheit der Einwirkungen ab, sondern von der Bedeutung, die das lebendige System ihnen erteilt. Die Bedeutungserteilung erfolgt durch die Umwandlung neutraler Umgebungsfaktoren in Bestandteile der subjektiven Umwelt (von Uexküll 1997, 26ff.). Der Soziologe Niklas Luhmann verwendet für soziale Systeme den Begriff der **Selbstreferentialität**. Soziale Systeme sind demnach in der Lage, sich auf sich selbst zu beziehen, sich selbst zu erzeugen und zu erhalten und demnach sich selbst zu reproduzieren (Luhmann 1988, 24ff. zit. nach Miller 1999, 29; Gripp-Hagelstange 1995, 26). Die Reproduktion der sozialen Systeme erfolgt dabei durch die Kommunikation. Soziale Systeme verarbeiten Informationen aus der Umwelt nach ihren eigenen Systemlogiken.
Selbstorganisation wird im wesentlichen synonym verwendet. Fritjof Capra bezieht in die Selbstorganisation noch den Austausch von Energie und Materie mit der Umwelt mit ein (Capra 1996, 192).
Autopoiese, Selbstreferentialität und Selbstorganisation werden im folgenden synonym verwendet.

Weiterer zentraler Begriff ist die **strukturelle Koppelung**: dies sind Interaktionen zwischen zwei Systemen oder zwischen den Systemen und der umgebenden Umwelt. Die Umwelt kann dabei Prozesse in den Systemen auslösen, aber keinesfalls im Sinne eines Ursache-Wirkungsgefüges bedingen (Maturana et al. 1987, 85), da die Beeinflussung gegenseitig ist. Dabei paßt sich das System an seine Umwelt an und die Umwelt wird durch das System verändert. Diesem Prozeß kommt die gleiche Wichtigkeit zu wie der Autopoiese. In diesem Sinn gibt es keinen Fortschritt in der Evolution im Sinne einer immer besseren Anpassung an die Umwelt (natürliche Auslese), sondern durch die Erhaltung der Anpassung und der Autopoiese in einem Prozeß, in dem Organismus und Umwelt in dauernder Strukturkoppelung bleiben (Maturana et al. 1987, 127).

Auch das Lernen wird als Ausdruck der Strukturkoppelung, in der die Verträglichkeit zwischen der Arbeitsweise des Organismus und der Umwelt aufrechterhalten wird, gesehen. Es handelt sich also keineswegs nur um das Aufnehmen von Fakten (Maturana et al. 1987, 188). Beispielsweise werde ich aus einem Artikel nur das herauslesen, was zu meinem gegenwärtigen Wissensstand paßt, d.h. meine Autopoiese und die strukturelle Koppelung wird wirksam werden. Jedes System, egal ob es sich um eine Zelle (Einheit erster Ordnung), einen

Organismus (Einheit zweiter Ordnung) oder eine Gesellschaft (Einheit dritter Ordnung) handelt, folgt den Systemgesetzen.

Dabei lassen sich soziale Phänomene sehr gut integrieren. Als Beispiel sei die Kommunikation durch Sprache dargestellt. Kommunikation hängt nicht nur davon ab, was übermittelt wird, sondern auch davon, was im Empfänger geschieht (Maturana et al. 1987, 212). Im Hinblick auf die Gesundheit werde ich nur die Informationen aufnehmen, die in „mein Bild" passen.

Die Sprache erlaubt die Beschreibung der eigenen Existenz. Selbstbewußtsein, Bewußtheit und Geist finden in der Sprache statt. Das was wir sagen, reflektiert – außer wenn wir lügen –, das was wir leben, und nicht das was aus dem Blickwinkel eines unabhängigen Beobachters geschieht (Maturana et al. 1987, 249). Zusammenfassend ist nach den AutorInnen unsere Welt immer die, die wir hervorbringen.

Das bedeutet für die Gesundheit eine eigene große Gestaltungsmöglichkeit. Unsere Gesundheit ist immer die, die wir in autopoietischen Prozessen, in dauernder Wechselwirkung mit unserer Umwelt hervorbringen.

In der individuellen Entwicklung wirkt dabei immer die individuelle Lebensgeschichte und der kulturelle Hintergrund mit. Ob ein Individuum als krank oder gesund gilt, hängt so Bertalanffy, davon ab, ob die gezeigten Symptome in das universelle Glaubenssystem im gegebenen kulturellen Rahmen passen (von Bertalanffy 1981, 40). So kann beispielsweise das Sehen von Bildern als mystische Erfahrung wie bei Hildegard von Bingen gedeutet werden oder aber als Zeichen einer psychischen Erkrankung. Ob Leibesfülle mit Wohlbefinden gleichgesetzt wird, oder als Adipositas („Fettsucht") Krankheitswert hat, hat mit der jeweiligen geschichtlichen Betrachtung zu tun.

Im systemischen Verständnis kommt es darauf an, Körper, Gesundheit, Umwelt oder die Natur zu respektieren (nicht beherrschen!!) und in Kooperation und Dialog einzutreten. Das entsprechende Evolutionskonzept hat Lynn Margulis entwickelt. Sie geht davon aus, dass das wesentliche Element eine Symbiogenese ist, d.h. das Miteinander-Werden im Sinne von Koevolution und Kooperation. Ein Denken das in der Biologie sehr neu, in der Mytologie in Form der Meerjungfrauen oder Sphinxe sehr alt ist (zit. nach Capra, 1996, 263ff).

Systeme und Systemteile sind in einem **Netzwerk** miteinander verbunden. Damit ist ein Konstrukt mit vielen Verbindungslinien gemeint, an dessen Knotenpunkten sich jeweils andere Wege ergeben können. Als Netzwerk im biologischen Sinn wird das Gehirn, das Nervensystem oder das Immunsystem bezeichnet. Dabei kommt es darauf an, die Aktivitäten im System im Sinne der Selbstorganisation zu koordinieren.

Der Begriff Abwehrsystem statt Immunsystem suggeriert dagegen die Reaktion auf Angriffe von außen im Sinne einer Zerstörung. Dieses militärische Vokabular zeugt von einem völlig anderen, mechanistischen Verständnis. Im systemischen Sinne kommt es auf die Aufrechterhaltung der Autopoiese im Körper an, in keinem Fall auf eine „Feindabwehr". Die Umwelt wird auch nicht als „Feind" betrachtet, sondern als umgebendes Milieu, das für Austauschprozesse benötigt wird (s. auch Capra 1996, 316ff.).

Im sozialen Sinn ist unter Netzwerk „eine Gruppierung von Individuen, Organisationen oder Einrichtungen" gemeint, „die auf einer nicht-hierarchischen Basis um gemeinsame Themen oder Angelegenheiten organisiert ist, welche aktiv und systematisch auf der Basis von Verantwortungsgefühl und Vertrauen verfolgt werden" (WHO 1998, 20). Der Sozialpsychologe Heiner Keupp (1987, 11/12) betont die bemerkenswerte Schlichtheit des sozialen Netzwerkkonzeptes: „Es bezeichnet die Tatsache, dass Menschen mit anderen sozial verknüpft sind und vermittelt für dieses Faktum eine bildhafte Darstellungsmöglichkeit. Menschen werden als Knoten dargestellt, von denen Verbindungsbänder zu anderen Menschen laufen, die wiederum als Knoten symbolisiert werden", ähnlich einem Fischernetz. Der Biochemiker Frederic Vester bezeichnet unsere gesamte Welt als vernetztes System (Vester 1983).

1.3 Systemisches Modell des Gesundseins

„Gesundheit ist kein Zustand, keine Verfaßtheit, ist kein Ideal und nicht einmal ein Ziel: Gesundheit ist ein Weg, der sich bildet, indem man ihn geht" . Dieses Zitat des Medizinhistorikers und Psychosomatikers Heinrich Schipperges weist auf eine kontinuierliche Gestaltbarkeit des Gesund-Seins im Leben hin. Ein Weg mit vielen Abzweigungen, Übergängen und Richtungen, Krisen und Konflikten, Scheidewegen, die Alternativen möglich und Entscheidungen notwendig machen, ein Weg mit Grenzen, aber auch hohen Bergen und unendlichem Meer, mit Abgründen und blühenden Wiesen im Leben. Diesen Weg gehe ich jedoch nicht alleine, sondern inmitten meiner Mitwelt und Umwelt. Victor von Weizsäckers Aussage geht in die gleiche Richtung: „Die Gesundheit eines Menschen ist eben nicht ein Kapital, das man aufzehren kann, sondern sie ist überhaupt nur dort vorhanden, wo sie in jedem Augenblick des Lebens erzeugt wird. Wird sie nicht erzeugt, dann ist der Mensch bereits krank" (von Weizsäcker 1955, 67). Gesund-Sein ist ein Prozeß des aktiven Umgangs mit der erlebten Umwelt zum Zweck der persönlichen Verwirklichung in sozialer und kultureller Einbettung (Erben et al. 1986, 66). Aus diesen Gründen ist eine Erweiterung des Kontinuum-Modells sinnvoll. Der systemische Blick richtet sich über das Individuum hinaus, indem das Individuum in Bezug zu seiner Mit- und Umwelt gesehen wird. Dabei wird berücksichtigt, dass das soziale und ökologische Umfeld eine wesentliche Rolle spielt. Mitwelt und Umwelt stellen für die Gesundheit bedeutende Ressourcen zur Verfügung. Jedoch existieren neben den Ressourcen auch Anforderungen und Risiken im personalen und ökosozialen Bereich. Ressourcen und Risiken stehen in struktureller Koppelung mit Gesundheit und Krankheit.

Gesundheit wird nicht selten als abstrakter Begriff „gehandelt". Die Entpersonifizierung von Gesundheit und Krankheit spiegelt sich in vielen Bereichen der modernen Medizin wider. Wir sind auf dem Weg zum machbaren Produkt „Gesundheit". Anders die systemische Sichtweise: „Gesundheit ist ein Gefühl des Wohlbefindens als Ergebnis dynamischer Ausgeglichenheit der physischen und psychischen Aspekte des Organismus sowie seines Zusammenwirkens mit seiner natürlichen und gesellschaftlichen Umwelt" (Capra 1993, 361). Der Subjektbezug ist hier deutlich ausgedrückt. „Das, was Menschen unter Gesundheit verstehen oder mit Gesundheit assoziieren, ist von ihrem gesellschaftlich-kulturellen Hintergrund abhängig. Damit prägen Faktoren wie Lebensphase, Alter, soziale Herkunft, Bildungsgrad, Geschlecht, Erziehung und die Strukturen des Gesundheitswesens das Gesundheitsverständnis des einzelnen und von Gruppen" (Bundesministerium für Bildung 1997, 5). Dabei schließt Gesund-Sein Aspekte des angemessenen Umgangs mit Krankheit, Sterben und Tod ein. Gesund-Sein ist dann gelingendes Leben, das Gestaltungskraft und Bewältigungsfähigkeit integriert (Paulus 1992, 109; Schäfer 1989). Dieses Verständnis macht es auch Frauen und Männern mit Behinderungen oder chronischer Krankheit möglich, gesund zu sein. Eine Erfahrung, die die langjährige Begleitung von Menschen mit HIV und AIDS bestätigt. Trotz der lebensbedrohlichen Krankheit ist es (phasenweise) möglich, sich sehr wohl zu fühlen.

Es wird also immer deutlicher, dass individuelle Vorstellungen von Gesundheit und individuelles Handeln im Umgang mit Gesundheit und Krankheit eine zentrale Bedeutung haben. In Positivierung der Aussage des stoischen Philosophen Epiktet (ca. 50-120 n.Chr.), der darlegte: „nicht die Dinge beunruhigen die Menschen, sondern die Vorstellungen von den Dingen", führt das individuelle Verständnis von Gesundheit zu größerem und weniger großem Wohlbefinden. Aber auch die Forschung belegt vielfältige soziale und kulturelle Unterschiede (alters-, geschlechts-, krankheitsbedingte) in subjektiven Vorstellungen von Gesundheit und Krankheit. Gesundheit und Krankheit werden in unterschiedlichen sozialen Gruppen und kulturellen Kontexten unterschiedlich erlebt, definiert und dargestellt. Dabei verwenden Angehörige der mittleren

und oberen Schicht eher mehrdimensionale, positive und selbstbezogene Konzepte als Angehörige der unteren Schicht, die eher eindimensionale, negative und funktionale Aspekte betonen (Frank 1998, 59).
Damit ist Gesundheit Gegenstand und Ergebnis subjektiver und sozialer Konstruktionen (Flick 1998, 7-9). Alfred Schütz definiert: „unser gesamtes Wissen von der Welt, sei es im wissenschaftlichen oder im alltäglichen Denken enthält Konstruktionen, das heißt einen Verband von Abstraktionen, Generalisierungen, Formalisierungen und Idealisierungen" (1971, 5). Dabei dienen subjektive Theorien der Orientierungsgewißheit, Rechtfertigung und der Selbstwertstabilisierung (Flick 1998, 14). Systemtheoretisch betrachtet kann durch diese Bedeutungserteilung Gesundheit integraler Bestandteil des Systems werden, das strukturell an die Umwelt gekoppelt autopoietisch tätig wird (s. 1.2).
Aktuelle Forschungsprojekte, insbesondere aus der Gesundheitspsychologie und den Sozialwissenschaften beschäftigen sich mit dem Thema der subjektiven Sicht von Gesundheit. Dabei ergeben sich übereinstimmend interessante Ergebnisse: Laien haben ein umfassendes Verständnis von Gesundheit, das überwiegend positiv bestimmt wird. Sie integrieren in ihre Vorstellungen durchgehend somatische und psychische Aspekte und berücksichtigen die soziale Perspektive, indem sie ihren Beruf und das Familienleben einbeziehen. Subjektive Vorstellungen über Bedingungen von Gesundheit enthalten psychosoziale Faktoren wie Ausgeglichenheit und positive soziale Beziehungen, Faktoren der Lebensweise wie gute Ernährung und körperliche Bewegung. Die Lebensweise, psychische Einstellungen und Belastungen (im Beruf und in der Familie) sowie Zeit zur Ruhe und Entspannung spielen in allen Studien als Bedingungen von Gesundheit eine wichtige Rolle (Herzlich 1973; Faltermaier 1998a; Flick 1998). Dagegen bestimmen Ärzte und Ärztinnen Gesundheit nach wie vor primär über die Abwesenheit von Krankheit; Krankenpflegepersonal dagegen integriert in das Verständnis von Gesundheit sowohl positive wie negative Aspekte (Faltermaier, 1998a, 41).

In einer empirischen Untersuchung mit 86 gesunden Männern und Frauen stellen Frank et al. fest: „Es entscheidet für die Befragten nicht das Vorhandensein eines Symptoms über den Gesundheitszustand, sondern die Fähigkeit, trotz dieses Symptoms Aufgaben zu bewältigen, ohne fremde Hilfe damit umgehen zu können und angstfrei Beschwerden als normale Erscheinungen akzeptieren zu können. Die befragten Personen sehen sich als Experten des eigenen Wohlbefindens und des eigenen Körpers" (1998, 68).
Deshalb ist es logisch, daß der Umfang der Leistungen, die im Bereich des Laiengesundheitssystems oder der Selbsthilfe stattfinden, deutlich den professionellen Bereich übersteigt. So werden zwei Drittel bis drei Viertel aller

Gesundheitsprobleme in der Familie oder im sozialen Netz behandelt (Faltermaier 1998a, 14). Eine noch bedeutendere Rolle kommt dem Laiensystem im Bereich des Gesundheitsschutzes zu. Diese Gesundheitsleistungen werden aber kaum wahrgenommen, weil sie im Vergleich zu den professionellen Tätigkeiten in das Alltagsleben integriert sind und schwer sichtbar sind. Darüberhinaus sind viele Tätigkeiten sich wiederholende alltägliche Leistungen wie die Pflege von chronisch-kranken Angehörigen oder die kontinuierliche Unterstützung eines Kindes mit einer Behinderung. Sie sind weniger spektakulär als neue Medikamente oder hochtechnische Operationsmethoden. Dieses Laiensystem wird von Professionellen sehr skeptisch bis negativ eingeschätzt. Forschungsinteresse findet höchstens das Maß der Compliance als Grad der Befolgung der Vorschriften des Hilfesystems.

Ein Großteil der Arbeit innerhalb des Laiensystems ist unbezahlt und wird von Frauen geleistet, vor allem bei familiärer Pflege und Betreuung. Frauen sind dabei die Expertinnen in drei Aspekten:

▶ sie sind **Gesundheitsversorgerinnen** (providers of health). Sie sind verantwortlich für die Herstellung von Bedingungen, die die Gesundheit der Familienmitglieder erhalten und für eine schnelle Genesung sorgen.

▶ sie sind die **Gesundheitslehrerinnen** (negotiators of health). Sie vermitteln die richtigen Einstellungen und Verhaltensweisen zur Gesunderhaltung und zum Umgang mit Krankheit.

▶ sie sind die **Gesundheitsvermittlerinnen** (mediators of health). Sie stellen die Verbindung zwischen dem Familiensystem und dem professionellen Gesundheitssystem her (Graham 1985 zit. nach Faltermaier, 1998b, 75).

Die erste umfassende wissenschaftliche Studie zum Gesundheitshandeln in Deutschland stammt aus der Frauenforschung. Deutlich wurde die Einbettung des Gesundheitshandelns in die Lebensgeschichte der Frauen (Kleese et al. 1992). 65 junge Mütter im Alter von 20 bis 35 Jahren wurden zu ihrer Lebensgeschichte und der darin enthaltenen Gesundheitsgeschichte in umfangreichen qualitativen Interviews befragt.
Die meisten Frauen in dieser Untersuchung weisen ein sehr weit gefächertes und ausdifferenziertes explizites Gesundheitskonzept auf. Wohlbefinden, sich gut fühlen ist dabei stets die zentrale Kategorie. Explizit bedeutet hier, dass die Frauen direkt danach befragt wurden, was für sie Gesundheit heißt. Beim impliziten Gesundheitskonzept wurde das Thema Gesundheit eingebunden in

die Bereiche Alltag und Alltagsbewältigung, Lebensgeschichte und Frau-sein in dieser Gesellschaft. Bei den impliziten Gesundheitskonzepten wird deutlich, dass der Grad des Sich-Gesundfühlens davon beeinflußt wird, in welchem Ausmaß es einer Frau gelingt, trotz der vielfältigen Verhinderungen, ihre Identität und ihr Selbstwertgefühl zu entwickeln, zu sichern und zu fördern (Kleese et al. 1992. 18ff.).

Aus der Studie von Rosemarie Kleese et al. (1992, 51ff.) wird Gesundheitshandeln beschreibbar als soziales Handeln, eingebettet in die verschiedenen Lebensweisen von Frauen. Folgende fünf Strategien Gesundheit zu erhalten konnten differenziert werden:

▶ Schwierigkeiten begrenzen, Überforderungen vermeiden
▶ Gefühlsbereitschaft und Gefühlsfähigkeit entwickeln
▶ Ernstnehmen und Ausleben von Gefühlen
▶ Handlungsfähigkeit herstellen
▶ Widersprüche und Ambivalenzen aushalten und integrieren.

Die durchgeführten Untersuchungen zeigen aber auch, dass Gesundheit und Gesund-Sein begrifflich schwer zu fassen sind. Krankheitszeichen zu beschreiben ist heute sehr viel einfacher und eindeutiger, da dies über Jahrhunderte immer mehr präzisiert wurde.

Das Alltagshandeln einer Person ist in der Regel nicht primär an Gesundheit ausgerichtet, sondern an der Gestaltung des Alltags, am Familienleben oder/und am Beruf. Ein intendiertes Gesundheitshandeln hat eine größere Realisierungschance, wenn es sich in die Handlungsstruktur des Alltags einpassen läßt. Wenn Gesundheitshandeln (aber auch beispielsweise der Konsum von Genußmitteln) funktional für die Bewältigung bestimmter Alltagsanforderungen ist, bleibt das Handeln (auch wenn es risikohaft ist) konstant. Geben Bezugspersonen gesundheitsförderliche Anstöße, wird Gesundheitshandeln leichter in den Alltag integriert. Darüber hinaus müssen auch soziale Gesundheitsregeln und normative Erwartungen in die eigenen Gesundheitsvorstellungen passen, damit sie in das Alltagshandeln eingepaßt werden. Die enorme Bedeutung des beruflichen Fortkommens oder die persönliche Dominanz von Freizeitinteressen konkurrieren beispielsweise oft mit Gesundheitszielen (Faltermaier, 1998a, 150ff). Gesundheitsvorstellungen und Gesundheitshandeln stehen damit im Kontext von übergreifenden Lebenskonzepten. Dabei sind Lebenskonzepte die biografisch gewachsenen Vorstellungen, die sich Menschen von ihrem Leben und der Gestaltung ihres Lebens machen. Sie sind eng mit der Identität einer Person verbunden (Faltermaier, 1998a, 193). Die Vorstellungen von Laien gehen sehr stark von einer aktiven Gestaltbarkeit des eigenen Gesund-Seins aus.

Zusammenfassend ist es aus systemischer Sicht sinnvoll von Gesund-Sein zu sprechen, um deutlich zu machen, dass es sich um eine veränderte, individuelle Sichtweise handelt. Gesundheit dagegen läuft Gefahr in unserer hochtechnisierten Welt zur erwerbbaren Ware oder zum kaufbaren Produkt stilisiert zu werden. Gesund-Sein stellt das Individuum in den Mittelpunkt. Ich habe keine Gesundheit, sondern ich bin gesund.
Aaron Antonovsky hat mit der Einführung des Kohärenzsinns (sense of coherence) als zentrale Gesundheitsressource diesen individuellen Blickwinkel in die Gesundheitswissenschaft eingeführt. Gesundheit hängt danach von den Fähigkeiten, die Welt zu verstehen (comprehensibility), sie zu kontrollieren (manageability) und ihre Sinnhaftigkeit (meaningfulness) zu erleben, ab. In dieser Vorstellung geht es eindeutig um ein Gesund-Sein des Individuums (Antonovsky 1979, 36; 1997, 33ff.). „Gesundheit wird als Fähigkeit verstanden, kreativ mit sich und seiner Umwelt umzugehen", als autopoietisches System in struktureller Koppelung zur Umwelt (Schüffel et al. 1998, 1) (s. 3.4).
Damit ist jede(r) ist Expertin und Experte des eigenen Gesund-Seins. In Bezug auf die umfassende Betrachtung des *eigenen* Gesund-Seins würde ich Laien sogar als die größeren ExpertInnen als die Professionellen sehen, da diese häufig reduktionistisch arbeiten. Laien geben auch im Sinne der Salutogenese umfassende Antworten auf die Frage, wie Menschen trotz der Risiken gesund bleiben können.
Es ist deshalb zu fordern, dass die Wissenschaft die Potentiale von Laien in die zukünftige Forschung integriert. Eine Wissenschaft, die bisher Laien als nichtwissende defizitäre Objekte für eine wissende Forschung der Experten gesehen hat.
Gesund-Sein bedeutet dann auch, Mann oder Frau nicht als Objekt der Expertenbemühungen zu sehen, sondern als handlungsfähiges Subjekt in einer helfenden Beziehung. Diese Sichtweise stellt neue Anforderungen an die Professionellen (s. 5).
Die systemische Sichtweise stellt Gesund-Sein und Krank-Sein in den Zusammenhang von Risiken und Ressourcen und betrachtet das Individuum in seiner Mit- und Umwelt (Abb. 1.3).

In Abwandlung des Zitates von Heinrich Schipperges ließe sich sagen: Gesund-Sein ist ein gestaltbarer Weg, der sich bildet, indem man ihn in der Umwelt gemeinsam mit anderen geht. Wohlbefinden kann dabei sowohl Resultat als auch Voraussetzung für das Gehen sein.

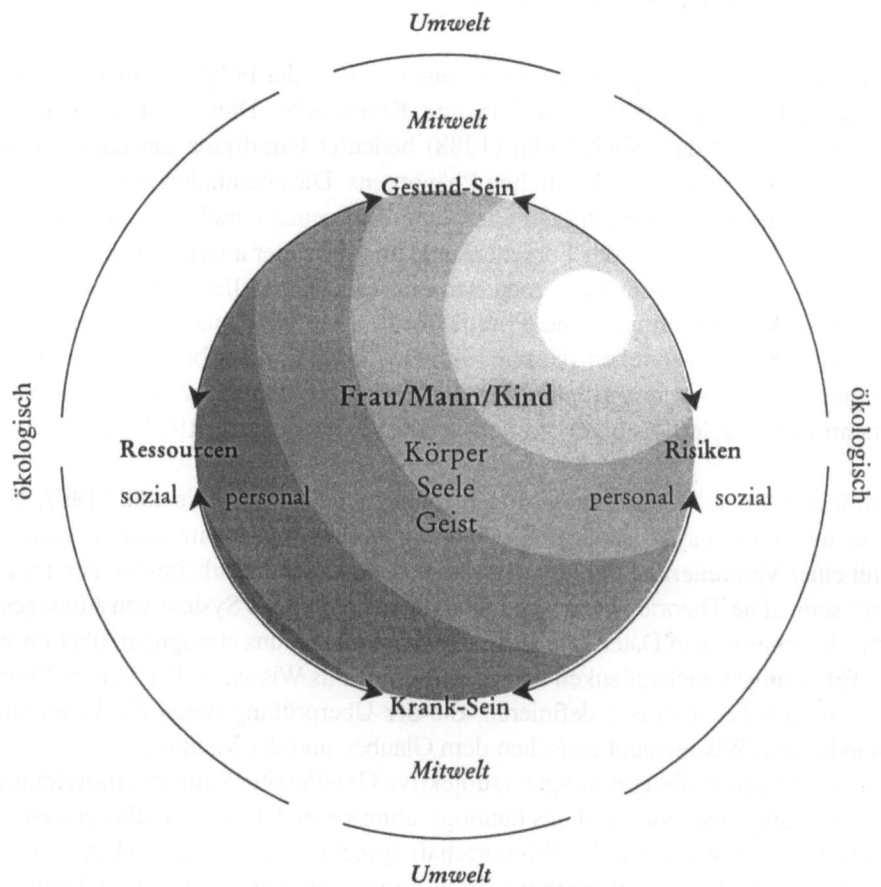

Abb. 1.3 Systemisches Modell von Gesund-Sein

2. Paradigmenwechsel: vom defizitären Objekt zum fähigen Subjekt

Die Systemtheorie impliziert ein Umdenken und in der Folge ein anderes Handeln im Umgang mit Gesund-Sein und Krank-Sein. Dies stellt einen Paradigmenwechsel dar. Nach Kuhn (1988) bedeutet Paradigma die modellhafte Erklärung eines wissenschaftlichen Phänomens. Dies beinhaltet eine bestimmte methodische Bearbeitung der Probleme. Ein neues Paradigma muß zumindestens von einem Teil der Forscherinnen und Forscher anerkannt sein (Miller 1999, 24). Allgemeiner kann man darunter eine Konstellation von Begriffen, Werten, Wahrnehmungen und Praktiken, die eine Gemeinschaft miteinander gemeinsam hat, verstehen (Capra 1996, 18). Paradigmata bestehen aus Konzepten, Annahmen und Regeln, die die Forschung lenken, wenn Wissen vermehrt und Problemlösungen gesucht werden (von Uexküll, 1997, 4).

Im folgenden soll Wissenschaft in Anlehnung an Thure von Uexküll (1997, 17) „die methodisch-systematische Erweiterung unseres Wissens im Zusammenhang mit einer Verbreiterung der empirischen Basis und der Ausarbeitung einer Theorie" sein. „Die Theorie ist ein sich nicht widersprechendes System von Aussagen, das die empirischen Daten (die Basissätze) ordnet und uns ermöglicht, über unsere Erfahrungen nachzudenken und zu sprechen...Als Wissen wollen wir die Summe unserer Erkenntnisse definieren, die der Überprüfung durch die Erfahrung standhalten. Wissen steht zwischen dem Glauben und der Meinung.
Glauben enthält Überzeugungen (subjektive Gewißheiten), die das Individuum zur Bewältigung seines Lebens benötigt, ohne sie in der Umwelt überprüfen zu können. Meinungen (in der Wissenschaft sprechen wir von Hypothesen) sind relativ leicht durch korrigierbare Erfahrungen veränderbar. Wird an Meinungen starr, wie an unveränderten Glaubenssätzen festgehalten, sprechen wir von Dogmen, Ideologien oder Wahnvorstellungen".

Bis zum 16./17. Jahrhundert diente die Wissenschaft der Erforschung der Ordnung der Natur. Sie war geprägt durch die Verbindung von Vernunft und Glauben. In der frühen Neuzeit erfolgt dann ein Umdenken im Sinne der Kontrolle und Beherrschung der Natur und die Trennung von Vernunft und Glauben. René Descartes (1596-1650) definiert die Welt als Maschine, die es zu beherrschen gilt. „Ich sehe keinerlei Unterschied zwischen Maschinen, die von Handwerkern gemacht sind und den Körpern, die allein die Natur zusammengesetzt hat. ... In Gedanken vergleiche ich einen kranken Menschen und eine schlecht gemachte Uhr mit meiner Idee von einem gesunden Menschen und einer gut gemachten Uhr". Wissenschaftliche Erkenntnisse können genutzt werden, „um uns zum Herrn und Besitzer der Natur zu machen" (zit. nach Capra 1983, 60/61). Das Leben verläuft demnach in streng determinierten Ursache-Wirkungs-Zusammenhängen, die sich in ihren Teilprozessen experimentell einwandfrei analysieren lassen und zu exakten Forschungsergebnissen führen. Diese reduktionistische Sicht der Wissenschaft führt bis heute dazu, dass man den Organismus immer mehr zerteilt und trotzdem glaubt, das Ganze zu verstehen. Das gigantische Projekt der Entschlüsselung des menschlichen Genoms, das immer mehr zerlegt wird, macht dies überdeutlich. Irgendwann kennen wir vielleicht jedes Teil unseres Genoms, aber über die Kommunikation der Teile untereinander und die Wechselwirkungen mit dem übrigen Körper wissen wir nur wenig.

Das nach wie vor besonders in den Naturwissenschaften gültige kartesianische Paradigma geht vom Universum als mechanischem Gefüge, das aus elementaren Bausteinen zusammengesetzt ist, aus. Der Fortschritt erfolgt über technologisches und ökonomisches Wachstum. Wachstum, das Konkurrenzdenken und Herrschaft über die Natur heißt.

Die derzeitige Tendenz zur Globalisierung in der Wirtschaft („feindliche Übernahme" eines Betriebes durch einen anderen, indem die Aktienmehrheit gekauft wird) ist die Folge davon. Aus diesem Grund werden heute überwiegend immer die Kosten als entscheidender Faktor betrachtet, während Fragen nach der Angemessenheit, der sozialen Verteilung oder der Humanität höchstens in politischen Reden gestellt werden.

Auch unser Krankheitswesen stellt diese Diskussion immer mehr in den Mittelpunkt. Die „Kostenexplosion" im Umgang mit Krankheit wird aber sehr einseitig betrachtet: es steigen zwar die Beitragssätze der gesetzlichen Krankenversicherung an (1970 8,2% - 1997 13,4% des Bruttolohnes), aber der Anteil am Bruttosozialprodukt hat sich seit 1975 nicht wesentlich erhöht (Braun, 1998, 21/22).

Eine weitere Gefahr liegt in der Analyse nach dem monokausalen Ursache-Wirkungsprinzip: sie führen schnell zum Thema Schuld. Ich habe AIDS, weil ich homosexuell bin oder Lungenkrebs, weil ich rauche. Das griechische Wort Aitia bedeutet im Altgriechischen Ursache und Schuld. Es ist im medizinischen Ausdruck Ätiologie, als Lehre von der Krankheitsentstehung, enthalten (Welter-Enderlin 1999, 99).

Die Spaltung von Körper und Geist ist eine weitere Aussage aus den Überlegungen von René Descartes: „Der Körper enthält nichts, was dem Geist zugerechnet werden könnte, und der Geist beinhaltet nichts, was zum Körper gehörig wäre" (zit. nach Capra, 1983, 58). Bis heute haben wir die Spaltung in eine seelen- und

umweltlose Körpermedizin und Körperpflege und eine körperlose Soziale Arbeit und Psychologie in weiten Bereichen. So kommen bei Menschen mit chronischer Gelenkentzündung in den Krankengeschichten von Rheumatologen Familie, Milieu und Arbeit nicht vor. Bei Beraterinnen im psychosozialen Bereich wird das Körperliche vernachlässigt (Welter-Enderlin 1999, 102).
Die Betrachtung des Menschen als Maschine und die Vernachlässigung des Einbezugs der Umwelt führen dazu, dass aus Experimenten und Laborversuchen allgemein gültige Schlußfolgerungen gezogen werden. Diese werden zwar etwas relativiert im Sinne beispielsweise: „das wissen wir aus einem Tierversuch", aber dennoch - und sei es durch die Medien - sehr schnell zur allgemeingültigen Aussage gemacht. „Es ist der Organismus im Experiment, der auf seine physikalische Kausalität mit allen Mitteln der Mechanik, Optik, Statik und Hydraulik befragt wird" (Schipperges, 1990, 286).
„Die „Weltmaschine" reguliert das Universum und integriert souverän auch den menschlichen Organismus" (Schipperges 1990, 284).

Der Begriff der Prävention paßt sehr gut in das noch gültige Paradigma. Es geht dabei um die Verhinderung von spezifischen Krankheiten. Durch eine Vermeidung von Risiken soll eine bestimmte Krankheit verhindert werden.
Die weitere Differenzierung erfolgt in Primär-, Sekundär- und Tertiärprävention: Krankheitsvermeidung (primär), Früherkennung von Krankheiten (sekundär) und Rehabilitation (tertiär). Basis für präventive Maßnahmen ist dabei nach wie vor das Risikofaktorenmodell, das in den fünfziger Jahren bei der Erforschung der koronaren Herzerkrankung auf der Grundlage von Ergebnissen epidemiologischer Studien und Statistiken von Lebensversicherungsgesellschaften entwickelt wurde. Es zeigen sich Zusammenhänge zwischen Risikofaktoren wie Hypercholesterinämie (hohes Cholesterin im Blut), Rauchen, Hypertonie (Bluthochdruck), Übergewicht und Streß und dem Auftreten von Herzkreislauferkrankungen. Je mehr Risikofaktoren vorliegen, desto höher ist die Wahrscheinlichkeit für einen Herzinfarkt (BzgA 1998, 18). Diese Untersuchungen erlauben jedoch keine Vorhersagen zu einzelnen Individuen. Und niemand fragte in diesen Untersuchungen nach der größeren Gruppe, die trotz Vorliegen von Risikofaktoren nicht erkrankt! Für die Prävention wird daraus der Schluß gezogen, dass die Vermeidung von Risikofaktoren durch die individuelle Verhaltensänderung die Lösung sei. Damit setzt die Präventivmedizin an den personalen Risiken und in der Regel am Verhalten des einzelnen an. Gefragt ist das medizinische Wissen, das sagt, was zu tun oder zu lassen ist. Der andere Weg, der in der Prävention derzeit beschritten wird, führt zu einer Medikalisierung von natürlichen Lebensphasen: die Hormonsubstitution in den Wechseljahren der Frau, die vor Osteoporose (Knochenschwund) und Herzinfarkt schützen

soll, fördert ein passives Konsumverhalten. Der Experte sagt, wo es langgeht. Impfungen, Früherkennung von Krebserkrankungen oder Rauchentwöhnungsprogramme sind Beispiele, die bei personalen Risiken ansetzen. Im Falle der HIV-Infektion wären dies eine Impfung oder die möglichst frühe Diagnose der HIV-Infektion durch einen Antikörpertest, um eine rechtzeitige antiretrovirale Behandlung zu starten. „Ein Hauptproblem von präventiven Interventionen dieser Art liegt darin, daß dabei medizinisches und epidemiologisches Wissen mechanistisch in den Alltag übertragen werden soll, ohne das schon vorhandene Wissen, die Lebensumstände und Lebensweisen der betroffenen Menschen angemessen zu berücksichtigen und ohne die psychologischen und sozialen Bedingungen in Rechnung zu stellen, die einem Abbau riskanter Verhaltensweisen im Weg stehen.....Nach allen bisherigen Erkenntnissen funktioniert ein derartiges Praxismodell nicht...Wissenschaftliches Wissen muß an die Alltagsbedingungen anschlußfähig gemacht werden" (Faltermaier 1998, 16/17).
Die Verhältnisprävention befaßt sich mit sozialen Risiken in der Mit- und Umwelt. Hier sind Soziale Arbeit und Politik tätig. Maßnahmen, die die Verhältnisse im Blick haben sind beispielsweise die strukturelle Verbesserung des Schutzes gegenüber berufsbedingten Gesundheitsgefahren oder die Bekämpfung der Luftverschmutzung. Ein Beispiel bezüglich HIV und AIDS wäre am Arbeitsplatz Krankenhaus das Vorhandensein von Schutzhandschuhen und Abwurfbehältern für gebrauchte Kanülen an jedem Arbeitsplatz (Fröschl 1998, 9).

Auch die epidemiologische Forschung ist am geltenden Paradigma orientiert: so wird der Erfolg in der Regel an Erkrankungs- und Sterberaten (Morbiditäts- und Mortalitätsstatistiken) gemessen. Langsam erst setzen sich Fragen nach der Lebensqualität und der Lebenserwartung durch.
Die Beurteilung der Lebensqualität macht auf ein weiteres Problem aufmerksam: die Forschung im Bereich Gesundheit und Krankheit ist weitgehend quantitativ orientiert, Zahlen sind gefragt. Qualitative Untersuchungsmethoden finden nur am Rande Eingang. Quantifizierung gilt als wissenschaftlich, qualitative Methoden werden häufig nicht akzeptiert und als unwissenschaftlich disqualifiziert. Dabei, so Paul Watzlawick, ist die Quantität nur eine Eigenschaft der Qualität (1991, 75).
Besonders in der wissenschaftlichen Medizin gelten quantitative Verfahren als das Maß der Dinge. Und das obwohl gerade die Medizin in großem Maße mit den verschiedenen qualitativen Aspekten der Existenzbedingungen des Menschen befaßt ist. „Und trotzdem schließt sie automatisch gerade das charakteristisch Menschliche von Wissenschaft und wissenschaftlichem Handeln aus, weil sie an einem Paradigma hängt, das dem 17. Jahrhundert verpflichtet ist und dessen Wesenszüge Mechanismus, Reduktionismus, Determinismus und Dua-

lismus im Sinne von Newton und Descartes sind. Das Paradigma des 17. Jahrhunderts ist ein Denksystem, in dem Forscher die Natur als objektive Beobachter betrachten sollen, von ihnen und vom Akt ihres Beobachtens unabhängig" (von Uexküll 1997, 4/5). Die Beziehung bleibt außen vor, der Dialog ist nicht Teil des wissenschaftlichen Diskurses.

In einem veränderten Wissenschaftsparadigma kommt es darauf an, die reduktionistische Sichtweise zu verändern. Die Frage muß nicht nur nach den Teilen gestellt werden, sondern vermehrt nach ihrer Kommunikation und ihrer strukturellen Koppelung. Der Mensch kann keine Maschine sein, die funktioniert oder bei Nicht-Funktionieren zu reparieren ist, sondern ein autopoietisches System, das sich selbst steuert und im dauernden Austausch mit seiner Umwelt ist. Dies bedeutet gleichzeitig die Respektierung des Subjektes. Der Einbezug des individuellen Verständnisses von Gesund-Sein und Krank-Sein in die Modelle von Medizin, Pflege und Sozialer Arbeit ist eine logische Konsequenz.

Für die Forschung ist eine Forschung mit den Subjekten – nicht an den Objekten – zu fordern. Der Psychosomatiker Rolf Verres plädiert dafür, dass akademische Forscher, anwendungsbezogene Forscher und Laienforscher – und Forscherinnen – sich zusammensetzen und sich mitteilen, was sie voneinander gelernt haben (1998, 301). Für die Zukunft bedeutet das, Studiendesigns und ihre Auswertung gemeinsam mit Betroffenen zu gestalten.

Capra (1983, 11) formuliert es unter Einbezug weiterer Bereiche: „Das neue Weltbild umfaßt das in Entstehung begriffene Systemverständnis von Leben, Geist, Bewußtsein und Evolution, die entsprechende ganzheitliche Auffassung von Gesundheit und Heilen, die Integration der abendländischen und östlichen Auffassung von Psychologie und Psychotherapie, einen neuen Rahmen für Wirtschaftswissenschaft und Technologie sowie eine ökologische und feministische Perspektive, die ihrem tiefsten Wesen nach spiritueller Natur ist und die tiefgreifende Veränderungen unserer gesellschaftlichen und politischen Strukturen hervorrufen wird". Als Fortschritt gilt dann das menschliche Wohlergehen und nicht eine spektakuläre technische Neuerung. Während heute die Inanspruchnahme von Leistungen durch Expertinnen und Experten definiert wird, kann im Modell der Zukunft der mündige Adressat oder die Adressatin aus einem Angebot auswählen.

Wichtig erscheint zudem, dass auch Professionelle, seien sie aus Sozialer Arbeit, Pflege oder Medizin, erkennen, dass ihre „objektive" Sicht der Probleme ebenso eine subjektive ist, geprägt durch Ausbildung, Biografie und Kultur. In der Wissenschaft kann es keinen objektiven Beobachter mehr geben, sondern nur eine subjektiv teilnehmende Beobachterin.

System und Umwelt beeinflussen sich gegenseitig. In der Physik beispielsweise erscheinen die subatomaren Einheiten der Materie manchmal als Teilchen mit kleinem Volumen, manchmal als Welle über weitem Raum (Capra 1983, 81). Dies hängt von der gewählten Versuchsanordnung ab, d.h. das Ganze bestimmt die Teile (nicht umgekehrt).

Zusammenfassend umfaßt der Paradigmenwechsel einen veränderten Wissenschaftsbegriff, der das Ganze in den Blickwinkel nimmt. Statt Objekten gibt es selbstbestimmte Subjekte. Dies impliziert ein anderes Verhältnis von Professionellen und Laien. Die Laien sind fähige Subjekte, die ihr Gesund-Sein gestalten. Dieses Gesund-Sein wird über Ressourcen definiert. Die Adressatinnen und Adressaten für Angebote sind eigenständige Individuen mit einem differenzierten positiven Begriff von Gesundheit und als solche ExpertInnen für ihr eigenes Gesund-Sein. Dies bedingt auch ein anderes Menschenbild für Gesundheitsdienste und Forschungsprojekte.

Ein defizitorientiertes Menschenbild entspricht dem Maschinenmodell. Individuen werden als passive EmpfängerInnen im Spiel von inneren und äußeren Umständen gesehen. Sie sind Opfer ihrer Natur oder ihrer Lebensbedingungen. Die Folgen für professionelles Handeln sind klar: Beeinflussung von außen, Kontrolle und Kampf sind angesagt. Menschen müssen gesteuert, kontrolliert und repariert werden. Die Maschine ist das defizitäre Objekt für die ExpertInnen.

Das ressourcenorientierte Menschenbild entspricht der Vorstellung, dass Menschen autopoietische Persönlichkeiten sind, die ihre Innen- und Außenwelt beeinflussen und kreativ gestalten, also fähige Subjekte sind. Im ressourcenorientierten Menschenbild werden Männer, Frauen und Kinder zum System in der Welt, in welcher kein System Vorrang vor dem anderen hat, weil alle voneinander abhängig und miteinander vernetzt sind. Dabei ist die Bezogenheit der Menschen zentral: Das Ich entsteht und verwirklicht sich nur im Miteinander mit einem unabhängigen Du, also im Wir (Martin Buber). Deshalb müssen Menschen ihr Miteinander über konsensfähige Normen regeln.

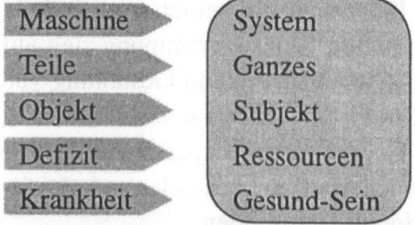

Abb.2.1 Paradigmenwechsel vom defizitären Objekt zum fähigen Subjekt

3. Grundlagen der Gesundheitsförderung

Der scheinbar einfache Wechsel des Blickwinkels von der Krankheit auf das Gesund-Sein, von den Risiken und Anforderungen zu den Ressourcen ist doch revolutionär. Die Idee, die gesunden Anteile von Kindern, Männern und Frauen zu stärken und nicht die kranken zu bekämpfen, zeugt von einer veränderten Sichtweise. Vom Kriegführen zur Stützung des Friedens.

3.1 Gesundheitsförderung als professioneller Zugang

Erst mit der Einengung der Medizin auf ausschließlich naturwissenschaftliche Grundlagen im 19. Jahrhundert wurde die „Gesundheitspflege" aus den Augen verloren. Seit Galen (120-199 n.Chr.) wurde in der Gesundheitspflege der Teil der Medizin gesehen, der den bestehenden Zustand des Körpers bewahren will. „Da nun die Gesundheit der Zeit wie auch dem Wert nach vor der Krankheit steht, müssen wir Ärzte zuerst darauf schauen, wie man die Gesundheit bewahren kann" (zit. nach Waller, 1995, S. 150).
Die Gesundheitswissenschaft mit der Praxis der Gesundheitsförderung kann als Wiederentdeckung des Prinzips der Gesundheitspflege gesehen werden. Wir brauchen aus gesundheitswissenschaftlicher Sicht eine positive Formulierung von Schutzfaktoren (Ressourcen). Dies gestaltet sich bei der heute allgemein üblichen defizitären Sichtweise als sehr schwierig.

Als Programm der Gesundheitsförderung kann die 1986 von der Weltgesundheitsorganisation verabschiedete **Ottawa-Charta** gelten (WHO 1986).
Eine zentrale Aussage der Ottawa-Charta bezieht sich auf Gesundheitsförderung als **„Prozeß, der allen Menschen ein höheres Maß an Selbstbestimmung über ihre Gesundheit ermöglicht"**. Zentrale Begriffe sind hierbei die Betonung des Prozeßhaften von Gesundheit und Gesundheitsförderung und die Selbstbestimmung. Dies bedeutet, dass Maßnahmen der Gesundheitsförderung dem einzelnen, sich entwickelnden Individuum in seiner spezifischen, sich verändernden Umwelt angepaßt sein müssen. Selbstbestimmung zielt auf eine aktive Beteiligung – **Partizipation** – an der Planung und Gestaltung von Maßnahmen ab. Selbstbestimmung im Sinne der Ottawa-Charta bedeutet, Mann oder Frau, Mädchen oder Junge als Experten bzw. Expertinnen für ihre Gesundheit zu sehen. Daraus resultiert wiederum ein besonderes Anforderungsprofil an die Fähigkeiten der professionell Handelnden.
Gesundheitsförderung ist ein komplexer sozialer und politischer Prozeß, der

über individuelle Fragestellungen hinaus darauf abzielt, soziale, ökonomische und kulturelle Umweltbedingungen im Sinne des Gesund-Seins zu verändern.

Die für die Gesundheitsförderung erforderlichen Handlungsqualifikationen können wie folgt benannt werden:
- **Befähigen und ermöglichen (Enabling)**
Um das größtmögliche Gesundheitspotential verwirklichen zu können, werden eine unterstützende soziale Umwelt, Information und praktische Fähigkeiten benötigt, in einer Atmosphäre, die eine eigene Entscheidungsfindung möglich macht. Betont werden soll dabei die Befähigung zu selbstbestimmtem Handeln im Sinne des Empowerment durch die Mobilisierung von Ressourcen. Fachleute und andere GesundheitsaktivistInnen haben dabei eine Katalysator-Rolle inne. „Diese Rolle erfüllen sie dadurch, daß sie Zugang zu gesundheitsrelevanten Informationen eröffnen, die Entwicklung von Kompetenzen unterstützen und Zugang zu solchen politischen Prozessen unterstützen, in denen gesundheitsrelevante öffentliche Politiken geschaffen werden" (WHO 1998, 6).

- **Interessen vertreten (Advocacy)**
Durch ein aktives anwaltschaftliches Eintreten sollen professionell Handelnde Umwelt- und Verhältnisfaktoren im Auftrag von Individuen und Gruppen positiv beeinflussen. Aber auch Individuen und Gruppen sind aufgefordert, politische Verantwortung zu übernehmen. Das Ziel ist die Schaffung von Lebensbedingungen, die für das Gesund-Sein und das Erlangen gesunder Lebensstile förderlich ist. Lebensbedingung bezeichnet dabei die alltägliche Umwelt, in der Menschen leben, spielen, ihre Freizeit verbringen und arbeiten. Die Lebensbedingungen sind das Ergebnis von sozialen und ökonomischen Umständen und der physikalischen Umwelt. Lebensstil ist eine Lebensweise, die auf identifizierbaren Verhaltensmustern als Ergebnis der Wechselwirkung von Persönlichkeitsmerkmalen und der Lebensbedingungen beruht (WHO 1998, 19).

- **Vermitteln und vernetzen (Mediation)**
Zu einer effektiven Gesundheitsförderung ist eine breite Kooperation über den Gesundheitssektor hinaus vonnöten. Für diese interdisziplinäre Zusammenarbeit muß in der Gesundheitsförderung gesorgt werden. „In der Gesundheitsförderung ist Vermittlung der Prozeß, durch den die verschiedenen Interessen (persönliche, soziale und ökonomische) von Individuen und Gemeinschaften sowie unterschiedlichen Sektoren (öffentlichen und privaten) in einer Art und Weise in Einklang gebracht werden, daß Gesundheit gefördert und geschützt wird" (WHO 1998, 25). Diese Aussage birgt ein großes Konfliktpotential zwischen unterschiedlichen Interessen.

Für die Umsetzung sind drei Ebenen von zentraler Bedeutung: die personale Perspektive, die Lebensweisen (s. 3.3) und die Lebensbedingungen. Als Ausgangspunkt für eine umfassende Gesundheitsförderung ist eine Analyse der aktuellen Lebenssituation, der subjektiven Gesundheitsvorstellungen, der etablierten gesundheitsbezogenen Handlungen, der individuellen Motive und Lebensziele einschließlich deren sozialer und biografischer Einbettungen erforderlich (Faltermaier 1998, 200).

Zusammengefaßt werden fünf Handlungsstrategien:
▶ **Persönliche Kompetenzen und Fähigkeiten entwickeln:** synonym zu verwenden ist der Begriff der Alltagskompetenzen und -fähigkeiten (Life Skills), die der Anpassung und dem positiven Handeln dienen, die es Individuen ermöglichen, mit den Anforderungen und Herausforderungen des Lebens wirksam umzugehen. Es sind individuelle, zwischenmenschliche, kognitive und körperliche Fähigkeiten und Kompetenzen wie u.a. die Fähigkeit, Entscheidungen zu treffen und Probleme zu lösen, kreatives und kritisches Denken, Selbstwahrnehmung und Einfühlsamkeit, Kommunikationsfähigkeiten und Fähigkeit zu zwischenmenschlichen Beziehungen und das Bewältigen und Umgehen können mit Emotionen und Streß (WHO 1998, 6).

▶ **Gesundheitsbezogene Gemeinschaftsaktionen unterstützen:** eine Gemeinschaftsaktion ist eine Anstrengung im Hinblick auf eine zunehmende Kontrolle der Determinanten von Gesundheit einer spezifischen Gruppe von Männern, Frauen und Kindern. Diese Gruppe teilt Kultur, Werte und Normen und die entsprechend bestimmten Beziehungen, die über die Zeit hinweg in der Gemeinschaft entstanden sind. Durch diese aktive Beteiligung (Partizipation) bieten die Individuen und die Gruppe soziale Unterstützung (WHO 1998, 9).

▶ **Gesundheitsförderliche Lebenswelten schaffen:** gesundheitsförderliche Lebenswelten bieten Schutz vor Gesundheitsgefahren und befähigen Menschen, ihre Fähigkeiten auszuweiten und Selbstvertrauen in Bezug auf gesundheitliche Belange zu entwickeln. Lebenswelten sind Orte, an denen Menschen leben: die Gemeinde, ihr Zuhause, Orte, an denen sie arbeiten, spielen und ihre Freizeit verbringen. Sie bieten Ressourcen für Gesundheit und die Möglichkeit zu selbstbestimmtem Handeln (WHO 1998, 13).

▶ **Gesundheitsfördernde Gesamtpolitik schaffen:** eine gesundheitsförderliche Gesamtpolitik ist gekennzeichnet durch eine ausdrückliche Sorge und Verantwortlichkeit für Gesundheit in allen Politikbereichen mit dem Ziel der Schaffung von unterstützenden Lebenswelten und Umwelten (WHO 1998, 12).

▶ **Gesundheitsdienste neu orientieren:** diese Neuorientierung ist dadurch charakterisiert, dass in der Art, wie das Gesundheitssystem organisiert und finanziert wird, ausdrückliches Gewicht auf die Erreichung von bevölkerungsbezogenen Gesundheitsergebnissen gelegt wird. Gesundheitsergebnisse werden üblicherweise durch die Messung von Gesundheitsindikatoren wie z.B. Lebensqualität, Alltagskompetenzen und Alltagsfähigkeiten, aber auch die Auswertung von politischen Maßnahmen bewertet. Dabei könnten Aktivitäten von anderen gesellschaftlichen Sektoren wirksamer sein als die des Gesundheitssektors (WHO 1998, 15/21). Diese Neuorientierung umfaßt eine deutlich stärkere Gewichtung der Gesundheitsförderung.

Gesundheit wird nach dem Verständnis der Ottawa-Charta als ein wesentlicher Bestandteil des täglichen Lebens gesehen und nicht als vorrangiges Lebensziel. Dabei steht Gesundheit für ein positives Konzept, das die Bedeutung sozialer und individueller Ressourcen ebenso betont wie die körperlichen Fähigkeiten.

Als wesentliche Folge der Ottawa-Charta wurde in Deutschland die Gesundheitsförderung in den Leistungskatalog der Krankenkassen aufgenommen (§20 SGB V Absatz 1). Sie wurde jedoch im wesentlichen als Marketinginstrument im aufkommenden Wettbewerb zwischen den Kassen eingesetzt, da man hoffte insbesondere Männer und Frauen mit hohem Bildungsstand und hohem Verdienst (und geringem Krankheitsrisiko) anzusprechen. Es kam in der Folge zu einer vernichtenden Diskussion von einzelnen Maßnahmen und es wurde der Eindruck erweckt, dass die Kassen ihr Geld überwiegend für Crashkurse für Autofahrer oder andere spektakuläre Maßnahmen ausgeben. Der Umfang der Aufwendungen für den Bereich der Gesundheitsförderung betrug jedoch im Jahr 1995 0,6% der Leistungen (1,6 Milliarden DM) oder 28,- DM pro Mitglied (Braun et al. 1998, 109). Am 1. Juli 1996 wurde die Gesundheitsförderung wieder aus dem Leistungskatalog gestrichen. Berechtigte Kritik wurde an den fehlenden umfassenden Konzepten und einem erkennbaren Mangel an Zielorientierung geübt. Die Gesundheitsreform 2000 sieht eine erneute Aufnahme der Gesundheitsförderung vor.
Ilona Kickbusch fordert, dass es dauerhaft zu einer Umverteilung des Gesamtetats im heute kurativen Gesundheitssystem zugunsten der Gesundheitsförderung kommen muß. Ein fester Prozentsatz des Gesamtetats sollte in die Gesundheitsförderung einfließen. Diese Mittel sollen schrittweise in ein gemeindebezogenes Organisationsmodell statt in das bestehende personenbezogene Vergütungsmodell umverteilt werden. Entsprechend durchgeführte Berechnungen lassen Einsparungen von etwa 20% erwarten, ohne dass dabei die

Quantität oder die Qualität der Dienstleistungen verringert würden (in Trojan et al. 1992, 106). Dies muß jedoch im Rahmen sinnvoller evaluierbarer Projekte (s. 6.) erfolgen.

Die Ottawa-Charta hat wesentliche Impulse für den **Setting-Ansatz** der Gesundheitsförderung geliefert. Ein Setting ist dabei ein Ort oder ein sozialer Kontext, in dem Menschen ihren Alltagsaktivitäten nachgehen, in dem Menschen die Umwelt aktiv nutzen und gestalten und dadurch gesundheitsbezogene Probleme erzeugen oder lösen. Settings können daran identifiziert werden, dass sie physische Grenzen, eine Reihe von Menschen mit definierten Rollen sowie eine Organisationsstruktur haben. Beispiele für Settings sind Schulen, Arbeitsstätten, Krankenhäuser, Dörfer und Städte (WHO 1998, 23). Unter systemtheoretischen Gesichtspunkten sind diese Settings offene Systeme. Projekte, die in der Folge entstanden sind beispielsweise das Gesunde-Städte - Projekt oder das Projekt gesundheitsfördernder Krankenhäuser (HPH Health promoting hospital; s. 6.1.3). Die Lebenswelt von einem einzelnen Individuum umfaßt zahlreiche solcher Settings. Der Plural „Lebenswelten" wird synonym zu Settings verwendet.

Als politisches Konsenspapier hat die Ottawa-Charta programmatischen Charakter und vieles ins Rollen gebracht. Sie hat nicht den Anspruch eine Handlungstheorie zu bieten.

Die **Jakarta-Erklärung** „Gesundheitsförderung auf dem Weg ins 21. Jahrhundert" (WHO 1997) bestätigt die Wichtigkeit der Handlungsqualifikationen und Handlungsfelder. Es gibt klare Belege dafür, dass:

▶ umfassende Ansätze zur Gesundheitsentwicklung am effektivsten sind. Die Ansätze, die eine Kombination der fünf Handlungsstrategien anwenden, sind am effektivsten.

▶ Settings für Gesundheit praktische Möglichkeiten für die Umsetzung umfassender Strategien und Projekte bieten.

▶ Partizipation essentiell ist, um die Bemühungen aufrechtzuerhalten. Gesundheitslernen Partizipation unterstützt.

Die Prioritäten für die Gesundheitsförderung im 21. Jahrhundert sind:

- die Förderung der sozialen Verantwortung für Gesundheit. Soziale Verantwortung wird durch Handlungen von Entscheidungsträgern sowohl des öffentlichen als auch des privaten Sektors widergespiegelt (WHO 1998, 24).

- die Erhöhung der Investitionen für Gesundheitsentwicklung. Diese Investitionen betreffen auch die Bereiche Bildung und Erziehung, Wohnen, die Förderung von Frauen oder die Entwicklung von Kindern (WHO 1998, 18).

- die Erweiterung von Partnerschaften für Gesundheitsförderung. Dies könnte beispielsweise eine Partnerschaft zur Entwicklung und Einführung einer Gesetzgebung sein. Von zunehmender Bedeutung werden Partnerschaften des öffentlichen mit dem privaten Sektor sein (WHO 1998, 21/22). Dies kann auch die Finanzierung eines Projektes sein (s. 6.3.2).

- die Vergrößerung von Handlungskompetenzen von Gemeinschaften und die Befähigung des Einzelnen zu selbstbestimmtem Handeln (Empowerment; s. 3.5).

- die Sicherung einer Infrastruktur für Gesundheitsförderung. Solche Infrastrukturen bestehen aus einem breiten Spektrum an Organisationsstrukturen, einschließlich derer von Basisgesundheitsversorgung, Regierung, des Privatsektors, Nicht-Regierungsorganisationen und Selbsthilfeorganisationen, sowie aus Gesundheitsförderungseinrichtungen und –stiftungen (WHO 1998, 17).

Die Jakarta-Erklärung setzt eine deutliche Betonung auf die Verantwortung des privaten Sektors für den Bereich der Gesundheitsförderung.
Gesundheitsförderung integriert die Bereiche Gesundheitserziehung, Gesundheitsbildung, Gesundheitsberatung und Gesundheitsselbsthilfe unter Betonung eines intersektoralen und interdisziplinären Handelns sowie der Berücksichtigung der Lebens- und Arbeitsbedingungen und Teilhabemöglichkeiten der BürgerInnen (Niedersächsische Kommission 1992, 5).

Zusammenfassend steht Gesundheitsförderung für einen positiven ressourcenorientierten Ansatz mit der Betonung von Selbstbestimmung und Partizipation. Der umfassende Ansatz bezieht verschiedene Ebenen mit ein: den kulturellen und politisch-ökonomischen Bereich, die Ebene der Organisationen und Settings sowie das Individuum. Sie bietet eine Grundlage für eine interdisziplinäre Kooperation auf systemtheoretischer Grundlage.

3.2 Personale und ökosoziale Ressourcen

Das Wort Ressourcen läßt sich am besten mit Schutzfaktoren bzw. Hilfs- oder Kraftquellen übersetzen. Im individuellen Sinn sind unter Ressourcen persönliche Stärken, im ökosozialen stützende Hilfsquellen aus Mit- und Umwelt gemeint. In der Literatur finden sich zahlreiche Hinweise auf gesundheitsfördernde Ressourcen, die jedoch in der Regel einzeln untersucht und nicht in ihrer gegenseitigen Abhängigkeit betrachtet werden. Der Schwerpunkt der Forschung liegt bis heute bei gesundheitspsychologischen Konstrukten, die oft nicht klar voneinander unterscheidbar sind. Diese Konstrukte oder Konzepte - wie Kohärenzsinn, Selbstwirksamkeit oder Widerstandsfähigkeit (s. 3.2.1) – fassen mehrere Ressourcen auf der Ebene von Persönlichkeitsmerkmalen und der Handlungskapazität zusammen.

Der Blick auf die Ressourcen bietet eine hoffnungsvolle positive Perspektive auf einen „Möglichkeitsraum" (Stark 1996, 17).

Frieden, soziale Gerechtigkeit, ein ausreichendes Nahrungsangebot, Bildungsmöglichkeiten, zumutbare Wohnverhältnisse und die Möglichkeit eine sinnreiche Aufgabe zu übernehmen, nennt die WHO in ihrem Programm „Gesundheit 2000" (1995) als elementare Ressourcen für Gesundheit. Ressourcen, die praktisch ausschließlich dem gesellschaftlichen Sektor angehören. Hier wird klar benannt, dass Gesundheit weit über individuelle Fragestellungen hinausgeht. Nach Schätzungen der amerikanischen Centers for Disease Control (CDC; amerikanische Gesundheitsbehörde) ist der Einfluß der sozialen Umwelt und der Lebensweisen auf die Sterblichkeit doppelt so groß wie die Einflüsse der natürlichen Umwelt und der biologischen Prädisposition und diese wiederum doppelt so groß wie der Einfluß des Gesundheitswesens (zit. nach Bundesministerium 1997, 13).

Die Frage, was sind wichtige Quellen der Gesundheit von Menschen, beschäftigt die Wissenschaft erst seit ungefähr 25 Jahren (wieder). Modelle, die von Krankheit ausgehen, werden dagegen insbesondere in den letzten 150 Jahren erforscht. Aus diesem Grund ist das Wissen über Ressourcen bedeutend geringer als über Risiken.

Wichtig für die zukünftige wissenschaftliche Richtung ist, Ressourcen positiv zu benennen und nicht als Nicht-Risikofaktoren. Nicht-Rauchen als Gesundheitsressource zu bezeichnen wäre ein typisches schlechtes Beispiel. Der positive Weg ist der deutlich schwierigere, weil wir Defizitmodelle in zahlreichen Bereichen unseres Lebens wiederfinden: Katastrophen in den Medien, Leistungsstörungen bei Schulkindern oder bedrohliche Infektionskrankheiten. Welche Zeitung interessiert sich in ihrer Schlagzeile für eine Ehe, in der es beiden gutgeht oder für Kinder, die Spaß am Spielen haben? Auch unser „Gesundheitssystem" ist nur auf Krankheiten ausgerichtet, aber es gelangt derzeit mit der hochtechnischen Reparaturmedizin an seine absoluten Grenzen. Nicht nur aus diesem Grund ist ein Paradigmenwechsel dringend erforderlich. Ist es nicht auch für Professionelle in den Gesundheitsberufen ein neuer zufriedenstellenderer Weg mit den Stärken zu arbeiten, statt am defizitären Denken hängenzubleiben?

Eine Zusammenschau aus Sozial- und Gesundheitswissenschaften läßt dennoch bereits auf ein beachtliches Wissen blicken.
Dabei lassen sich Ressourcen in personale sowie soziale und ökologische Ressourcen (zusammengefaßt ökosoziale) Ressourcen gliedern. Eine Verbindung zwischen personalen und ökosozialen Ressourcen stellt das Lebensweisenkonzept her (Fröschl, 1998, 12). Ressourcen können dabei Ergebnis der Autopoiese und Ausgangspunkt für die Selbstorganisation sein. Ausgangspunkt im Sinne einer (Wieder)Entdeckung und Mobilisation von Ressourcen, aber auch Ergebnis im Sinne einer optimalen gegenseitigen Anpassung von System und Umwelt. Das Ziel muß dabei zunehmende Autonomie sein. Fritz Reheis (1998, 53/54) bezeichnet Ressourcen als „Speicher für Gelerntes". Kreativität entsteht dabei als Konsequenz des Zusammenpassens einer optimalen Umwelt mit personalen Ressourcen.
Ressourcen können also bestehen und in einem Hilfeprozeß (wieder)entdeckt werden, sie können aber auch neu geschaffen werden.
Frauen, Kinder und Männer brauchen in der Regel keine Aufklärung, wie sie ihre Gesundheit erhalten können, sondern darüber, welche Möglichkeiten es gibt, vorhandene Ressourcen zu entdecken und für sich nutzbar zu machen. Dies könnte beispielsweise bedeuten, sich trotz Kindern oder pflegebedürftiger Eltern persönliche Freiräume zu schaffen, dem Streit mit den ArbeitskollegInnen zu begegnen, Arbeitsbedingungen zu verbessern, mit körperlichen Beschwerden umzugehen oder der täglichen Anspannung Phasen der Entspannung entgegenzusetzen (Flick 1998, 68).

3.2.1 Personale Ressourcen

Personale Ressourcen beziehen Körper, Seele und Geist des Individuums mit ein. Nach Hurrelmann lassen sich personale Ressourcen in Persönlichkeitsmerkmale und Handlungskapazität gliedern (Hurrelmann 188, 93ff.). Eine zusammenfassende Übersicht (Bundesministerium 1997, 15-21; Faltermaier et al. 1998; Flick 1998; Hurrelmann 1988; BzgA 1998, 52-58; 93-109, Waller 1995, 26-31) gibt Abb. 3.2.1.

Handlungskapazität
Alltagsbezogenes Gesundheitshandeln
Persönlichkeitsmerkmale
Körperliche Fähigkeiten
Immunkompetenz
Körperbewußtsein
Sinnliche Wahrnehmung
Aufmerksamkeitsorientierung
Selbstwertschätzung
Liebesfähigkeit
Kontakt- und Kommunikationsfähigkeit
Kontrollüberzeugung
Emotionale und kognitive Fähigkeiten
Geistige Kräfte
Sinn im Leben sehen
Zuversicht
Selbstvertrauen
Optimismus
Lust und Freude am Leben

Abb. 3.2.1 Personale Ressourcen

Der Terminus der Handlungskapazität macht es möglich, subjektives **Gesundheitshandeln** miteinzubeziehen. Handlungskapazität bezeichnet die Fähigkeit „als richtig Erkanntes" tatsächlich in eine Gesundheitshandlung umzusetzen. Effektives Gesundheitshandeln muß dabei unbedingt in die Handlungsstruktur des Alltags passen. Findet Gesundheitshandeln im Alltag

statt, so sind nach Faltermaier et al. (1998, 118) zwei Formen unterscheidbar: ein Gesundheitshandeln mit einem spezifischen Handlungsschwerpunkt und ein Gesundheitshandeln, das in die Lebensweise integriert ist. Der Handlungsschwerpunkt kann auf Ernährung, Bewegung, Natur, Schadstoffe oder den Abbau eines Risikoverhaltens bezogen sein.
Die Gesundheitsverhaltensforschung dagegen ist überwiegend eine Motivationsforschung. Wie daraus Verhalten wird ist zum heutigen Zeitpunkt eher unklar (Waller, 1995, 30). Zudem stammt das Wissen zum Verhalten überwiegend aus wissenschaftlichen Untersuchungen zu Krankheitsrisiken. Aus diesem Grund verzichte ich auf diesen Begriff.

Körperliche Fähigkeiten sind nach Becker (1992, 100) günstige angeborene oder erworbene konstitutionelle Dispositionen.
Aufmerksamkeitsorientierung bedeutet eine individuelle Wahrnehmungsfähigkeit des eigenen Selbst. Bin ich in der Lage Wohlbefinden, aber auch Schmerzen zu spüren?
Kontrollüberzeugung ist die kognitive Überzeugung das eigene Leben kontrollieren zu können, Herr oder Frau der Lage zu sein. Dieses Konzept ist zurückzuführen auf Julian Rotter (1966). Das Element Kontrolle findet sich auch in Aaron Antonovskys Kohärenzsinn in den Komponenten Verstehbarkeit und Handhabbarkeit (s. 3.4). Auch Albert Bandura (1997) integriert bei seiner Selbstwirksamkeit Kontrolle. Er geht davon aus, dass das Verhalten einer Person davon abhängig ist, ob sie der Überzeugung ist dieses auch real ausführen zu können. Zudem muß ein positives Ergebnis erwartet werden. Synonym zur Selbstwirksamkeit wird der Begriff Kompetenzüberzeugung verwendet. Wesentlich für das Gesundheitshandeln ist, ob eine personale Kontrolle in den für das subjektive Gesundheitsverständnis wesentlichen Bereichen wie beipielsweise Ernährung, Bewegung, Körper, Psyche, Familie, Arbeit oder Umwelt wahrgenommen wird (Faltermaier et al. 1998, 151). Suzannes Kobasas (1979) Widerstandsfähigkeit besteht aus drei Komponenten: Kontrolle (control), Engagement (commitment) und Herausforderung (challenge).

Laien nennen über die aufgeführten Ressourcen hinaus auch bewältigungsfördernde Eigenschaften wie Phlegma, Leichtlebigkeit, Genuß oder Gleichmut (Waller 1995, 28). Die Integration solcher „Konzepte" in die Ressourcen-Forschung sollte eine Aufgabe der Zukunft sein.
Die Wissenschaft dagegen weist eine überdeutliche Tendenz zur Betonung der Kognition auf. Emotionale Komponenten werden eher vernachlässigt. Auch die Bedeutung der Spiritualität wird kaum beachtet. Dies sind aus meiner Sicht spannende Fragestellungen für die Zukunft.

3.2.2 Ökosoziale Ressourcen

Zahlreiche empirische Belege existieren mittlerweile für die gesund-seinsschützende Wirkung der **sozialen Unterstützung**.
Die protektive Bedeutung des sozialen Netzwerkes (s. 1.2), dessen Hauptfunktion die soziale Unterstützung ist, wurde in Deutschland insbesondere von Bernhard Badura und Klaus Hurrelmann untersucht. Auch hier ging die Forschung zunächst von der schützenden Funktion bei chronischer Krankheit aus. Hurrelmann (1988, 113) definiert soziales Netzwerk als „das Gefüge von sozialen Beziehungen, in das eine Person einbezogen ist. Das Netzwerk bildet sich aus dem Gesamt der Kontakte, die eine Person zu anderen Personen besitzt. Die strukturelle Beschaffenheit sowie Qualität und Funktion in einem Netzwerk unterscheiden über das mögliche Unterstützungspotential".

Das soziale Unterstützungsnetzwerk bietet dabei *emotionale Unterstützung* in Form von Wertschätzung und Akzeptanz, *instrumentelle Unterstützung* durch finanzielle und praktische Hilfen, *informationelle Unterstützung* durch das Bereitstellen von Informationen sowie *Einschätzungsunterstützung* durch Bewertungs- und Lösungshilfen (House, 1991, zit. nach Waller, 1995, 37). Der Sozialpsychologe Heiner Keupp (1987, 32) führt die *Aufrechterhaltung der sozialen Identität* und die *Vermittlung sozialer Kontakte* als weitere Funktionen an.

Nach der **Intensität** lassen sich folgende Beziehungsebenen im informellen Netzwerk unterscheiden (Badura, 1981, 31ff.):

1. Confidantbeziehungen (nahe Vertraute oder Vertrauter): Dabei handelt es sich um eine Person mit der auch sehr persönliche Fragen besprochen werden können und deren Hilfe jederzeit zur Verfügung steht. Dies können Ehepartner oder Ehepartnerin, Eltern, Freund oder Freundin, Kinder oder Geschwister sein.

2. Enge Beziehungen: wesentliche Kriterien sind dabei die Häufigkeit der Interaktion und die Dauer der Beziehung. Dies können Familienmitglieder, Freundinnen oder Freunde, Arbeitskolleginnen oder -kollegen sein.

3. Eher oberflächliche Bekanntschaften

4. Keine informellen Beziehungen

Zusätzliche Hilfsquellen kann das Individuum im formalen Netzwerk bestehend aus Professionellen wie beispielsweise Sozialarbeiterinnen und Sozialarbeitern, Pflegekräften oder Ärztinnen und Ärzten finden.

Enge, kleine, dichte und multifunktionale Unterstützungsnetze sind verläßlich, belastbar und relativ umfassend versorgend, aber auch kontrollierend, einschränkend, normativ regulierend und damit fremdbestimmend. Lockere, weite Beziehungen beinhalten viele Anregungsfacetten, sind selbstbestimmbar, aber unsicherer und erst auszuhandeln (Hurrelmann 1988, 117).
Günstige familiäre Bedingungen sind gekennzeichnet durch Achtung, Wärme, Rücksichtnahme und wechselseitige Unterstützung der Familienmitglieder (Becker 1992).

Zur **Wirkung** sozialer Unterstützung auf die Person existieren derzeit zwei Thesen:

1. Haupteffekt-These: Sie geht von einer direkten Wirkung im Sinne der unmittelbaren Förderung von Wohlbefinden, Selbstwertgefühl und psychischer Widerstandskraft aus. Soziale Unterstützung trägt zu Affiliation und Sicherheitserleben bei. Dabei sind affiliative Bedürfnisse soziale Zugehörigkeit und Aufgehobensein in einem größeren Ganzen, Abwehr von Einsamkeit, Bedürfnis nach sozialer Aufmerksamkeit, Bindung und zuverlässiger Rückhalt. Zudem werden Identität und Selbstwerterleben gestärkt. Soziale Unterstützung bietet Orientierung und Hilfestellung für eine kognitive und emotionale Regulation (Röhrle, 1994 zit. nach Herriger 1997, 137/138).

2. Puffer-Effekt –These: Sie geht von einer indirekten Wirkung in Situationen akuter Belastung aus. Soziale Unterstützung liefert stressorbezogene Beiträge zur Krisenbewältigung.

Feststellen lassen sich deutliche schichtspezifische Unterschiede sozialer Unterstützung: mit wachsendem Einkommen und zunehmender Bildung verfügen Frauen und Männer über ein Mehr an sozialer Unterstützung (Herriger 1995, 141).

Einen eindrucksvollen Beleg für die Wirkung sozialer Unterstützung liefert die klassische Alameda-County-Studie von Lisa Berkman und Leonard Syme (1979): sie befragten fast 7000 Personen über einen Zeitraum von neun Jahren. Soziale Unterstützung wurde nach einem einfachen Stufenmodell konzeptualisiert:
- enge soziale Bindungen (EhepartnerIn, LebensgefährtIn)
- weniger enge soziale Bindungen (Bekannte und Verwandte)
- schwache soziale Bindungen (Mitgliedschaften in Kirchengemeinden etc.).
Enge Bindungen erwiesen sich als der wichtigste Prädiktor für die Lebenserwartung unabhängig von Alter, Geschlecht und Lebensalter. Männer profitier-

ten stärker als Frauen von engen sozialen Bindungen. Vergleicht man die Gruppen mit engen sozialen Bindungen und schwachen sozialen Bindungen ergibt sich ein relatives Mortalitätsrisiko von 1:4, d.h. das Risiko im Beobachtungszeitraum zu versterben, ist in der Gruppe mit den engen sozialen Bindungen 4mal geringer.

Soziale Netzwerke können sich jedoch nicht nur um ein Individuum bilden, sondern auch um eine Aufgabe oder ein gemeinsames Interesse, wie die Organisation von BürgerInnenbewegungen.

Die wichtigsten ökosozialen Ressourcen (Badura 1981; Becker 1992; Bundesministerium 1997, 22-30; Hurrelmann 1988, 112-120; Waller 1995, 35-44) sind in Abb. 3.2.2 zusammengefaßt.

| Soziales Unterstützungsnetzwerk |
| Bildung |
| Wohnung und günstige Wohnbedingungen |
| Arbeit und günstige Arbeitsplatzbedingungen |
| gesundheitsrelevante Angebote und Dienstleistungen |
| sichere demokratische und rechtsstaatliche Rahmenbedingungen |
| gesunde Umwelt |

Abb. 3.2.2 Ökosoziale Ressourcen

Zu günstigen Bedingungen am Arbeitsplatz gehören beispielsweise ein positives Betriebsklima, ein angemessener Dispositionsspielraum und die Gelegenheit zur Entfaltung eigener Fähigkeiten (Becker 1992).
Als wesentliche Grundlage für das Gesund-Sein ist nach der „Europäischen Charta für Umwelt und Gesundheit" (WHO 1989) eine saubere und harmonische Umwelt erforderlich, in der alle physischen, psychologischen, sozialen und ästhetischen Faktoren einen angemessenen Stellenwert erhalten. Die Umwelt ist dabei Grundlage für bessere Lebensbedingungen und gesteigertes Wohlbefinden.

3.3 Lebensweisenkonzept

Ökosoziale und personale Ressourcen können nicht voneinander getrennt betrachtet werden. Eine Verbindung stellt das Lebensweisenkonzept her. „Die Lebensweisen geben Aufschluß darüber, welche handlungsleitenden Orientierungen eine Gruppe in der kontinuierlichen Auseinandersetzung mit ihren Lebensbedingungen zu entwickeln vermag. Diese Orientierungen in Form von geteilten sozialen Werten, Normen, Sprachformen, Interaktionsritualen usw. stellt ein Reservoir für Individuen bzw. Untergruppen dar, aus dem sie persönliche und soziale Identität schöpfen; es ermöglicht ihnen, ihrer spezifischen Lebenssituation Sinn und Bedeutung zu verleihen" (Wenzel, 1983, 7). Das Lebensweisenkonzept läßt im Sinne einer systemischen Sicht Beziehungen zwischen personalen und ökosozialen Ressourcen sichtbar werden.
Es hilft auch, wegzukommen von individueller Schuldzuweisung bei Vorhandensein von Risikofaktoren, da strukturelle Bedingungen mitbetrachtet werden.
In diesem Sinne kann auch die Ottawa-Charta verstanden werden.
„In der Lebensweise vereinigen sich anforderungsspezifische – d.h. auf die (sozialen, politischen, ökonomischen und kulturellen) Umweltbedingungen bezogene – Bewältigungsleistungen mit zustandsspezifischen, auf das subjektive Befinden ausgerichteten Verarbeitungsleistungen" (Erben et al., 1986).
Klaus Hurrelmann sieht in der Lebensweise eine „zeitlich überdauernde Gestalt von Handlungsformen und Handlungsmustern von Personen und Gruppen, die sich im Prozeß der Persönlichkeitsentwicklung und der Gestaltung der Lebenspraxis herausbildet" (1988, 12).
Das Konzept der Lebensweise kann dabei sowohl auf Einzelne als auch auf Gruppen bezogen werden. In der Lebensweise einer Gruppe (**kollektive Lebensweise**) vereinigen sich Formen der Lebensbewältigung, die auf die sozialen, ökonomischen und kulturellen Umweltbedingungen bezogen sind mit denen, die auf das Subjekt ausgerichtet sind. In den Lebensweisen zeigen sich handlungsleitende Orientierungen in Form von geteilten sozialen Werten, Normen, Sprachformen oder Interaktionsritualen. Diese Orientierungen stellen ein Reservoir da, aus dem Gruppen und Individuen persönliche und soziale Identität schöpfen können.
„Die Lebensweise eines einzelnen Menschen (**individuelle Lebensweise**) kennzeichnet die Gesamtheit der normativen Orientierungen und Handlungsstrukturen, die dieser im Laufe seines Lebens in der kontinuierlichen Auseinandersetzung mit seiner Umwelt entwickelt" (Bundesministerium 1997, 3).
Lebensweisen sind Bestandteile von sozialen Systemen, die aber individuell und kollektiv entwickelt werden müssen. Individuum und Umwelt sind in struktureller Koppelung miteinander verbunden.

Gesundheit ist im Rahmen des Lebensweisenkonzeptes bestimmbar als „intervenierende Variable auf individueller, kollektiver und interaktiver Ebene. Auf der individuellen Ebene drückt sie sich in Form subjektiver Befindlichkeiten aus. Auf der kollektiven Ebene erschließt sie sich über sozio-kulturell entwickelte Bedeutungsmuster und Ausdrucksformen, die eine soziale Gruppe entwickelt hat. Auf der interaktiven Ebene wird sie über spezifische gesundheitsfördernde bzw. -riskante Verhaltensweisen zum Ausdruck gebracht" (Erben et al. 1986, 87). Das Handeln und Wahrnehmen ist immer auf die Erfahrungs- und Deutungsmuster des Individuums und seiner sozialen Gruppe gerichtet. Effektive Bewältigungsstrategien (Coping-Strategien) haben sich in der Forschung als bedeutend für das Wohlbefinden herausgestellt. Der Zusammenhang von personalen Ressourcen wie beispielsweise dem Selbstwertgefühl und ökosozialen Ressourcen wie Bildungsstand mit effektiven Coping-Strategien konnte in mehreren Untersuchungen belegt werden. Wichtig ist eine Integration des Gesundheitshandelns in den Gesamtkontext der Lebensweise. Wirkungsvolle Bewältigungsstrategien sind schichtabhängig: so weisen Angehörige der Mittel- und Oberschicht bessere Copingstrategien auf als Angehörige der Unterschicht. Die Verfügung über personale und soziale Ressourcen zeigt parallel schichtspezifische Unterschiede (Waller, 1995, S.41).

Ein hoher Bildungsstand führt zu einer bewußten Wahl der Lebensweise. Er verhilft zu einer zufriedenstellenden Arbeit, die wiederum Selbstwert und Kompetenzgefühl steigert.

In ihrer empirischen Untersuchung konnten Faltermaier et al. (1998, 118ff.) drei Formen des Gesundheitshandelns als Lebensweise identifizieren: eine Lebensweise ohne aufgeprägtes Gesundheitshandeln, eine Lebensweise, die Gesundheitshandeln mit spezifischen Handlungschwerpunkten besetzt (s. 3.2.1), und ein Gesundheitshandeln integriert in die Lebensweise. Von den identifizierten Kategorien, die ein Gesundheitshandeln integriert in die Lebensweise definierten, soll hier eine herausgegriffen werden: das mehrdimensionale Gesundheitshandeln: „Diese Form des Gesundheitshandelns ist dadurch gekennzeichnet, dass sie sehr breit, auf mehreren Dimensionen (körperlich, psychisch, sozial) und in mehreren Bereichen (Beruf, Familie, Freizeit) in die Lebensweise einer Person integriert ist. Neben der psychischen und sozialen Ebene spielen noch mehrere Handlungsschwerpunkte eine Rolle, etwa die Bereiche der Ernährung und Bewegung oder der Umgang mit Beschwerden. Oft ist mit diesem Handlungstypus eine grundlegende Änderung in der Lebenseinstellung und Lebensweise verbunden. Die subjektiven Gesundheitsvorstellungen dieser Personen sind entsprechend komplex und mehrdimensional; sie betonen die gesundheitlichen Einflüsse von verschiedenen Lebensbereichen und ihre Wechselwirkungen, etwa in subjektiven Theorien des Ausgleichs oder des Gleichgewichts zwischen körperlichen, psychischen und sozialen Kräften" (1998, 133).

Die Entwicklung gesundheitsfördernder Lebensweisen ist ein grundsätzlich kooperativ angelegter Handlungsprozeß, an dessen Entstehung und Gestaltung die Handelnden mitwirken. Voraussetzung dafür sind politische Entscheidungen über die Struktur der Gesellschaft. So ist es widersinnig einerseits dem Individuum die Verantwortung über sein eigenes Handeln zuzuschieben, anderseits Strukturen zu schaffen, die gesundheitsförderliches Handeln erschweren. Rauchen schädigt die Gesundheit, aber die zugelassene aufwendige Werbung suggeriert Wohlbefinden, Freiheit und Dazugehören.

Zentrale Position in diesem Lebensweisen-Konzept hat der Körper als Träger der menschlichen Existenz. Physisches, psychisches und soziales Wohlbefinden entwickelt sich in der subjektiven Auseinandersetzung mit der gesellschaftlichen und natürlichen Welt. Dieser Entwicklungsprozeß vollzieht sich wesentlich am und im Körper. Indem sich das Subjekt die Umwelt aneignet, gestaltet es vor allem auch seinen Körper. Der Körper ist Träger der menschlichen Geschichte. In ihm sind individuelle und soziale Biographie aufgelöst, d. h. es spiegeln sich in ihm die sozialen und kulturellen Verhältnisse, unter deren Bedingungen er sich entfalten kann (Erben et al. 1986, 16; 29; 95) (s. 4.4.6).

3.4 Die Salutogenese als ressourcenorientiertes Konzept

Der amerikanische Medizinsoziologe und Streßforscher Aaron Antonovsky (1923-1994) leistet Ende der siebziger Jahre einen entscheidenden Beitrag zum Paradigmenwechsel. Er stellt die entscheidende Frage: was hält eigentlich Menschen gesund, anstatt zu fragen, was macht sie krank. Seine „Kehrtwendung", wie er es selbst nennt, beginnt 1970 als er in einer empirischen Studie israelische Frauen und ihre Anpassung an das Klimakterium (Wechseljahre) untersucht. Dabei fällt sein Augenmerk auf Frauen, die im Konzentrationslager waren. 29% dieser Frauen verfügen über eine gute psychische Gesundheit. Wie kann eine Frau die unglaublichen Torturen im Konzentrationslager überleben und trotzdem gesund bleiben? Dieser entscheidenden Frage ist sein Grundlagenwerk Health, Stress and Coping (1973) gewidmet. Der Begriff der **Salutogenese**, gefunden von seiner Frau, wird geprägt. Salutogenese stellt die Frage nach der Entstehung von Gesundheit (Salus lat. Unverletztheit, Heil, Glück, Erlösung; Genese griech. Entstehung).

Zentral in seinem Konzept ist der Umgang mit den allgegenwärtigen Stressoren. Stressoren sind definiert als eine „von innen oder außen kommende Anforderung an den Organismus, die sein Gleichgewicht stört und die zur Wiederherstellung des Gleichgewichtes eine nicht-automatische und nicht unmittelbar verfügbare energieverbrauchende Handlung erfordert" (Antonovsky 1979, 72). Von Bedeutung sind dabei insbesondere chronische Stressoren, wichtige Lebensereignisse und akute tägliche Widrigkeiten (1997, 44). Auf diese Stressoren antwortet der Organismus mit Spannung. Diese Spannung kann sowohl negativ, neutral oder gar positiv sein (Antonovsky, 1979, 94). Dabei sind zwei Aspekte zentral: Stressoren müssen nicht zwangsläufig zu gesundheitlich negativen Folgen führen, sondern können auch gesund sein. So kann das Immunsystem auf die Auseinandersetzung mit Keimen positiv im Sinne einer Immunstärkung oder eines Immungedächtnisses reagieren (als positive Spannung), aber bei aggressiven Viren wie HI (AIDS-Virus) auch überfordert sein (als negative Spannung).

Außerdem versteht Aaron Antonovsky die Auseinandersetzung mit Stressoren als alltägliches Phänomen, nicht als Ausnahme.

Der Spannung können generalisierte **Widerstandsressourcen** (Generalized Resistance Ressources, GRR) entgegengesetzt werden (1979, 99). Widerstandsressourcen sind potentielle Ressourcen, die eine Person mobilisieren und dann bei der Suche nach einer Lösung für das instrumentelle Problem anwenden kann (Antonovsky, 1997, 19). Er unterscheidet dabei psychosoziale und konstitutionelle GRR. Psychosoziale Widerstandsressourcen sind materielle Ressourcen, Wissen und Intelligenz, Ich-Identität, Coping-Strategien, soziale

Unterstützung, Kontrolle, kulturelle Stabilität, magische Faktoren, Religion, Philosophie und Kunst und eine präventive Gesundheitsorientierung. Unter konstitutionellen GRR versteht er die körperliche Ausstattung unter Einbezug genetischer Faktoren (Antonovsky 1997, 200).

Zentraler Begriff: Kohärenzgefühl

Der zentrale Begriff bei Aaron Antonovsky ist das **Kohärenzgefühl (sense of coherence, SOC)**: es beschreibt, wie ein Phänomen als Widerstandsressource wirkt. Das Kohärenzgefühl soll dazu verhelfen, dass die Welt es wert ist, dass man sich trotz seines Leidens in ihr engagiert (Schüffel et al. 1998, Vorwort). Das Kohärenzgefühl beschreibt: „eine globale Orientierung, die das Maß ausdrückt, in dem man ein durchdringendes, andauerndes aber dynamisches Gefühl des Vertrauens hat, daß die eigene interne und externe Umwelt vorhersagbar ist und daß es eine hohe Wahrscheinlichkeit gibt, daß sich die Dinge so entwickeln werden, wie vernünftigerweise erwartet werden kann" (Antonovsky 1997, 16). Der Mediziner Benyamin Maoz, der viele Jahre mit Aaron Antonovsky zusammengearbeitet hat drückt es so aus: der Sense of Coherence ist eine „Lebenshaltung oder Weltanschauung, die auf einem persönlichen, individuellen Gefühl und auf Überzeugungen und Werten, aber auch auf Erkenntnis, Auffassungsgabe, Verständnis, Erfahrung und aktiver Auseinandersetzung beruht": also eine emotional-kognitive Mischung (in Schüffel et al. 1998, 14).

Die drei zentralen Komponenten des SOC sind:

1. **Verstehbarkeit** (comprehensibility) als Ausmaß, in welchem interne und externe Stimuli als kognitiv sinnhaft erlebt werden. Eine Person glaubt, Stimuli sind vorhersehbar oder zumindest einzuordnen und erklärbar.

2. **Handhabbarkeit** (manageability) als Ausmaß, in dem man wahrnimmt, dass man geeignete Ressourcen zur Verfügung hat, um den Anforderungen, die von den Stimuli ausgehen, zu begegnen. Auch der Glaube daran, dass Angehörige oder Bekannte oder Gott bei der Bewältigung Unterstützung leisten, ist in dieser kognitiv- emotionalen Komponente enthalten. Derjenige, der über ein hohes Maß an Handhabbarkeit verfügt, wird nicht ewiges Opfer sein.

3. **Sinnhaftigkeit** (von Alexa Franke mit Bedeutsamkeit übersetzt) (meaningfulness) als motivationales Element in dem Sinne, dass diese Anforderungen Herausforderungen sind, die Anstrengung und Engagement lohnen (1997, 36).

Der Begriff Sinnhaftigkeit wurde von mir gewählt, da Aaron Antonovsky selbst ausführt, dass er bei der Formulierung dieser Komponente von Victor Frankls Logotherapie stark beeinflußt war (1997, 35) (s. 4.5.3). Diese Komponente hält er selbst für die wichtigste. Dabei ist es entscheidend, ob es bestimmte Lebensbereiche gibt, die von subjektiver Sinnhaftigkeit sind. Nicht jeder Mann und jede Frau muß beispielsweise die Lokalpolitik als bedeutsam erwählen.

Vier Bereiche hält er doch generell für das Erleben von Sinnhaftigkeit für entscheidend: die eigenen Gefühle, unmittelbare interpersonelle Beziehungen, die wichtigste eigene Tätigkeit und existentielle Fragen wie Tod, persönliche Fehler oder Konflikte.

„Konsistente Erfahrungen schaffen die Basis für die Verstehbarkeitskomponente, eine gute Belastungsbalance diejenige für die Handhabbarkeitskomponente und, weniger eindeutig, die Partizipation an der Gestaltung des Handlungsergebnisses diejenige für die Bedeutsamkeitskomponente" (Sinnhaftigkeit). „Wenn Partizipation an Entscheidungsprozessen zu Bedeutsamkeit führen soll", muß „sie sich auf Aktivitäten beziehen, die sozial anerkannt sind" (1997, 93/94). Das Negativ-Beispiel ist die typische Hausfrau. Ihr Handeln ist verstehbar und handhabbar, aber sozial wenig anerkannt und wird daher nicht als sinnhaft erlebt.

Es ergeben sich folgende Unterschiede bei Personen mit hohem versus niedrigem SOC: wird eine Anforderung als Stressor eingeschätzt, dann interpretiert die Person mit hohem SOC den Stressor wahrscheinlicher als irrelevant oder günstig. Bei Personen mit hohem SOC werden durch einen Stressor (ob positiv oder negativ) Emotionen hervorgerufen, die eine motivationale Handlungsbasis schaffen, bei niedrigem SOC tritt eine Paralyse ein.

Auch die Wahrnehmung des Problems hängt vom SOC ab: ob als großer Berg von schwierigen Aufgaben oder als Herausforderung. Daraus folgt dann ein anderer instrumenteller Umgang. „Das Ausmaß, in dem man mit der generalisierten Erwartung an die Welt herangeht, daß Stressoren bedeutsam und verstehbar sind, legt die motivationale und kognitive Basis für das Handeln und dafür, daß die Umwandlung von Anspannung in Streß verhindert wird." „Eine Person mit einem hohen SOC wählt aus dem Repertoire generalisierter und spezifischer Widerstandsressourcen, die ihr zur Verfügung steht, die Kombination aus, die am angemessensten zu sein scheint" (1997, 127-130). Eine Person mit starkem SOC kann mit ihrem Rentenantritt ihre eigene Rolle in der Welt bezahlter Arbeit ausklingen lassen, während sie sich in neuen Lebensbereichen wie kommunaler oder künstlerischer Tätigkeit engagiert (1997, 38ff).

Personen mit einem hohen SOC befinden sich auf dem Gesundheits-Krank-

heits-Kontinuum nahe an der Gesundheit, wobei Antonovsky die Begriffe Gesundheit und Krankheit nie explizit definiert. Gesundheit befindet sich auf einem multidimensionalen Kontinuum mit den beiden extremen Polen einer vollständigen Gesundheit (health-ease) und extremer Krankheit (dis-ease) (Antonovsky 1979, 69).
Davon abgegrenzt werden muß ein rigider SOC (1997, 41) bei Personen, die starr an ihren sozialen Rollen festhalten und dadurch glauben alles im Griff zu haben. Der rigide SOC steht dem niedrigen SOC nahe.

Aus systemischer Sicht hält er feste Regeln, die jedoch Raum für veränderbare Strategien lassen und von Feedback geleitet werden, für wichtig. Dies entspricht einer flexiblen Balance zwischen Geschlossenheit und Offenheit des Systems (1997, 43). Autopoietische Prozesse in struktureller Koppelung können wirksam werden.

Für die Forschung bemängelt er, dass die pathogenetischen Fragestellungen nach wie vor den überragenden Raum einnehmen: auch im sozialen Bereich betrachtet man lebensverändernde Ereignisse und bringt sie in Zusammenhang mit Krankheiten. Die Risikofaktorenforschung ist ein anderes Beispiel. Aber: man bewegt sich nicht automatisch auf Gesundheit zu, wenn man wenig Risikofaktoren aufweist (1997, 25).
Dabei stellt die Salutogenese nicht einfach die andere Seite der Medaille dar: „Ich denke tatsächlich, daß die pathogenetische Orientierung ... nur einen geringen Teil der uns vorliegenden Daten erklären kann. Darüber hinaus hat ihre nahezu totale Dominanz viele einschränkende Konsequenzen". Aaron Antonovsky zitiert dazu eine Studie, die zeigt, dass die Sterblichkeit an Krebs für als depressiv klassifizierte Personen mehr als doppelt so hoch ist, wie für als nicht-depressiv klassifizierte Männer und Frauen. Aber: die meisten Menschen in dieser Studie sterben nicht an Krebs (1997, 29/30). Er plädiert im weiteren dafür, nicht nur nach der Ätiologie (Entstehung) von Krankheiten, sondern nach individuellen Geschichten zu fragen. Wir könnten eine adäquatere Diagnose erzielen, wenn wir die Geschichte der Person – nicht des Patienten! – mehr verstehen als den Erreger. „Wenn man nach effektiver Adaptation des Organismus sucht, kann man sich über den postkartesianischen Dualismus hinausbewegen und sich Phantasie, Liebe, Spiel, Bedeutung, Willen und soziale Strukturen ansehen, die die Adaptation fördern" (1997, 27).
„Wir sind alle sterblich. Ebenso sind wir alle, solange noch ein Hauch von Leben in uns ist, in einem gewissen Ausmaß gesund. Der salutogenetische Ansatz sieht vor, dass wir die Position jeder Person auf diesem Kontinuum zu jedem Zeitpunkt untersuchen. Epidemiologische Forschung würde sich auf die Ver-

teilung von Gruppen auf dem Kontinuum beziehen. Klinische Mediziner würden dazu beitragen wollen, dass sich einzelne Personen, für die sie verantwortlich sind, in Richtung des Gesundheitspols verändern" (1997, 24). Demgegenüber wird der Pathogenetiker zu einem beschränkten Spezialisten für eine Krankheit. Dies habe ich als „AIDS-Spezialistin" am eigenen Leib erfahren. Dabei bezieht sich die Einseitigkeit nicht nur auf die medizinische Diagnose, sondern sie betrifft ebenso die Einengung im psychosozialen Bereich. Auch dort ist die Gefahr groß, sich defizitär zu spezialisieren. Selbst soziale Unterstützung wird überwiegend pathogenetisch definiert: als Puffer bei Krankheiten und bei Mangel an sozialer Unterstützung als krankmachend (1997, 47).

Aaron Antonovskys Ansatz ist deshalb herausragend, weil er anspruchsvoll und deutlich genug ist, um eine echte Diskussion hervorzurufen. Das Konzept beinhaltet Wissen aus verschiedenen Disziplinen und eignet sich daher für eine interdisziplinäre Zusammenarbeit.
Aus meiner Sicht ist der Begriff der „Widerstands"ressourcen eher defizitär, aber aus Antonovskys oft pessimistischem Blickwinkel verständlich: ein Leben voller Widrigkeiten braucht Widerstandsressourcen.
Darüberhinaus ist die Salutogenese oft nur modernes und griffiges Schlagwort für Bestehendes. Es wird von Ressourcen gesprochen, aber defizitär gedacht und vor allem gehandelt; Salutogenese wird gesagt, nach pathogenetischen Grundsätzen gehandelt.

Aaron Antonovsky war nicht nur Vordenker, er hat auch die notwendige Forschungsbasis geschaffen. Zur wissenschaftlichen Überprüfung seines Kohärenzgefühls wurde von Antonovsky selbst anhand der Auswertung von 51 Interviews ein Fragebogen entworfen, der die testtheoretischen Voraussetzungen erfüllt (BzgA 1998, 41). Dieser Fragebogen erfaßt das Kohärenzgefühl mit 29 Items mit siebenstufigen Einschätzskalen. Eine Kurzform mit 13 Items liegt ebenso vor (Antonovsky 1997, 191-198).
Bei Auswertung von ca. 50 empirischen Studien zum SOC-Konstrukt ergeben sich folgende Ergebnisse: Das Ausmaß des Kohärenzgefühls korreliert stark zu Parametern von psychischer Gesundheit, es korreliert negativ zu Ängstlichkeit und Depressivität. Der Zusammenhang zwischen SOC und körperlicher Gesundheit ist nicht eindeutig. Ein starkes Kohärenzgefühl erleichtert die Anpassung an schwierige Lebenssituationen wie Behinderung oder Pflege eines erkrankten Angehörigen. Menschen mit ausgeprägtem Kohärenzgefühl können in dieser Aufgabe einen Sinn sehen (BzgA 1998, 44-47). Eine aktuelle Untersuchung von Ullrich Frommberger et al. findet bei 51 Frauen und Männern, die sechs Monate nach einem schweren Verkehrsunfall nachuntersucht wurden, dass ein hoher

SOC-Wert vor einer posttraumatischen Belastungsstörung und weiteren psychiatrischen Diagnosen infolge des Unfalls schützt (Schüffel et al. 1998, 337ff.).
Alexa Franke kommt in ihrer Literaturanalyse im Anhang zu Antonovsky (1997, 172ff.) zu deckungsgleichen Aussagen. Sie ergänzt jedoch eine wesentliche Aussage: ein entscheidender Vorteil der salutogenetischen Herangehensweise ist es, dass sie es ermöglicht den Tod einzubeziehen. Im pathogenetischen Verständnis geht es um die Beseitigung von Krankheit und Leid, der Tod wird ausgespart. Der Tod ist aber nicht das Versagen von Reparaturmethoden, sondern Bestandteil des Lebens.
Mehrere Studien bestätigen Geschlechtsunterschiede: Frauen haben niedrigere Werte bezüglich des Kohärenzgefühls.

Zusammenfassend legt eine salutogenetisch orientierte Gesundheitsförderung den Schwerpunkt auf das Gesund-Sein. Das bedeutet

▶ „daß positive Gesundheitsziele formuliert werden, die aber nicht als absolute und statische Zielgrößen gedacht sind, sondern auf einem multidimensionalen Gesundheitskontinuum variieren

▶ daß neben der Bewältigung von Risiken und Belastungen vor allem die Erhaltung und Förderung der Ressourcen im Mittelpunkt stehen

▶ daß die Förderung zentraler gesunderhaltender Kräfte angestrebt wird, etwa des Gefühls der Kohärenz, der personalen Kontrolle oder der Laienkompetenz" (Faltermaier 1998, 198).

Die Salutogenese eignet sich als grundlegendes Konzept für gesundheitswissenschaftliche Projekte und Studien. Sie bietet einen soliden Hintergrund für die Formulierung von Zielen. Die Salutogenese impliziert dabei eine Gesund-Seins-Perspektive, wobei das salutogene Paradigma auch die Autonomie der involvierten Personen betont.

Eine schöne Metapher faßt die salutogenetische Orientierung bildlich zusammen: an einem Fluß kurz nach einer Biegung werden ertrinkende Menschen herausgezogen. Medizin, Soziale Arbeit und Pflege widmen sich hingebungsvoll dieser Aufgabe. Sie schauen aber nicht darauf, was vor der Flußbiegung passiert. Ob etwa jemand oder etwas die Frauen und Männer in den Fluß stößt. Der Fluß ist der Fluß des Lebens. Die Salutogenese stellt die Frage wie Mann oder Frau ein guter Schwimmer bzw. eine gute Schwimmerin wird, um im Fluß des Lebens bestehen zu können (Antonovsky 1997, 91/92).

3.5 Handlungsansatz Empowerment

Als handlungsorientierter Ansatz bietet sich die Praxis des Empowerments an (to empower: ermächtigen; jemand die Vollmacht erteilen, etwas zu tun). Der Sinn des Wortes klingt eher passiv, es ist jedoch ein durch und durch aktiver Prozeß gemeint!
Die erste umfangreiche Veröffentlichung stammt von Barbara Solomon (1976), die sich mit der Ermächtigung der unterdrückten schwarzen Gemeinschaft in Amerika befaßte. Grundlegende Arbeiten wurden außerdem in der amerikanischen politischen Gemeinwesenarbeit durchgeführt (Rappaport 1985).
Das Empowerment findet seine Wurzeln im Vertrauen auf die Stärken und Ressourcen von Menschen, eine hoffnungsvoll-optimistische Perspektive. Das Ziel ist eine Selbstermächtigung durch die Akzentuierung der Autopoiese und der autonomen Lebensführung (Herriger 1997, 7).

Dabei soll Individuen oder Gruppen Kontrolle über ihr eigenes Leben und die sozialen Zusammenhänge ermöglicht werden. Empowerment bezeichnet Entwicklungsprozesse in der Dimension der Zeit, in deren Verlauf Menschen die Kraft gewinnen, derer sie bedürfen, um ein besseres Leben nach eigenen Vorstellungen zu leben.
In der politischen Dimension bezeichnet Empowerment „einen konflikthaften Prozeß der Umverteilung von Macht" wie beispielsweise in der politischen Gemeinwesenarbeit oder der Frauenbewegung.
Die lebensweltliche Definition umfaßt die (Wieder)Herstellung von Selbstbestimmung über die Umstände des Alltags (Herriger 1997, 12/13). Dies geschieht in der Regel im Rahmen sozialer Unterstützungsprozesse. Empowerment kann dann als ein andauernder, zielgerichteter Prozeß im Rahmen kleiner, meist lokaler Gemeinschaften verstanden werden. Es beinhaltet die wechselseitige Achtung und Fürsorge, eine kritische Reflexion und Bewußtwerdung der Akteure, durch die eine Form der Teilhabe für die Personen oder Gruppen ermöglicht wird, die einen unzureichenden Zugang zu wichtigen sozialen Ressourcen haben (Stark 1996, 16).
Durch die Wahrnehmung und Nutzung eigener Ressourcen verändert sich eine defizitäre Situation. Problemlösungsstrategien können gefunden werden. Dabei bleibt der Blick im sozialen Kontext.

Das Handeln von Expertinnen und Experten ist dann als professionelle soziale Unterstützungsarbeit zu verstehen. Die Aufgabe liegt darin, Menschen zu unterstützen, die dazu notwendigen Ressourcen (wieder) zu entdecken oder zu entwickeln (Stark, 1996, 17). Verschüttete Potentiale werden freigelegt, um

Kontrolle über das eigene Leben zu erlangen. Empowermentprozesse finden im sozialen Kontext statt und sind nie rein individuell bezogen, obwohl sie Auswirkungen auf die Einzelpersonen haben. Veränderungen werden im emotionalen, kognitiven und interaktiven Bereich bewirkt (Stark 1996, 111/112).

Das Empowerment kann dabei auf drei Ebenen ansetzen:

▶ Das **Individuum** kann das eigene Leben (wieder) aktiv selbst gestalten. Ein (anderes) Verständnis der individuellen und politischen Möglichkeiten kann zu einer Neu-Gestaltung des Lebens führen.

▶ **Gruppen** können durch gegenseitige Unterstützung die Umwelt aktiv mitgestalten.

▶ **Strukturen** werden durch die Kooperation von betroffenen Einzelnen und Gruppen mit Fachleuten aus Verwaltung und Politik verbessert.

In der heutigen Welt der Individualisierung mit der Vielfalt und Komplexität von verschiedenen Rollen können für die einzelne Frau oder den einzelnen Mann neuartige Probleme entstehen. Anderseits aber ergeben sich umfangreiche Möglichkeiten der Autopoiese und Selbstbemächtigung. Die Chance der Individualisierung geht aber auf Kosten von sozialen und kulturellen Bindungen (Hurrelmann 1988, 14). Aus diesem Grund ist die somatopsychosoziale Ausstattung des Subjektes von großer Bedeutung. Die Zugehörigkeit zu multiplen Sinn-Welten und Rollen-Settings muß als Kraftquelle genutzt werden: die multiple Identität muß die einfache ersetzen. Hier ist wiederum das Kohärenzgefühl von besonderer Bedeutung. Kohärenz entsteht durch eine beständige Arbeit an der Identität aus einem kreativen Prozeß der Konstruktion und Neu-Konstruktion von Sinn und Selbstverständnis, das Subjekt wird zum Konstrukteur seiner Welt.

Norbert Herriger sieht demzufolge drei **Handlungsdimensionen** des Empowerments:

1. Wegweiser im Irrgarten multipler Identitäten und Wegbegleiter bei der Suche nach Lebenssinn

2. tatkräftige Unterstützung bei Aufbau und Renovierung von sozialen Netzwerken

3. Förderung der Eröffnung von Partizipationsräumen, in denen Menschen in sozialer Inklusion die Erfahrung von autopoietischer Gestaltungsfähigkeit und die Ressource Solidarität neu entdecken (Herriger 1997, 36ff).

Die Einbeziehung subjektiver Erfahrungen im Umgang mit dem eigenen Gesund-Sein und Krank-Sein ist damit gegeben. Die positive Anerkennung dieser Erfahrungen schafft eine gute Basis für die Zusammenarbeit von Professionellen und ihren Partnerinnen und Partnern.

Geeignete Methoden zur praktischen Umsetzung sind :

- Die **Unterstützungsarbeit** (Case-Management) mit der Vermittlung der Erfahrung von der Veränderbarkeit und Gestaltbarkeit der eigenen Lebensumstände durch Kontroll- und Kompetenzerfahrungen.

- Der **Kompetenzdialog** als Arbeit an der Biografie mit der Thematisierung von Gelegenheiten und Zeiten des Lebensgelingens und Ableitung einer wünschenswerten Lebenszukunft. Unter Biografie darf aber nicht nur das verstanden werden, was der professionelle Hintergrund mit beispielsweise einer analytischen Ausbildung abfragt.

- Die **Netzwerkarbeit** mit der Inszenierung von solidarischer sozialer Unterstützung (Herriger 1997, 75).

Die Unterstützungsarbeit und der biografische Dialog sind auf der individuellen Ebene anzusiedeln, die Netzwerkarbeit auf der Ebene von Gruppen und Strukturen. Dabei kommt bei Gruppen der Selbsthilfe-Förderung ein wesentlicher Stellenwert zu; auf der strukturellen Ebene der aktiven BürgerInnenbeteiligung und der Organisationsentwicklung.

Die Aufgabe von Professionellen ist es, einen Prozeß zu ermöglichen und anzustoßen, durch den Individuen Ressourcen entdecken oder erhalten, die sie befähigen, größere Kontrolle über ihr eigenes Leben auszuüben. Dies erfordert eine Sensibilität für die Stärken von Menschen und ihren Zusammenschlüssen. Das professionelle Selbstverständnis verändert sich, die Allzuständigkeit verschwindet (Stark 1996, 118/119).

Die Grenzen des Empowerments sind dort zu sehen, wo die Integrität des Individuums gefährdet ist. Dies gilt in gleichem Maße für Professionelle und Betroffene. Einerseits gilt das dort, wo Bedrohung und Gewalt im Spiel sind, andererseits auch da, wo Werte und Normen extrem konträr sind.

Darüber hinaus gilt es bestehende gesetzliche Regelungen zu beachten. Hier ist eine Schwierigkeit vorprogrammiert: denn gesetzliche Regelungen beschreiben Defizite. Gutachten, die einen gesetzlichen Anspruch begründen sollen, müssen daher – heute noch – defizitär formuliert werden.
Konflikte können mit dem Selbstverständnis der professionellen Institutionen auftreten. Wir sind die ExpertInnen, die die Laien.
Die starke Fragmentierung der Hilfeleistung aufgrund der eingeschränkten Zuständigkeit eines/einer Professionellen kann hinderlich für eine umfassende Sicht sein.
Empowerment fordert Zeit: der Zeitdruck durch hohe „Fallzahlen" ist kontraproduktiv.
Zudem fordert das Empowerment als grundlegende Basis die Fähigkeit zur Problemveröffentlichung. Dies kann beispielsweise aufgrund geltender familiärer Regeln nicht möglich sein.
Eine Umdefinition von Erfolg ist erforderlich: Empowermentschritte sind klein, der Prozess ist nicht linear, sondern wird immer Rückschritte beinhalten.
Die Tatsache der Umverteilung von Macht kann sowohl für Professionelle als auch Betroffene problematisch sein: Widerstand ist zu erwarten. Betroffene können die Erfordernisse zunächst als Bedrohung erleben.
Und wer kennt nicht die Haltbarkeit von langjährigen Routinen!

Das Empowerment als Handlungsansatz erfordert von *Professionellen* neue oder veränderte *Kompetenzen* im Sinne von *Informations- und Anregungskompetenz, Organisationskompetenz* in der Bereitstellung von benötigter Infrastruktur, *Vernetzungs- und Mediationskompetenz, Beratungskompetenz* sowie *sozialpolitische Kompetenz* (Herriger 1997, 146).

Eine neue berufliche Identität umfaßt folgende Arbeitsbereiche:
1. Biografie-ArbeiterIn
2. WegbereiterIn
3. PolitscheR AktivistIn
4. SozialreformerIn

Neue berufliche Rollen werden die Lebensweltanalyse, die kritische Lebensinterpretation, die Netzwerkarbeit und Ressourcenmobilisation und die Organisations- und Systementwicklung beinhalten (Herriger 1997, 210-216).

Zentraler Begriff: KonduzentIn
Durch Empowerment werden AdressatInnen (PatientInnen, KlientInnen) zu KonduzentInnen. KonduzentIn soll hier bewußt die Begriffe PatientIn, KlientIn oder KundIn ersetzen. Der Begriff KonduzentIn (lat. conducere zusammenführen) betont die Kooperation von selbständigen und selbsttätigen, autopoietischen Wesen, die gemeinsam mit Professionellen in einer partizipativen Gestaltung am Prozeß der Gesundheitsförderung teilhaben (Mühlum et al. 1997, 226) (s. 4.2.1). Die alte Begrifflichkeit setzt andere Schwerpunkte: PatientIn zielt auf das Leiden, KlientIn auf ein Gefälle zwischen Ratsuchenden und Professionellen und KundIn betont das Ökonomische.

4. Die (Wieder)Entdeckung gesundheitsfördernder Prinzipien

Einige Themen, die mir im Zusammenhang mit Gesund-Sein und Gesundheitsförderung wichtig sind, kommen -zumindest in der klassischen wissenschaftlichen Literatur- zu kurz oder sind ausgespart. Das folgende Kapitel soll Anregung zum Nachdenken, Anregung zu neuen Forschungsthemen im Zusammenhang mit Gesund-Sein geben und Fragen stellen. Ich werde mich an einigen Stellen auch auf belletristische Literatur beziehen, dort wo ich sie im Zusammenhang für wesentlich befinde. Die Auswahl der Themen ist dabei durchaus persönlich zu sehen. Anregungen dazu haben mir Begegnungen mit eindrucksvollen Frauen, Kindern und Männern gegeben.

4.1 Langsam im Rhythmus die Eigenzeit leben

„Es gibt ein großes und doch ganz alltägliches Geheimnis. Alle Menschen haben daran teil, jeder kennt es, aber die wenigsten denken je darüber nach. Die meisten Leute nehmen es einfach so hin und wundern sich kein bißchen darüber. Dieses Geheimnis ist die Zeit.
Es gibt Kalender und Uhren, um sie zu messen, aber das will wenig besagen, denn jeder weiß, daß einem eine einzige Stunde wie eine Ewigkeit vorkommen kann, mitunter kann sie aber auch wie ein Augenblick vergehen - je nachdem, was man in dieser Stunde erlebt.
Denn Zeit ist Leben. Und das Leben wohnt im Herzen" (Ende 1973, 57).

Die Begegnung mit Menschen in Griechenland, die sich -auch heute noch- auf einem Esel von Ort zu Ort bewegen auch noch im höchsten Lebensalter, die Gemächlichkeit mit der man dort im Kafeneon (Café) sitzt, sind Erfahrungen, die mich zum Nachdenken angeregt haben. Auf der anderen Seite, die Hektik der Stadt Athen mit Autos, die rasen und viele Todesopfer fordern. Zwei Seiten einer Medaille. Die erste ist die erstrebenswerte.
Zeit- ein Wort und ein Wert der uns dauernd begegnet: Hektische Menschen, die dauernd zur Uhr blicken, durch das Leben rennen, von Termin zu Termin hetzen, sind das Normale. Wenn ich langsam durch meine Fachhochschule gehe, habe ich fast ein schlechtes Gewissen angesichts der Kolleginnen und Kollegen, die sich im Laufschritt bewegen. „Ich habe keine Zeit" „Zeit ist Geld" Aussprüche in unserer modernen Zeit.

Die zeitliche Dimension spielt im Systemdenken eine wichtige Rolle: dies wird im **Prozess**denken deutlich. In Systemen herrscht ein dynamisches Gleichgewicht. In der chinesischen Philosophie ist die Wirklichkeit durch das TAO bestimmt, der Prozeß des dauernden Fließens und Wandels in der Zeit. Dabei kommt es darauf an, Prozesse zyklisch, nicht linear zu betrachten. Prozesse des Werdens und Vergehens wie das Blühen und Verwelken in der Natur sind zyklisch. In der modernen Welt der Industrie ist lineares Denken weit verbreitet. Erst durch die Frage des Recyclings von Industriegütern haben sich in den letzten Jahrzehnten zyklische Prozesse zumindestens im Denken (oft nicht im Tun) durchgesetzt.

4.1.1 Rhythmus und Zyklen

Die Zeit messen wir mit Uhren, die uns die Zeit als lineares Ereignis anzeigen: zwei Minuten fangen jetzt an und sind nach 120 Sekunden zu Ende. Das was ich in dieser linearen Zeit schaffe, der Auftrag, der in drei Tagen zu erledigen ist, zählt und bringt Geld. Geht es auch Ihnen so, dass sie für die gleiche Aufgabe immer weniger Zeit zur Verfügung bekommen?
Dagegen sind die Arbeiten im Haus wie Abwaschen oder Putzen Arbeiten, die sich im täglichen Rhythmus wiederholen. Für die Haus-Arbeit gibt es kein Geld und sie bringt kein Prestige.
Der Wechsel von Wachen und Schlafen, von Anspannung und Entspannung sollte ein rhythmischer sein. Wachen und Schlafen im Eigenrhythmus ist in unserer Zeit fast unmöglich.

Das traditionelle Zeitverständnis war ein durch und durch zyklisches und an der Natur ausgerichtet: der Stand der Sonne war für Aufstehen und zu Bett gehen ausschlaggebend. Die Zeit stellte keine gerade Linie mit Anfang und Ende dar, sondern eine sich immer bewegende Kreislinie: Auf- und Untergang der Sonne oder Geburt und Tod sind zyklisch wiederkehrende Geschehen. Zudem war die Zeit rhythmisch an Ereignisse gebunden. So bestimmte beispielsweise im Mittelalter der Kreislauf des Kirchenjahres den Rhythmus. Es gab 120 bis 190 Sonn- und Feiertage im Jahr, die den Wechsel von Arbeit und Ruhe bestimmten (Reheis 1998, 133).
Auch der menschliche Körper ist in seinem Biorhythmus zyklisch orientiert. So sind beim Menschen mehr als 150 Rhythmen festgestellt worden, die vor allem an den Wechsel zwischen Tag und Nacht angekoppelt sind, wie Körpertemperatur, Cortisonproduktion, Blutdruck oder Harnausscheidung (Ewers 1988, zit. nach Reheis 1998, 49). Der weibliche Zyklus wiederholt sich monatlich.

Beim Mann fehlen entsprechende Untersuchungen weitgehend. Das überwiegend von Männern geprägte lineare Verständnis von Zeit paßt nicht zu zyklischen Veränderungen.

Die Chronobiologie erforscht, wie wir mit den Rhythmen umgehen sollen, oder was passiert, wenn wir sie massiv ignorieren. Die Erfindung der Glühbirne stellt einen enormen Eingriff in die natürlichen Rhythmen dar. Die durchschnittliche Schlafzeit ist in den Industrieländern seit Beginn des Jahrhunderts um zwei Stunden gesunken (Ernst 1993, 72). Die heutigen Zeitgeber Arbeit, Fernsehen oder Freizeit lassen uns gegen unseren inneren Rhythmus angehen. Wir stimmen uns nach dem Terminkalender ab, statt nach den Bedürfnissen unseres Körpers. Die Unterscheidung in funktionale (ohne nachweisbaren organischen Defekt) und organische Krankheiten kann entfallen, so der Medizintheoretiker Herbert Weiner, da alle Krankheiten dynamisch durch eine Störung der Körperrhythmen entstanden sind (zit. nach Ernst 1993, 73). Körperrhythmen werden durch physische, psychische oder soziale Einflüsse gestört. Systemisch betrachtet bedeutet dies eine Beeinträchtigung der Selbstorganisation des Körpers durch das Nicht-Respektieren der periodischen Abläufe und Funktionen auf allen Ebenen unserer Existenz.

Auch unser Schlaf bedient sich eigener Rhythmen. So treten regelmäßig die sogenannten REM-Phasen (Rapid eye movement, 20minütige Phasen mit schnellen Bewegungen der Augen) auf. In diesen Phasen träumen wir. Schlaf und Träumen dienen der Regeneration des Energiehaushaltes und der Informationskonservierung. Im Traum reagieren wir nicht nur, sondern das Gehirn wird für Fähigkeiten aktiviert, die wir vielleicht eines Tages brauchen (Ernst 1993, 77ff.). Die Chronobiologie lehrt uns zudem, dass wir auch am Tag nach jeweils 90 bis 120 Minuten eine Regenerationsphase von 20 Minuten bräuchten. An welchem Arbeitsplatz ist dies möglich? Das Bedürfnis sich in dieser Pause zu strecken, herumzugehen, zu gähnen oder einfach tagzuträumen kann nur selten ausgelebt werden. In diesen 20 Minuten werden die Speicher im Nervensystem wieder mit den Überträgerstoffen aufgefüllt. Viele Schlüsselfähigkeiten folgen dem 90-120 Minuten Takt: die verbale Geschicklichkeit, die physische Leistungsfähigkeit, die Hand-Augen-Koordination, die Gedächtnisleistung, die Lernfähigkeit und die mentale Aufnahmebereitschaft.

Lange war es den Menschen möglich, sich an diese Rhythmen anzupassen. Heute dominieren äußere Zeitgeber wie Wecker, Termine, Zwänge. Stimmen des Körpers werden übertönt von Lärm, Hektik, Ablenkungen und Alltagsstreß (Ernst 1993, 82ff.). Wenn wir die natürlichen Pausen nicht einlegen ist der Körper daueraktiviert. Das sympathische Nervensystem, der Aktivpol unseres

Nervensystems, ist ununterbrochen gefordert. Wir sind bei einer Daueraktivierung aber weniger leistungsfähig und können irgendwann nicht mehr entspannen. In der Alltagsroutine sollte dem Parasympathicus, dem Entspannungsteil des Nervensystems, regelmäßig Zeit gegeben werden.

Fritz Reheis, ein Gymnasiallehrer, der sich seit Jahren intensiv mit den Konsequenzen der Beschleunigung und der Entrhythmisierung des Lebens beschäftigt, unterscheidet zwei Zeitformen (1998, 136/137): die zyklische und die lineare Zeit. Die zyklische Zeit ist die Zeit des Lebens, ist biologisch und individuell verschieden. Die lineare Zeit ist die Zeit der Sachen und die Zeit des Todes. Entrhythmisierung führt zum Tod. Krebszellen unterscheiden sich von gesunden Zellen dadurch, dass sie aus dem Rhythmus der Zellteilung ausgebrochen sind. Ihre Vermehrung ist zudem in der Regel stark beschleunigt.

Heinrich Schipperges zeigt in seinen „Regelkreisen der Lebensführung" (1988) Prinzipien der antiken griechischen Diätetik (Kunst der Lebensführung) lebbar für die Neuzeit auf. Ein zentrales Thema dabei sind rhythmisch-zyklische Lebensprozesse. Ein wichtiges Prinzip der Diätetik befaßt sich mit der Ordnung der Zeit. Es dient der inneren Ausgewogenheit durch eine Rhythmisierung des Alltags. „Aktion und Kontemplation sind nichts anderes als ein in sich geschlossenes Wechselspiel, einer innerlich ausgewogenen, musikalisch gestimmten Lebensrhythmisierung. Es ist der rhythmische Wechsel, der uns die innere Spannkraft bewahrt". Arbeit und Muße waren zentrale Punkte der klassischen Physiologie und Hygiene: ein Kreislauf von Einsatz und Erholung, möglichst ohne Ermüdung und Erschöpfung.
Die Muße als absichtsloses, aber sinnvolles Dasein wird heute negativ gesehen. Freizeit ist von Konsum geprägt und führt zu neuen Zwängen. Der Segelausflug am Wochenende mit einer Anfahrt und Heimfahrt im Stau, das Boot schnell zurechtgemacht, wo kann da Muße stattfinden?
Arbeit und Freizeit im klassischen Verständnis ergänzen sich gegenseitig, sie sind nicht gegeneinander abzurechnen, sondern in Einklang zu bringen. Ein großer Teil der Schlafstörungen, Nervosität, Aggression, Depression und Konzentrationsschwäche steht in einem engen Zusammenhang mit einer gestörten Zeitstruktur, mit einer Desynchronisation der inneren Uhr. Eine angemessene Nachtruhe kann viel zur Krisenbewältigung oder erhöhter Belastbarkeit in schwierigen Zeiten beitragen.
Das Individuum, die Gesellschaft/Kultur und die Natur, alle diese Systeme, die untereinander Energie, Information und Materie austauschen, weisen eine rhythmisch-zyklische Zeitstruktur auf. So gibt es in allen dreien das Wechselspiel von Aktivität und Ruhe.

Auch das Werden und Vergehen erfolgt im Zyklus. In diesem Werden und Vergehen haben Gesund-Sein und Krank-Sein ihren Platz. Insbesondere das Krank-Sein verweist uns auf unser Sein in der Zeit, es verweist auf unsere Endlichkeit.

Sogar in der Wirtschaft sind zyklische Zeitstrukturen zu beobachten. Der Volkswirt und Wirtschaftswissenschaftler Leo Nefiodow sieht in den Kondratieff-Zyklen ein An- und Abflauen von Wirtschaftszyklen (1999). Marktwirtschaftlich organisierte Nationen durchlaufen in einem Abstand von 40 bis 60 Jahren wiederholt tiefgreifende Reorganisationsprozesse. Am Ende eines Zyklus gibt es Arbeitslosigkeit, stark schwankende Währungen, einen verbreiteten Pessimismus und in der Folge unzureichende Investitionen trotz stabiler Preise und niedriger Zinsen. Basisinnovationen sind die Auslöser von neuen Zyklen. In der Folge kommt es nicht nur zu ökonomischen Veränderungen sondern zu einer Reorganisation der gesamten Gesellschaft (1999, 4). Derzeit befinden wir uns am Ende des fünften Kondratieffs. Dieser Kondratieff ist bestimmt durch die Informationstechnologie. Der sechste Kondratieff wird -nach Aussagen Nefiodovs- bestimmt sein durch die psychosoziale Gesundheit. Die wachsende Individualisierung führt zu einer großen Zahl soziopsychosomatischer Erkrankungen und zu einem großen Bedarf an Gesundheitsdienstleistungen. Bereits von 1983 bis 1993 stieg die Zahl der Erwerbstätigen im Gesundheitswesen in Deutschland um 600% (1999, 119). Psychosoziale Gesundheit ist eine Qualität mit Querschnittcharakter. Sie wird die Produktivität in allen Bereichen der Gesellschaft erhöhen.

Das Märchen „Momo" von Michael Ende macht die Auswirkungen von veränderten Lebensrhythmen bildhaft deutlich.
Das Mädchen Momo lebt in einem Amphitheater in einer Stadt alleine. Sie hat im wesentlichen nur eines, nämlich Zeit. In Momos Stadt kommen eines Tages die grauen Herren, die es auf die Zeit der Menschen abgesehen haben. Sie geben vor, eine Zeit-Spar-Kasse zu haben. Sie machen beispielsweise beim Friseur eine Rechnung auf, wieviel Zeit er für Schlaf, Nahrung, Arbeit, den Besuch der Mutter, den Wellensittich oder die Freunde braucht. Die durch schnelle Arbeit, das Halbieren der Zeit bei der Mutter, schnelleres Essen oder weniger Schlaf eingesparte Zeit wird auf der Zeit-Spar-Kasse verzinst. In der Folge fängt die ganze Stadt zu rennen an. „Und wenn er (der Friseur) einmal mit Schrecken gewahr wurde, wie schnell und immer schneller seine Tage dahinrasten, dann sparte er nur um so verbissener" (Ende 1973, 69). Die natürlichen Rhythmen werden aufgehoben und stattdessen eine lineare Zeit einge-

führt. „Ich hatte ihn (den Friseur) eine Weile nicht mehr gesehen und hätte ihn bald nicht mehr wiedererkannt, so verändert war er, nervös, mürrisch, freudlos. Früher war er ein netter Kerl gewesen, konnte sehr hübsch singen und hatte über alles seine ganz besonderen Gedanken. Für alles das hat er plötzlich keine Zeit mehr" (Ende 1973, 79).
Die ersten, die die Veränderung als negativ bemerken sind die Kinder: „Ich hab schon elf Märchenschallplatten", erklärt ein kleiner Junge, „die kann ich mir sooft anhören, wie ich will. Früher hat mein Vater mir abends, wenn er von der Arbeit gekommen ist, immer selbst was erzählt. Das war schön. Aber jetzt ist er eben nie mehr da. Oder er ist müde und hat keine Lust" (Ende 1973, 77).
„Meine Eltern haben gesagt", erklärte Paolo, „ihr seid bloß Faulenzer und Tagediebe. Ihr stehlt dem lieben Gott die Zeit, haben sie gesagt. Deswegen habt ihr soviel. Und weil es von eurer Sorte zu viele gibt, haben andere Leute immer weniger Zeit, sagen sie" (Ende 1973, 78).

4.1.2 Eigenzeit

Jedes System hat eine eigene Systemzeit, wobei die rhythmische Zeit besonders durch die Sonne vorgegeben wird (Reheis 1998, 47). Diese Systemzeiten geben einen Rahmen vor, innerhalb dessen Eigenzeiten gestaltet werden. So schwankt der Rhythmus des Ein- und Ausatmens in einer gewissen Bandbreite. Auch bei einem einzelnen Menschen sind die Phasen nie gleich lang. Sie werden beeinflußt beispielsweise durch körperliche Tätigkeiten oder An- und Aufregungen oder verändern sich im Lauf des Lebens. Ein weiteres gutes Beispiel für Eigenzeit ist die Sonnenbestrahlung der Haut. Jedes Individuum verträgt die Sonneneinstrahlung anders: eine hellhäutige Frau kann weniger lange in der Sonne bleiben als ein dunkelhäutiger Mann.
Systemzeiten werden beispielsweise durch kulturelle Unterschiede festgelegt. Die Eigenzeit ist personenbezogen, altersabhängig, situationsabhängig und unregelmäßig (Reheis 1998, 50). Diese Eigenzeit kann im Rahmen der Selbstorganisation (s. 1.2) eingeordnet werden. Für die Selbstorganisation braucht ein System Zeit. Die kognitive, emotionale und praktische Anpassung muß langsam geschehen, um Kreativität entstehen lassen zu können. Dann können Ressourcen wachsen und es kann freie Willensbildung entstehen.
Im Verlauf des Lebens haben Menschen unterschiedliche Eigenzeiten: so sind die von Kindern und alten Frauen und Männern länger: Kinder und Alte ziehen sich langsam an oder sie betrachten sich Dinge länger. In unserer beschleunigten Zeit werden diese Eigenzeiten oft massiv mißachtet. „Wer klug haus-

halten will, der muß die Eigenschaften, die in allen natürlichen, gesellschaftlichen und menschlichen Regungen enthalten sind, herausfinden und als Maßstab dem eigenen Handeln zugrundelegen" (Reheis 1998, 154).

Heute ist die Eigenzeit der Produktion (s. 4.1.3) wichtiger als die Eigenzeit von Mensch und Natur. Wenn Systeme nicht genügend Zeit zum Aufbau von Ressourcen haben, reagieren sie mit Übergriffen auf das eigene oder andere Systeme. So kann eine enorme Belastung am Arbeitsplatz eine Reaktion nach innen in Form von psychosomatischen Beschwerden oder nach außen als Streit mit der Ehefrau oder den Kindern hervorrufen.

Auch im Leben mit einer chronischen Krankheit gilt es Alltags- und Lebenszeit neu zu gestalten: vieles wird verlangsamt. Viele Diagnostik- und Therapieformen benötigen sehr viel Zeit. Ich würde mir wünschen, dass auch in hochtechnisierten Behandlungseinrichtungen auf die Eigenzeiten Rücksicht genommen wird. Der Abbau der oft stundenlangen Wartezeiten wäre ein erster Schritt den Betroffenen wieder mehr Eigenzeit zuzugestehen. Auch vor einer Therapie zu fragen: „Haben Sie Zeit dafür?" wäre ein deutliches Zeichen der Rücksichtnahme.

Sten Nadolny hat in seinem Bestseller „Die Entdeckung der Langsamkeit" einen Menschen beschrieben, der unter großen Mühen trotz seines langsamen Eigenrhythmus erfolgreich war. Die Hauptfigur John Franklin ist langsam im Sprechen und Denken, sie mißt die Zeit nach eigenen Maßstäben und ist nach gängigen Maßstäben eigentlich ungeeignet für die Seefahrt. Nur sein Lehrer erkennt, dass er das Einzigartige, das Detail besser versteht als andere. Die meisten Menschen seiner Umwelt sehen in dem langsamen John nur die Zielscheibe des Spottes. „Sten Nadolny" hat „die Biografie des englischen Seefahrers und Nordpolforschers John Franklin (1786-1847) so umgeschrieben, daß dieser Lebenslauf zu einer subtilen Studie über die Zeit wird und die Langsamkeit zu einer Kunst, dem Rhythmus des Lebens Sinn zu verleihen" (1987, Vorwort). Seine Philosophie vom Regieren kann im folgenden Zitat zusammengefaßt werden: „an der Spitze müssen zwei Menschen stehen. Einer von ihnen muß die Geschäfte führen und mit der

Ungeduld der Fragen, Bitten und Drohungen der Regierten Schritt halten. Er muß den Eindruck von Tatkraft machen und doch nur das Billige, Unwichtige und Eilige erledigen. Der andere hat Ruhe und Abstand, er kann an entscheidenden Stellen nein sagen. Denn er kümmert sich nicht um das Eilige, sondern schaut einzelnes lange an. ... Sein eigener Rhythmus, sein gut behüteter langer Atem sind Zuflucht vor allen scheinbaren Dringlichkeiten, vor angeblichen Notwendigkeiten ohne Ausweg, vor kurzlebigen Lösungen" (Nadolny 1987, 308). *Als alter Mann bricht Franklin ein letztes Mal zum Polarkreis auf. Nach jahrelangem Kampf gegen das Packeis stirbt er. „Nadolnys Franklin scheitert nach außen, doch entsprechend dem alten Paradox vom Wettlauf zwischen Achilles und der Schildkröte geht er am Ende als Sieger hervor - aus der Perspektive der Langsamkeit gesehen verändert sich die Welt"* (1987, Vorwort).

Die Eigenzeit von Kindern wird aus drei Episoden des Märchens Momo zu einem deutlichen Bild:
„Aber die Kinder kamen noch aus einem anderen Grund so gern in das alte Amphitheater. Seit Momo da war, konnten sie so gut spielen wie nie zuvor. Es gab einfach keine langweiligen Augenblicke mehr. Das war nicht etwa deshalb so, weil Momo so gute Vorschläge machte. Nein, Momo war nur da und spielte mit. Und eben dadurch -man weiß nicht wie- kamen den Kindern selbst die besten Ideen. Täglich erfanden sie neue Spiele, eines schöner als das andere" (Ende 1973, 23).

Momos bester Freund ist Beppo Straßenkehrer. „Manche Leute waren der Ansicht Beppo Straßenkehrer sei nicht ganz richtig im Kopf. Das kam daher, daß er auf Fragen nur freundlich lächelte und keine Antwort gab. Er dachte nach. Und wenn er eine Antwort nicht richtig fand, schwieg er. Wenn er aber eine für nötig hielt, dann dachte er über diese Antwort nach. Manchmal dauerte es zwei Stunden, mitunter aber auch einen ganzen Tag, bis er etwas erwiderte. Inzwischen hatte der andere natürlich vergessen, was er gefragt hatte, und Beppos Worte kamen ihm wunderlich vor.
Nur Momo konnte so lange warten und verstand, was er sagte. Sie wußte, daß er sich viel Zeit nahm, um niemals etwas Unwahres zu sagen. Denn nach seiner Meinung kam alles Unglück der Welt von den vielen Lügen, den absichtlichen, aber auch den unabsichtlichen, die nur aus Eile oder Ungenauigkeit bestanden"...."Siehst du, Momo", sagte er dann zum Beispiel, „es ist so: Manchmal hat man eine sehr lange

Straße vor sich. Man denkt, die ist so schrecklich lang; das kann man niemals schaffen, denkt man." Er blickte eine Weile schweigend vor sich hin, dann fuhr er fort: „und dann fängt man an, sich zu eilen. Und man eilt sich immer mehr. Jedesmal, wenn man aufblickt, sieht man, daß es gar nicht weniger wird, was noch vor einem liegt. Und man strengt sich noch mehr an, man kriegt es mit der Angst, und zum Schluß ist man ganz außer Puste und kann nicht mehr. Und die Straße liegt immer noch vor einem. So darf man es nicht machen." Er dachte einige Zeit nach. Dann sprach er weiter: „Man darf nie an die ganze Straße auf einmal denken, verstehst du? Man muß nur an den nächsten Schritt denken, an den nächsten Atemzug, an den nächsten Besenstrich. Und immer wieder an den nächsten".
Wieder hielt er inne und überlegte, ehe er hinzufügte: „Dann macht es Freude; das ist wichtig, dann macht man seine Sache gut. Und so soll es sein" (Ende 1973, 35/36).

„Wann bist du denn geboren?" Momo überlegt und sagte schließlich: „Soweit ich mich erinnern kann, war ich immer schon da"
(Ende 1973, 11).

4.1.3 Synchronisation und Langsamkeit

Die Desynchronisation und Beschleunigung in unserem gegenwärtigen Leben wird besonders deutlich, wenn die Logik der modernen Industrie betrachtet wird. Während in alten Zeiten die Arbeit und Produktion dazu diente, die eigenen Bedürfnisse nach Nahrung zu befriedigen, wird heute produziert für die Produktion. Das Sammeln und Jagen diente ausschließlich dem eigenen Bedarf. Auch Kleidung oder das Dach über dem Kopf wurden erst dann gesucht, wenn sie gebraucht wurden. Erst mit der Einführung von Ackerbau und Viehzucht und der Lagerhaltung, konnte ein Überschuß erwirtschaftet werden, der erst später konsumiert werden konnte. Nicht mehr alle Menschen mußten sich mit dem Beschaffen der täglichen Nahrung beschäftigen: kaufmännische, religiöse oder handwerkliche Berufe entstanden. Bis dahin diente die Produktion dem Konsum. Mit der Einführung des Geldes konnte dies im Gegensatz zu verderblichen Produkten angehäuft werden und Überschuß konnte erneut in die Produktion gesteckt werden: Produktion für die Produktion. Mit dem beginnenden Kapitalismus wurde erstmals die Kunst der Absatzförderung wichtig: Ziel der Kunst ist es, den Käufer oder die Käuferin dazu zu erziehen, dass er/sie einen möglichst großen Teil seiner Bedürfnisse durch kapitalistisch produzierte Güter und Dienste befriedigen will. Werbung, Verkürzung der physischen Haltbarkeit und der Modezyklen sind dazu wichtige Mittel. In Bereichen wie der Pflege, Forschung und Bildung, wo „nur" Bedürfnisse befriedigt werden und nicht um der Produktion willen produziert werden kann, gilt Arbeit als nicht bezahlbar.

In der Weltwirtschaft werden oft Potentiale nur dort eingesetzt, wo sie am überflüssigsten sind, wo aber das Prinzip Produktion um der Produktion willen beachtet wird und nicht dort, wo Bedarf besteht. Eine Produktion, die sich für die Erhaltung von Leben, Gesellschaft und Natur einsetzt, paßt nicht in eine Zeit, in der produziert wird um der Produkte willen. Deshalb werden in den osteuropäischen Ländern Autofirmen und keine Krankenhäuser gebaut. Die Produkte, in die investiert wird, sind immer schnellebigere Produkte wie Mode oder Computer. Wenn Maschinen immer schneller veralten und sehr teuer sind, müssen sie Tag und Nacht laufen. Wie der Computertomograph, der in der ärztlichen Praxis steht. Zur Amortisation müssen möglichst viele Untersuchungen gemacht werden.
Auf dem Geld- und Kapitalmarkt geht es nur noch um Geldvermehrung, nicht mehr um konkret-sinnliche Bedürfnisse. Der Wert einer Ware wird von der im Durchschnitt zur Herstellung benötigten Arbeitszeit bestimmt (Reheis 1998, 64ff.). Ebenso wird der Wert der häuslichen Pflege über die Minuten, die gebraucht werden dürfen, festgelegt. „Wenn das Geld die Welt regiert und wenn Geld Zeit ist, dann ist das unerbittliche Zeitdiktat im Begriff, eine totalitäre Herrschaft über die Welt zu errichten: „Die Zeit ist alles, der Mensch ist nichts mehr, er ist höchstens noch die Verkörperung der Zeit" (Karl Marx 1847 zit. nach Reheis 1998, 82).

Neben der Beschleunigung ist ein weiteres wesentliches Charakteristikum die Desynchronisation: heute wird in einem Jahr die gleiche Menge an Erdöl verfeuert, die die Natur in 6 Millionen Jahren produziert hat (Reheis 1998, 84). Die jahrelange Lagerung von Holz machte es früher für Schädlinge unattraktiv, heute wird die Zeit durch Chemie ersetzt. Die Biotechnologie dient dazu, Wachstumsprozesse zu beschleunigen und das Altern möglichst auszuschalten.

Die Logik der Produktion folgt einem linearen Zeitverständnis, sie berücksichtigt nicht die menschlichen Biorhythmen als Eigenzeit. Maschinen, die Tag und Nacht laufen, erfordern Nachtarbeit.
Wo dürfen ArbeitnehmerInnen gemäß ihrer Eigenzeit Pausen und Arbeitszeit festlegen? Die sogenannte Flexibilisierung dient häufig den Interessen der Produzierenden: Freizeit und Urlaub nach Auftragslage. Produktion unter Zeit-

druck. Krankheit ist dann die Folge: besonders gefährdet sind ArbeitnehmerInnen, die ständig unter Zeitdruck stehen und dazu wenig Entscheidungsspielraum haben. Der Mensch ist dann genau das, als was René Descartes (s. 2.) ihn beschrieben hat: eine Zeitmaschine. Die Mechanisierung der Arbeit und ihre Automatisierung bringt nicht nur immer neue Anpassungsmuster mit sich, sondern auch schleichende Gesundheitsschäden, die erst nach Jahren erkennbar und meist unaufhebbar sind. In diesem Sinne können Krankheit und Umweltzerstörung auch als Folge von massiven Desynchronisationsprozessen gesehen werden.

Die Schnellen, so Fritz Reheis (1998, 11), zerstören dank ihrer Kommunikationstechnik systematisch einen über lange Zeit gewonnenen Erfahrungsschatz. Die Langsamen können keine soziale Anerkennung und damit Selbstanerkennung bekommen. Es ist zu fordern, die Langsameren insbesondere Alte und Kinder zu schützen: die sprudelnden Ideen der Kinder, das Spiel, die Erfahrung der alten Männer und Frauen für einen wichtigen Wert zu halten.
Jon Kabat-Zinn (1998) spricht von Achtsamkeit. Anderen gegenüber und sich selbst. Er meint damit ein Innehalten, ein bewußtes Leben im gegenwärtigen Augenblick. Es geht um ein Leben in und mit der Natur, unter Beachtung der natürlichen (langsamen) Rhythmen, nicht um ihre Unterwerfung. Innehalten hilft zu prüfen, was ich eigentlich will, was wichtig für mich ist. Auch in der Arbeit gilt es achtsam zu sein, den Arbeitsstil, den Inhalt und die zeitliche Dimension zu überprüfen. Denn je mehr ich renne, desto mehr verrinnt die Zeit (siehe Momo und die Zeitdiebe).

Momo bringt mit Hilfe von Meister Hora und der Schildkröte Kassiopeia die Zeitdiebe zum Verschwinden: „Mit dem Verschwinden des letzten Zeit-Diebes war auch die Kälte gewichen" (Ende 1973, 263). „Und in der großen Stadt sah man, was man seit langem nicht mehr gesehen hatte: Kinder spielten mitten auf der Straße, und die Autofahrer, die warten mußten, guckten lächelnd zu, und manche stiegen aus und spielten einfach mit. Überall standen Leute, plauderten freundlich miteinander und erkundigten sich ausführlich nach dem gegenseitigen Wohlbefinden. Wer zur Arbeit ging, hatte Zeit, die Blumen in einem Fenster zu bewundern oder einen Vogel zu füttern. Und die Ärzte hatten Zeit, sich jedem ihrer Patienten ausführlich zu widmen...Jeder konnte sich zu allem so viel Zeit nehmen, wie er brauchte und haben wollte, denn von nun an war ja wieder genug davon da (Ende 1973, 265).

Auf der Uhr von Meister Hora sind weder Zeiger noch Zahlen. Es ist eine Sternstunden-Uhr. „Was ist denn eine Sternstunde?" fragte Momo. „Nun es gibt im Lauf der Welt besondere Augenblicke", erklärte Meister Hora, „wo es sich ergibt, daß alle Dinge und Wesen, bis zu den Sternen hinauf, in ganz einmaliger Weise zusammenwirken, so daß etwas geschehen kann, was weder vorher noch nachher je möglich wäre. Leider verstehen die Menschen sich im allgemeinen nicht darauf, sie zu nutzen, und so gehen die Sternstunden oft unbemerkt vorüber. Aber wenn es jemand gibt, der sie erkennt, dann geschehen große Dinge auf der Welt" (Ende 1973, 146).

Zusammenfassend geht es um ein langsam(er)es rhythmisch-zyklisches Leben unter Berücksichtigung der jeweiligen Eigenzeiten. Als Ressource ließe sich der achtsame, innehaltende Umgang mit der Zeit anführen.

4.2 Qualität durch Kooperation

Im modernen Gesundheitswesen sind zwei gegenläufige Entwicklungstendenzen zu beobachten: einerseits ein steigender Bedarf an integrierten Versorgungspfaden, insbesondere für Menschen mit multiplen Schwierigkeiten in der Lebensgestaltung, die sich in gesundheitlichen Problemen äußern, sowie für chronisch Kranke und langzeitpflegebedürftige Männer, Frauen und Kinder. Gefragt ist häufig eine langfristige, umfassende Begleitung. Auf der anderen Seite steht dem eine immer stärkere Differenzierung und Spezialisierung in den Angeboten gegenüber. Dieses Dilemma kann nur durch eine intensive Kooperation der Gesundheitsdienste gelöst werden (s. auch Höhmann et al. 1998, 327; Zelle 1998). Soll in den professionellen Diensten das subjektive Gesundheitsverständnis ernsthaft in die Überlegungen einbezogen werden, bedarf es einer intensiven Kooperation von Professionellen und KonduzentInnen (s. 3.5).

4.2.1 Kooperation statt Konkurrenz

Der gegenwärtige Arbeitsmarkt ist in erster Linie auf Konkurrenz angelegt: der Wettlauf bezieht sich auf begehrte Arbeitsstellen im Gesundheitswesen, aber auch Institutionen kämpfen gegeneinander, dort Wettbewerb genannt. So konkurrieren neuerdings Krankenkassen um „KundInnen" mit möglichst günstigem Risikoprofil.
Es stellt sich darum ernsthaft die Frage, warum und wo ist Kooperation sinnvoll?

In Anlehnung an Jochen Schweitzer (1998, 25) soll unter Kooperation eine zwischen mindestens zwei Parteien, auf ein Ergebnis gerichtete Tätigkeit, verstanden werden. Kooperation kann auch da stattfinden, wo zwei Personen sich bewußt sind, worüber sie uneinig sind und wie sie mit dieser Uneinigkeit umgehen. Zentral ist eine kommunikative Verständigung auf wechselseitig anschlußfähige, aber nicht unbedingt übereinstimmende Präferenzen. Dabei bedingt Kooperation einen systemischen Ansatz, der den Blick weg vom Individuum, hin zu den Beziehungen, Prozessen und Strukturen lenkt. Hier wird die Parallele zur Gesundheitsförderung deutlich.
Kooperation bezieht als Zielgruppen Professionelle anderer Berufsgruppen oder in anderen Organisationen, Angehörige und KonduzentInnen mit ein. Kooperation ist dort sinnvoll und wird aufrechterhalten, wo es sich für alle Kooperations-PartnerInnen lohnt, d.h. alle müssen davon profitieren. Strukturelle Voraussetzung dafür ist, dass Rahmenbedingungen für Kooperation vorhanden sind. Dies sind beispielsweise Zeiten und Räume für Teamsitzungen. Wichtig ist zudem, ob Vorgesetzte kooperative Strukturen für sinnvoll oder eher für gefährlich halten. Eine einzelne Mitarbeiterin, die Veränderungen wünscht wirkt weniger bedrohlich als ein kooperierendes Team.

Dort wo massives Konkurrenzdenken herrscht, ist eine Abschottungsstrategie sinnvoller, dort wo beständiger Zeitdruck herrscht, wird eine Team- und Gesprächskultur sich schwerlich entwickeln können.
Wenn Partikularinteressen dominieren, wird der Weg zur Kooperation steinig sein. Wenn im Krankenhaus die Entgiftung (körperlicher Entzug) eines alkoholkranken Mannes als wichtiger gilt, als die Tatsache, dass er obdachlos und arbeitslos ist, wird eine Kooperation zwischen Medizin und Sozialer Arbeit nicht erfolgen. Hält die Medizinerin die andere Disziplin zudem für überflüssig, weil sie sich für allzuständig erklärt, wird es ebenfalls schwierig werden.

Die Frage des Nutzens von Kooperation läßt sich mit einer empirischen Untersuchung von Jochen Schweitzer in den Bereichen stationäre Jugendhilfe (Kinder- und Jugendheime) und klinische und ambulante Psychiatrie wie folgt beantworten: nach einer systemischen Fortbildung, die die Verbesserung der Kooperation zum Ziel hat, schränken Professionelle die belastenden Ansprüche an sich selbst ein, sind zufriedener, gelassener und geben mehr Spaß bei der Arbeit an. Symptome von KonduzentInnen können positiver bewertet werden, wodurch der Verantwortungsdruck geringer und die Arbeit „spielerischer" wird. Angehörige werden mehr in die Begleitung einbezogen (1998, 159/160). Konkurrenz dagegen belastet, führt zum Erleben von Streß und kann zum Burn-out-Syndrom führen. Auch das moderne Mobbing findet dort statt, wo Konkurrenz dominiert.

Kooperation bedingt aus meiner Sicht auch eine andere Sprache: die kriegerischen und mechanistischen Ausdrücke, die im Zusammenhang mit Gesundheit und Krankheit oft gebraucht werden, sollen durch „friedliche" und positive Bezeichnungen ersetzt werden. Die Krankheitsbekämpfung ist dort nicht mehr nötig, wo auch der Krankheitsgewinn gesehen wird. Symptome müssen nicht mehr bekämpft werden, wo sie in der individuellen Lebensgeschichte einen Sinn machen z.B. Alkoholkonsum zur Bewältigung einer unerträglichen Arbeitssituation. Der Fokus kann hier auf die Arbeitssituation gerichtet werden. Vielleicht muß es auch nicht mehr soviel „Anti-„ als gegen etwas gerichtet geben: Antibiotika gegen Keime, Antimykotika gegen Pilze, Antikörper gegen Allergene. Das Gegen(einander) wird durch ein Mit(einander) ersetzt.

4.2.2 Voraussetzungen für effektive Kooperation

Die Kooperation zwischen verschiedenen Berufsgruppen ist dort leichter, wo sie nicht in unterschiedlichen Fachgruppen wie Medizin, Psychologie, Soziale Arbeit, Pflege, Verwaltung, sondern in kleinen interdisziplinären Teams organisiert sind (Schweitzer 1998, 35).
Die Voraussetzungen für eine effektive Kooperation von Professionellen sind in Abb. 4.2.2a zusammengefaßt.

Kleines interdisziplinäres Team
Raum und Zeit
Wissen über die anderen Arbeitsgebiete
Transparenz
Individueller Profit
Gemeinsame Sprache
Klare Verantwortlichkeit
Konfliktfähigkeit

Abb. 4.2.2a: Voraussetzungen für eine effektive Kooperation von Professionellen

Eine systemisch ausgerichtete Kooperation verlangt folgende Kompetenzen und Verfahren: Selbstreflexion, Diskursverfahren und Kontextsteuerung. Selbstreflexion bedeutet dabei, dass Systeme die Wirkung ihrer Operationen in bezug auf die Umwelt und das eigene System betrachten. Systemische Diskurse sind Verhandlungssysteme, in denen die Akteure die Regeln ihrer Interaktion selbst bestimmen. Kontextsteuerung beinhaltet, dass das übergeordnete System lediglich die Rahmenbedingungen der Erfolgsbeurteilung klarstellt (Schweitzer 1998, 54ff.).

Die Defizitorientierung in Medizin, Pflege und Sozialer Arbeit führt dazu, dass Problemideen über Lösungsideen dominieren. Diese Problemorientierung führt in der Regel dazu, dass neue Probleme erzeugt werden. Dinge, die für die KonduzentInnen bisher „normal" waren, werden problematisiert. So kann die alleinerziehende Mutter plötzlich mit dem Problem konfrontiert werden, dass der Vater fehlt. Im Sinne der selbsterfüllenden Prophezeiung wird daraus ein Problem werden. Gesunde Prozesse und Ressourcen werden bei dieser Orientierung selten gesehen und positive Nebeneffekte von Problemen ebenso nicht. Die größere Unterstützung für eine alleinerziehende Mutter beispielsweise durch einen sicheren Kindergartenplatz gerät so aus dem Blickfeld.

Auch gibt es häufig therapeutische Vollversorgungsangebote im Gesamtpaket: der obdachlose Alkoholiker, der nur ein Bett für eine Nacht will, wird im Krankenhaus (unfreiwillig) vom Alkohol entzogen und sein chronisches Ekzem behandelt. Der „hoffnungslose Fall" wird von Experte zu Expertin weitergereicht, es kommt zu einer Chronifizierung. Problemorientierte Beschreibungen werden dann selbst zum Problem, das sie zu beschreiben glauben. Und wer erklärt eigentlich ein Problem zum Problem: lange Zeit galt Homosexualität als psychiatrische Erkrankung, dann wurde sie aus dem Katalog der psychiatrischen Erkrankungen gestrichen.

Medizin, Pflege und Soziale Arbeit haben in den letzten Jahrzehnten ihre Tätigkeitsfelder stark ausgedehnt und sich immer mehr auf immer spezifischere Probleme beschränkt. Sie definieren dabei selbst, was ein Problem ist, das der Intervention bedarf. Ambulante Pflegedienste suchen vermehrt danach, neue abrechenbare Aufgaben zu entdecken und zu übernehmen.

KonduzentInnen wird in der Regel keine Entscheidungsfreiheit über verschiedene Strategien gelassen. In einer psychosozialen Beratungsstelle definieren die Zusatzausbildungen der PsychologInnen und SozialarbeiterInnen den Hilfebedarf. Es ist möglich, einen Hautkrebs (Basaliom) zu operieren oder zu bestrahlen. Die Entscheidung darüber wird gefällt nach Anzahl der freien Betten, der Kapazität der Bestrahlungseinheit oder des Operationssaals.

Ein weiteres Problem ist die oft fehlende Trennung zwischen Hilfe und Zwang in bestimmten Gebieten, beispielsweise der Therapie mit Psychopharmaka in der Psychiatrie. Kommt es hier zu einer starken Vermischung, resultiert eine verstärkte Entmündigung der KonduzentInnen und der Schaden kann den Nutzen übersteigen (Schweitzer 1998, 46ff.).

Als Beispiel für mögliche Kooperationsformen sei hier die Psychiatrie angeführt. Sieht man Angehörige und KonduzentInnen als ExpertInnen ihres eigenen Gesund-Seins und Krank-Seins, so kann dieses Verständnis von Professionellen gemeinsam mit ihnen entwickelt werden. Für Professionelle geht es weniger um die Richtigkeit der Diagnose, sondern um deren Nützlichkeit.

Auch notwendige Strategien können gemeinsam entstehen. Schweitzer (1998, 127) schlägt vor, als Therapie nur die Maßnahmen zu bezeichnen, die von KonduzentInnen gewünscht sind. Alle anderen Maßnahmen sind soziale Kontrolle. Es wird mitgeteilt, was das Individuum sagen oder tun muß, um soziale Kontrolle zu erreichen, beispielsweise einen Selbstmord ankündigen. Im Behandlungsvertrag kann festgelegt werden, wer im Notfall stellvertretend Entscheidungen trifft, wem Auskunft gegeben wird und wem nicht, welche Zwangsmaßnahmen eher eingesetzt werden als andere.

Angehörige werden von Anfang an nicht als Störenfriede, wie allgemein üblich, sondern – wie eine umfangreiche Forschung belegt – als wertvolle Ressource wahrgenommen. Innovative Konzepte können Angehörigenvisiten, parteiliche Angehörigensprechstunden oder Angehörigentage sein.

Auch Akten bieten sich als Innovationsfeld an. Kooperatives Aktenschreiben heißt, die Therapeutin entwirft, der Konduzent ändert, die Änderungen werden eingebaut. Das Mitschreiberecht ist eine neue Option für KonduzentInnen (Schweitzer 1998, 122ff.).

Der Arzt und Psychologe Rolf Verres will dieses Vorgehen auch in der Wissenschaft anwenden. Er plädiert dafür, dass sich akademische Forscherinnen, anwendungsbezogene Forscher und Laienforscherinnen zusammensetzen und sich mitteilen, was sie voneinander gelernt haben. „Wenn Wissenschaftler im Elfenbeinturm über Laien nachdenken ist das oft lebensfern". Die klassische Coping-Forschung war eine Forschung über Laien, die Forschung zum Gesundheitshandeln von Menschen bezieht das Alltagswissen als Element einer übergreifenden „Lebenskunst" mit ein. Fast provokativ spricht Rolf Verres von der höchsten Stufe der Forschung dann, wenn die Stufe der LebenskünstlerInnen erreicht ist (1998, 301).

Die Voraussetzungen für eine effektive Kooperation mit KonduzentInnen sind in Abb. 4.2.2b zusammengestellt.

> Gemeinsame Gesund-Seins Geschichte erzählen oder schreiben
> Behandlungsvertrag
> Abgrenzung von Therapie und sozialer Kontrolle
> Gemeinsame Sprache
> Angehörige als Ressource einbeziehen

Abb. 4.2.2 b: Voraussetzung für eine effektive Kooperation mit KonduzentInnen

4.2.3 Kooperation als Weg zur Qualität

Monika Bobzien et al. definieren Qualitätsmanagement als einrichtungsbezogenes Konzept zur Selbstevaluation und Qualitätsverbesserung, das den Schwerpunkt auf eine partizipative Formulierung von Zielen und die Verbesserung einer prozeßorientierten Arbeitsweise legt, mit der diese Ziele erreicht werden sollen. Qualitätsmanagement hat danach das explizite Ziel, das Nebeneinander und Gegeneinander der unterschiedlichen Interessen zu reduzieren (Bobzien et al. 1996, 14). Qualitätsmanagement soll potentiell allen Mitarbeiterinnen und Mitarbeitern die Möglichkeit der Beteiligung an der Verbesserung ihrer Arbeit bieten. Qualitätsmanagement im Sinne der Gesundheitsförderung muß dabei auch KonduzentInnen einbeziehen (Fröschl 1999, 9).

Der Weg dazu führt über die Kooperation. Ein Beispiel dafür ist das von Ulrike Höhmann, Gabriele Müller-Mundt und Brigitte Schulz 1998 veröffentlichte

Forschungsprojekt zur sog. Schnittstellenproblematik. Dabei geht es um die Sicherung der Versorgungskontinuität beispielsweise vom Akut-Krankenhaus zur Rehabilitationsklinik, von der ambulanten Versorgung in die Pflegeeinrichtung. In diesem Projekt wurde der neue Weg der berufsgruppenübergreifenden Qualitätsgremien gewählt. Es sollten keine neuen Überleitungsstellen geschaffen werden, da diese erneut Schnittstellenprobleme hervorrufen würden. Überleitungsaktivitäten und vorausschauendes Handeln sollten selbstverständliche Rollenbestandteile des täglichen beruflichen Handlungskonzeptes werden (Höhmann et al. 1998, 329). Dazu wurden klinikintern interdisziplinäre Qualitätszirkel und einrichtungsübergreifend Qualitätskonferenzen eingeführt.

Zwei Aspekte sind erwähnenswert: Zum ersten erwies sich die direkte Beteiligung von Betroffenen, also KonduzentInnen und Konduzenten als besonders fruchtbar. Zum zweiten waren die Gremien so konzipiert, dass sie nicht an den Defiziten ansetzten mußten, sondern geeignete Maßnahmen planen, erproben und implementieren konnten. Als Ergebnis des Projektes wurden ein interdisziplinärer Überleitungsbogen und ein Begleitbuch bei Pflegebedürftigkeit als innovative Elemente eingeführt. Wichtig war es im Verlauf, die Kommunikation zwischen den Berufsgruppen zu verbessern. Hilfreich waren dabei insbesondere gemeinsame Fallbesprechungen, anhand derer das Wissen um die Konzepte der jeweils anderen Berufsgruppen erarbeitet werden konnte. Damit konnte die eigene professionelle Handlungskompetenz im interprofessionellen Dialog gestärkt werden (Höhmann et al. 1998, 332). Stützend war eine einrichtungs- und berufsgruppenneutrale Moderation. Die Beteiligung möglichst vieler Einrichtungen von Beginn an war wichtig, um nicht nur materielle und immaterielle Kosten der Informationsweitergabe entstehen zu lassen, sondern auch einen Nutzen im Sinne eines deutlichen Informationsgewinnes.

Zusammenfassend kann eine effektive interdisziplinäre Kooperation unter Einbezug der Konduzenten und Konduzentinnen den Weg zu einer umfassenden Qualität in der Gesundheitsförderung ebnen.

4.3 Emotionalität

Die moderne Gesellschaft verlangt vom Individuum, dass der Verstand dominiert. Rationalität heißt das Zauberwort. Jede Entscheidung muß, zumindest zum Schein, rein rational begründet werden. Eine Maschine hat keine Gefühle, sie funktioniert nach rationalen Regeln. Diese Tendenz zeigt sich auch an der Forschung zum Thema personale Gesundheits-Ressourcen: es handelt sich überwiegend um kognitive Konstrukte (s. 3.2.1). Eine Ausnahme bildet das Kohärenzgefühl. Aaron Antonovsky sieht in der Spannung als Antwort auf einen Stressor ein physiologisches und ein emotionales Problem. Die Lösung des instrumentellen Problems bedeutet noch nicht, dass das Problem der Emotionsregulierung automatisch gelöst ist. Menschen mit einem höheren SOC-Wert nehmen ihre Emotionen bewußter wahr und können sie eher beschreiben. Die Gefühle werden zugelassen (Antonovsky 1997, 138).

Wir täten aber gut daran, die Überlegenheit des Gemüts- und Gefühlsmäßigen gegenüber dem Vernunft- und Verstandesmäßigen anzuerkennen (Frankl 1996, 139). Die Familientherapeutin Rosmarie Welter-Enderlin (1999, 49) stellt auch für den therapeutischen Prozeß zwei Arten des Erkennens gegenüber: „In der Geschichte der Psychologie hat bereits im 19. Jahrhundert Fechner auf zwei mögliche Perspektiven des Erkennens hingewiesen. Er nennt eine davon, die paradigmatische oder logische mit ihrem Fokus auf das Erkennen von Mustern und Strukturen, die *„Tagesansicht"* - und die andere Perspektive, eine interpretierende des Verknüpfens von Erfahrung mit Geschichte(n), die *„Nachtansicht"*. Während die Tagesansicht sich mit expliziten Erklärungen über die Ursachen des Bestehenden befaßt, hat Nachtansicht zu tun mit gefühlsmäßiger, impliziter Bedeutungszuweisung und dem Erzeugen neuer Sicht- und Handlungsweisen durch metaphorische Transformationen, also einem spielerischen „Tun als ob". Man könnte es auch so sagen: Die Tagesansicht erklärt, warum etwas so und nicht anders ist. Sie liefert allgemeines Wissen und ermöglicht Kriterien zur Klassifizierung von Phänomenen. Die Nachtansicht jedoch, unsere Geschichten, Mythen und Rituale zeigen die Handlungsspielräume auf, die uns die Geschichte gelassen hat, und weisen von der Vergangenheit über die Gegenwart in die Zukunft".

Der amerikanische Psychologe Daniel Goleman hat 1997 der kognitiven Intelligenz eine emotionale gegenübergestellt. Emotionale Zentren im Gehirn sind kulturgeschichtlich lange vor den Zentren des Denkens entstanden. Als emotionales Zentrum im Gehirn gilt das limbische (Ring) System im Stammhirn. Der Mandelkern (Corpus amygdalae) oberhalb des Hirnstamms, an der

Unterseite des limbischen Rings ist für Leidenschaften verantwortlich. Durch vielfältige Verbindungen des Stammhirns mit dem Großhirn, das als Zentrum des Denkens gilt, beeinflussen Emotionen die Ratio.
Emotionale Intelligenz beinhaltet dabei die eigenen Emotionen zu kennen, Emotionen handzuhaben, Emotionen in die Tat umzusetzen, Empathie (Mitfühlen mit anderen) und den Umgang mit Beziehungen (Goleman, 1997, 65). Wichtig im Umgang mit den eigenen Emotionen ist wiederum die Achtsamkeit, als nicht-urteilendes Wahrnehmen der eigenen Emotionen. Achtsamkeit heißt Gefühle wie Kummer, Traurigkeit, Wut oder Angst zuzulassen, aber besonders Gefühle wie Freude, inneren Frieden und Glück zu würdigen (Kabat-Zinn 1998, 21).
Daniel Goleman (1997, 108) hält die emotionale Intelligenz für eine übergeordnete Fähigkeit (Metafähigkeit), die sich fördernd oder behindernd auf andere Fähigkeiten auswirkt. So kann Besorgtheit, die zu Achtsamkeit führt sinnvoll sein, aber Sorgen, die aus dem Nichts kommen, erzeugen Angst, die chronisch werden kann und dann sinnvolles Handeln behindert. Emotionale Intelligenz würde beinhalten, diese Angst wahrzunehmen und eine sinnvolle Handlung zur Angstreduktion dort, wo sie nötig ist, folgen zu lassen. Dies können z.B. Entspannungsübungen sein.
Aber auch das Erkennen und (Durch)Leben von intensiven (negativen) Gefühlen kann wesentlich und sinnstiftend sein: „Selbst die Verzweiflung ist ein Gefühl, in der mancher Mensch wesentliche Sinngehalte seiner Existenz erstmals wirklich erkennt", ist eine Erkenntnis, die der Psychsomatiker Rolf Verres aus der Begleitung von Krebserkrankten bezieht. Sie berichten, dass ihr Leben seit der Krebs-Diagnose intensiver geworden sei (1998, 312).

Positive Gefühle sind ein wesentliches Merkmal, das erfolgreiche von nichterfolgreichen StudentInnen unterscheidet: Zuversicht und Hoffnung sind dabei von großer Bedeutung (Goleman 1997, 115).
Alles, was Gefühle anregt, bedingt eine andere Erfahrung von Zeit. Dann, wenn Gefühle und Gedanken in der Arbeit oder im Spiel im völligen Einklang sind, kommt es zu einem Gefühl des „Fließens": alles geht wie von selbst, das Ich geht in der Aufgabe zeitweise auf (Goleman 1997, 120).

Im zwischenmenschlichen Bereich ist der Anteil der nonverbalen Kommunikation besonders wichtig: der Verstand drückt sich verbal aus, Gefühle eher nonverbal. Eigene und fremde nonverbale Äußerungen wahrnehmen und richtig deuten, ist ein Zeichen von emotionaler Intelligenz. Kleinkinder reagieren zunächst auf die Emotionen anderer Menschen.
Im Verlauf des weiteren Lebens kristallisiert sich in unserer Kultur ein deutli-

cher Geschlechtsunterschied heraus: Frauen lernen es, ihre Emotionen auch verbal auszudrücken. Männer spielen insbesondere Gefühle der Verletzlichkeit, Schuld oder Furcht herunter.

Im Umgang mit den eigenen Emotionen kann auch eine optimistische Sichtweise hilfreich sein. Ein Beispiel dafür kann im Streit sein, vom anderen zu denken: jetzt hat er Probleme, aber sonst ist er ganz liebevoll. Denn im Zustand der emotionalen Entgleisung engt sich das Denken ein: alles wird in einem negativen Licht gesehen. In einer solchen Phase kann eine Unterbrechung (Spaziergang, aus dem Zimmer gehen) sinnvoll sein.

Im Sinne des Wortes emovere (lat. hinausbewegen) findet jeder Gefühlsausdruck auch eine Bewegung nach außen. Er äußert sich in muskulärer Arbeit. Wenn wir Gefühle unterdrücken, unterdrücken wir auch die körperlichen Reaktionen mit viel Aufwand. Diese Erkenntnis ist der Ausgangspunkt von körperorientierten psychotherapeutischen Verfahren. So kann man bei Wechsel eines angenehmen Themas auf ein unangenehmes eine muskuläre Anspannung feststellen, die vor allem von den emotionalen Inhalten eines Gesprächs herrührt (Ernst 1993, 49). Emotion ist in jedem Moment auch ein körperliches Geschehen. Die Beziehung zwischen Körpererleben und Gefühlen bewußt zu machen, ist ein therapeutischer Weg. Negative Empfindungen können so besser verstanden, angenehme (neu) entdeckt werden. Körperarbeit kann eine Therapieform darstellen, die Harmonie, Gleichgewicht und Integration durch physische Methoden erleichtert. Unsere Gedanken und Gefühle spiegeln sich im Organismus wider. Sie zeigen sich in unserer Haltung und unserer Bewegung, aber auch in Anzeichen von Krankheiten.

4.4 Körper-Sein

Wir sind zunächst und immer und überall Körperwesen. „Die erste Voraussetzung aller Menschheitsgeschichte ist die Existenz lebendiger Individuen. Der erste zu konstatierende Tatbestand ist also die körperliche Organisation dieser Individuen und ihr dadurch gegebenes Verhältnis zur übrigen Natur" (Marx 1973, S.20ff). Gesundsein verbindet sich in allen alten Hochkulturen mit natürlicher Kraft und körperlicher (leiblicher) Unversehrtheit (Schipperges 1990, 18).
In jeder Sekunde des Lebens ist der Körper gegenwärtig. Er beinhaltet meine persönliche Lebensgeschichte, in der individuelle, soziale und kulturelle Aspekte wirksam sind.
Jeglicher Austausch mit anderen Lebewesen beruht auf körperlichen Tätigkeiten wie Berührung, Sprache, Sehen und Gesehenwerden, Hören und Gehörtwerden. Unser Körper ist jedoch selten bewußtes Objekt unserer eigenen Erfahrung. So sind Personen häufig nicht in der Lage, aus einer Reihe von Fotos die eigenen Hände herauszusuchen. Den gesunden eigenen Körper spüren wir selten bewußt.

Mechanistisch ausgerichtete Konzepte der Naturwissenschaften führen zu einer von außen betrachteten Haltung des Körper-Habens und machen die subjektive Erfahrung des Körper-Seins unmöglich (Milz 1994, 170/171).

Der Körper wird von individuellen Bedürfnissen, Stimmungen und Gefühlen beeinflußt, er ist kein normierbares Gebilde. Er stellt die Verbindung von uns zu unserer Umwelt her. Mit der heutigen Überbetonung von Verstand, Wissen und Denken wird dem Körper zunächst eine untergeordnete Rolle zugeteilt. Aber er eignet sich als Instrument für Kontrolle. Je mehr Menschen die Kontrolle über äußere Ereignisse verlieren, je mehr sie in einer durchbürokratisierten und unbegreiflich komplexen Welt leben, desto mehr versuchen sie, das zu beeinflussen, was sie noch am leichtesten können: ihren eigenen Körper und ihre eigene Gesundheit (Milz 1994, 215).
Die moderne Frau und der moderne Mann sieht im Körper häufig ein zu formendes Etwas: wir trainieren und malträtieren, um die Idealmaße zu erreichen. Nach anstrengender rationaler Arbeit im Büro geht es in das Fitness-Studio, um den Körper zu straffen. Mehrere Stunden an ausgeklügelten Maschinen sollen für körperliches Wohlbefinden sorgen. Wöchentlich gibt es zudem eine neue sensationelle Diät, die das erträumte Idealgewicht in einer Woche oder drei Tagen verspricht. Immer wieder werden – insbesondere von Frauen, die dem Schlankheitsideal entsprechen müssen – diese Diäten durchgeführt, obwohl

zahlreiche wissenschaftliche Untersuchungen belegen, dass es langfristig zu keiner Gewichtsreduktion kommt. Im Gegenteil, das Körpergewicht nimmt zu. Insbesondere für Frauen gibt es umfangreiche normative Erwartungen bezüglich des Körpers: wie er zu kleiden ist, wie zu schminken, wie zu waschen und wie die physische Interaktion mit anderen abzulaufen hat (Kleese et al. 1992, 119).

Der Psychologe Heiko Ernst beschreibt unser modernes Körpergefühl wie folgt: wir sind körperbesessen und körpervergessen zugleich (1993, 7). Die Körperbesessenheit bezieht sich auf die Gesundheit in Form von gutem Aussehen und Funktionstüchtigkeit (der Maschine). Ein gesunder Körper ist das Schweigen der Organe. Viel Geld und Mühe wird dazu investiert. Körperliche Attribute werden heute oft höher bewertet als innere Werte, es geht um mehr Schein als Sein. Wir investieren in teure Kosmetik, probieren jedes neue Mittel gegen Haarausfall aus und experimentieren mit ständig neuen Sportarten wie Mountainbiken oder Aerobic. Alles auf Konsum und schnellen Erfolg ausgerichtet. Hochkonjunktur für Kosmetikbranche, Diätverkauf und Fitnessmoden. Zugleich sind wir körpervergessen. Es bestehen Defizite an Körpergefühl und Körperwissen. Unsere Lebensweise gleicht einer Entfremdung vom eigenen Körper. Unsere Lebensbedingungen machen ihn krank. „Wir beuten ihn aus, erniedrigen ihn, lassen unsere Sinne und unsere Muskeln verkümmern (oder pumpen letztere zu grotesken Formen auf)" (Ernst 1993, 8). Wir trainieren unseren Körper, um ihn zu spüren.

Unser Körper definiert unsere physischen Grenzen: je stärker er ist, desto deutlicher sind diese Grenzen, desto geschützter auch der Innenraum, das Selbst. Indem wir unseren Körper für uns selbst beobachtbar und fühlbar machen, vergewissern wir uns unseres Selbst. Wir sind noch da trotz der komplexen Umwelt und haben uns noch nicht in den vielen Anforderungen aufgelöst. Der Körper befriedigt so das Bedürfnis nach Selbstbestätigung in einer Welt, die immer mehr durch Anonymität, Isolation und Entfremdung bedroht ist.
In extremen Formen wird aus dem Körperkult eine Ersatzreligion. Körpererfahrung bei extremen Sportarten wie Marathonlaufen oder Bungee-Jumpen sind auf dem Level der Zeit. Ich laufe, also bin ich, ist eine Aussage eines der Vorreiter der Laufbewegung. „Der gesunde, schlanke, fitte Körper ist das Symbol einer neuen, einer Ersatzmoral. Die Aufmerksamkeit des Gewissens gilt der Einhaltung von Gesundheitsregeln" (Ernst 1993, 24).
In extremer Form gibt es die Sucht nach körperlichen Höchstleistungen. Die Ausschüttung von körpereigenen Morphinen, den Endorphinen, kann ein kurzfristiges Glücksgefühl („Runner's High") hervorrufen.
Bei Problemen gehen wir zum Experten und lassen die zerstörten Knochen,

Bänder oder Muskeln reparieren. Einen anderen Bezug zum eigenen Körper läßt das Erlernen von Techniken der Experten für chronisch kranke Menschen zu. So erlernen Männer und Frauen, die Heimdialyse (Nierenwäsche) durchzuführen und dies in eigener Verantwortung mit professioneller Unterstützung zu tun. Statt der Überantwortung also Verantwortung (Flick 1998, 180).

Die evangelische Theologin Dorothee Sölle plädiert dafür, den Begriff des Leibes zu verwenden, da der Körperbegriff funktionalisiert wurde. Ich werde im folgenden beim Begriff des Körpers bleiben. Das zugrundeliegende Verständnis entspricht jedoch dem Leib-Begriff von Dorothee Sölle. „Leib hat mit Leben zu tun, während Körper eine leblos-mechanische Sache bedeutet. Mein Leib ist lebendig, mein Körper ist ein kontrollierbares und beherrschbares Ding, ein potentieller Leichnam. Spreche ich von meinem Leib, dann meine ich mein eigentliches Sein. Ich bin mein Leib. Ich habe oder besitze ihn nicht. Mein Leib - das bin ich. Nur der Körper gehört zur Kategorie des Habens und der Verfügbarkeit; der Leib gehört zur Kategorie des Seins" (1999, 51).
„Die meisten von uns kennen das Gefühl sich des eigenen Körpers zu schämen, den Wunsch sich von seinem Körper zu befreien, sogar den Haß auf den eigenen Körper. Manchmal wird die Seele dem Körper fremd und sehnt sich danach ihn zu verlassen. Dann wird der Leib als Gefängnis erfahren. Der spirituelle Dualismus verfälscht dieses Gefühl der Entfremdung in eine Ideologie, die den Bereich des Körperlichen als niedrigste Stufe eines hierarchischen Systems verunglimpft. Aber wenn wir den Leib mißachten, so verzichten wir auch auf unsere Gefühle und auf unser Vermögen, uns selbst sinnlich auszudrücken, damit aber auf unsere Beziehungsfähigkeit zu anderen" (Sölle 1999, 53).

Aber haben wir gelernt den Körper im ganz normalen Alltag zu erfahren und zu spüren, seine Bedürfnisse ernst zu nehmen? Haben wir einen Körper im Sinne von Besitz, oder ist uns klar, dass wir in diesem Körper sind?
Das Individuum hat die Wahl, unbeschwert in den Tag hineinzuleben oder gelegentlich -dem Leben zuliebe- auch an Gefährdungen zu denken. So kann beispielsweise die Selbstuntersuchung der weiblichen Brust oder die Beobachtung der Haut gewollt oder nicht gewollt werden. Als Zeichen der Lebensfreude kann sie sinnvoll sein. „Im gegenwärtigen Medizinstudium werden auch angehende Ärzte wenig dazu angeregt, beim Umgang mit dem eigenen Körper ein sensibleres Körpererleben zu entwickeln und insofern auch im nonverbalen Bereich eine sensible Kommunikationsform beim Umgang mit Patienten zu kultivieren" (Verres 1998, 212/213).

4.4.1 Die Weisheit des Körpers entdecken

Viele Funktionen unseres Körpers organisieren sich selbst. Der tageszeitliche Rhythmus der Hormonproduktion, der monatliche Zyklus der Frau, die Erneuerung von Hautzellen, um nur einige Beispiele zu nennen. Der Physiologe Walter Cannon prägte dafür 1932 den Begriff der Weisheit des Körpers. Es geht darum, die Fähigkeiten unseres Körpers zu erkennen, zu spüren und zu achten. Es geht nicht um seine Beherrschung.

Die Selbsterneuerungsfähigkeiten des Körpers interessieren die Forschung höchstens am Rande. Über Selbstheilungsfähigkeiten ist wenig bekannt. Studien, finanziert durch die pharmazeutische Industrie, beschäftigen sich mit der Wirkung von chemischen Präparaten auf die Wundheilung, das Phänomen der Wundheilung an sich wird weniger untersucht. Wer bezahlt dafür? Höchstens sporadische Berichte gibt es in den führenden Wissenschafts-Journalen über die Selbstheilung (sog. Spontanheilungen) von schweren Erkrankungen wie beispielsweise Krebs. Sie passen nicht in das Bild von „Krankheiten werden durch Experten bekämpft". Ein neues Verständnis von Heilung im Sinne der Unterstützung der angeborenen natürlichen Heilkräfte als Selbstheilung könnte zu anderen therapeutischen Verfahren führen.
Dagegen steht die moderne Philosophie der Bekämpfung von Krankheiten. Als Beispiel dieser Bekämpfung kann die moderne Chemotherapie dienen: hier geht es bei der Behandlung von Krebs darum, die kranken Zellen zu zerstören. Gleichzeitig werden aber immer gesunde Zellen angegriffen und zerstört sowie das Immunsystem ausgeschaltet oder zumindest empfindlich gestört. Wenige therapeutische Verfahren beschäftigen sich damit, dem Immunsystem in seiner Arbeit beizustehen. Es geht um Krieg führen gegen den Körper, nicht um eine friedliche Lösung. Auch die aktuelle medikamentöse Behandlung der Immunschwächekrankheit AIDS bezieht sich auf die Bekämpfung des Virus, nicht auf die Stärkung des Immunsystems. Das Motto lautet: früh und aggressiv behandeln, d.h. mit einer Kombination aus mehreren Medikamenten mit sehr unterschiedlichen Nebenwirkungen. Heute weiß ich als behandelnde Ärztin oft nicht mehr, was ist Symptom der Krankheit AIDS oder was ist eine Nebenwirkung der komplexen Therapie. Das moderne Motto verbietet fast die Frage, ob es nicht auch sinnvoll sein könnte zu warten, dem Körper Zeit zu geben.
Hippokrates sah die wichtigste Aufgabe des Arztes darin, die Heilkraft der Natur im Sinne einer Aktivierung der Selbstheilungskräfte zu unterstützen. Die moderne Medizin wird die spontanen Remissionen (Rückbildungen) zunächst bezweifeln und fragen, ob nicht etwa die Diagnose falsch war. Die aktuelle psychoneuroimmunologische Forschung sollte hier nach möglichen Erklärun-

gen suchen. Hier geht es darum, Zusammenhänge zwischen psychologischen Faktoren, dem Immunsystem und dem Nervensystem aufzuklären. Bei den Selbstheilungen gibt es immer wieder Berichte, dass diese nach einer Biopsie (Probeentnahme), einer Schwangerschaft oder nach Infekten zu beobachten sind. Veränderungen, die zu Immunreaktionen führen (Ernst 1993, 130). Über Einstellungen, Meinungen, den Glauben oder den Lebenswillen sowie die soziale Einbettung dieser Menschen wird nicht berichtet. Es ist jedoch davon auszugehen, dass dies ebenso bedeutsame Faktoren sind, das Immunsystem zu stimulieren oder zu schwächen. In den Kranken-Geschichten ist von Organen, Tumoren und Medikation die Rede, die individuelle Lebens-Geschichte verschwindet völlig.

Ein wichtiges Beispiel für die Bedeutung der individuellen und sozialen Einstellungen ist der Placebo-Effekt (lat. ich werde gefallen). Damit ist der positive Effekt von Medikamenten ohne chemisch definierte Wirkstoffe gemeint. Wenn BehandlerInnen und Behandelte an die Mittel glauben, sind sie (mit größerer Wahrscheinlichkeit) wirksam. Allein der Glaube, dass etwas wahr ist, kann Wahrheit erzeugen. Allein die Tatsache, dass etwas getan wird, löst Hoffnung aus. Der Glaube an die Wirksamkeit von Antibiotika (die gegen Bakterien wirksam sind) ist der Heilfaktor bei Viruserkrankungen.
Auch soziale Faktoren sind zu beachten: wer verabreicht das Medikament in welcher Umgebung mit welcher Stimmung? Über was wird geredet (Ernst 1993, 145ff.)?

Jeder Dialog zwischen Professionellen und Konduzenten ist auch eine Begegnung zwischen ihren Leibern: die nonverbale Kommunikation wird über den Körper vermittelt. Haltung, Gesten, Mimik, Tonfall, Atmung und Rhythmus machen deutlich, ob das Gespräch in gegenseitiger Bezogenheit stattfindet.
Und Heilung braucht Zeit: eine Zeit die von beiden Seiten auch gegeben werden muß. Es muß in der Therapie auch ein Stillhalten geben können, um den Heilungsprozessen Raum und Zeit zu gewähren (Brucks 1998, 32).

Eine neue Forschungsrichtung könnte das Heilsystem als Netzwerk betrachten, in dem Selbstheilungskräfte die Knotenpunkte darstellen. Die Fragen richten sich nach der Aktivierung der Selbstheilungskräfte und der Rolle von Ressourcen und gesundheitsfördernden Prinzipien.

4.4.2 Lust und Genuß

Sinnliche Erfahrungen sind die ersten Eindrücke im menschlichen Leben. Das Neugeborene empfängt die Botschaften aus der Umwelt über seine Haut, seinen Mund oder die Ohren. Das Baby erfährt Lust und Schmerz. Diese sinnlichen Erfahrungen sind immer eingefärbt durch Gefühle.

Die Trennung von Körper und Geist im Sinne des kartesianischen Dualismus führte zu einer höheren Bewertung des Verstandes gegenüber körperlich-sinnlichen Erfahrungen. Der Körper muß immer mehr kontrolliert werden, was bis zu äußerster Askese führen kann. Heute soll der Konsum sinnliche Erfahrungen ersetzen. Da oft quantitative Aspekte qualitativen vorgezogen werden, wird aus Genuß Völlerei. Besonders deutlich wird das beim Essen: das Acht-Gänge-Menue im Nobel-Restaurant soll für die Tagesmühen voll Termindruck und Hetze entschädigen. Das Leistungsprinzip schlägt dann auch beim Essen durch: je mehr Leistung, desto höher soll der Genuß sein. Immer wieder in der Geschichte taucht die Angst vor dem Untergang bei einem genußreichen, lustvollen Leben auf: im antiken Rom ebenso wie im mittelalterlichen Florenz der Medici. Genuß, aber mit Maß muß das Motto sein. Berichtet und erzählt werden jedoch oft nur die Extreme. Und Genuß gilt heute eher als gesundheitsschädlich als gesundheitsfördernd. Zudem gilt das Neue als besonders reizvoll. Fritz Reheis (1998, 228) setzt den Genuß der Wiederholung entgegen, da Wiederholungen ein Geborgenheitsgefühl hervorrufen können.

Die Jäger und Sammler der Urzeit besorgten sich das benötigte Essen: die Kohlenhydrate in den Früchten und das Fett der erlegten Tiere waren wohldosiert und wohlschmeckend. Heute essen wir konzentrierten Zucker in vielen Lebensmitteln und die Tiere werden gemästet, um möglichst fett zu sein. Die heutige Produktion um der Produktion willen führt zu einem großen Überangebot an schnell hergestellten, oft wenig geschmackvollen Nahrungsmitteln. Zudem haben wir verlernt oder gar nicht erst gelernt zu schmecken und zu riechen. Ein schönes langsames Essen, das den Geschmack, den Geruchssinn und die Augen anregt, ist ein Zeichen von Lebensfreude. Das Essen mit Genuß in angenehmer Gesellschaft vermittelt eine positive soziale Erfahrung. Statt dessen verschlingen wir am Mittag allein und im Stehen eine Curry-Wurst.
Angenehme Sinneserfahrungen können zudem ein warmes wohlriechendes Bad oder der Gang in die Sauna vermitteln. Sauna wirkt entspannend auf die Muskulatur, erhöht den Endorphinspiegel und stimuliert die Ausschüttung von Serotonin, ein wichtiger Botenstoff für Entspannung und Schlaf (Ernst 1993, 180). Die Erfahrung von Licht und frischer Luft wirkt sich günstig auf den

Organismus aus. Der Mangel an Licht in den düsteren Jahreszeiten kann zur sog. Winterdepression führen.

Unser größtes Sinnesorgan ist jedoch die Haut, die uns zahlreiche Erfahrungen ermöglicht.

4.4.3 Kontakt- und Grenzerfahrungen durch die Haut

„Die wesentlichste Sinnesempfindung unseres Körpers ist die Berührung. Sie ist wahrscheinlich die wichtigste Wahrnehmung im Prozeß des Schlafens und Wachens; sie vermittelt uns das Wissen von Tiefe, Struktur und Form; wir lieben und hassen, sind empfindlich und empfinden durch die Tastkörperchen unserer Haut" (Lionel Tayloe 1921 zit. n. Montagu 1971, 7). Berührung kommt von rühren oder auch anrühren, gerührt sein, rührselig oder rührig. Deutlich wird die Verbindung von äußerlichem Kontakt mit dem inneren Erleben von Bewegtheit und Ergriffensein.
Aber: auch unsere Haut nehmen wir in der Regel erst wahr, wenn sie erkrankt oder Altersveränderungen aufweist.

Die Haut entwickelt sich aus dem Ektoderm, aus dem sich auch Gehirn, Augen und die Sinnesorgane des Geruchs, des Geschmacks, des Sehens, des Hörens und der Empfindung bilden. Die Haut stellt unsere wichtigste Verbindung nach außen dar. Sie ist die Vermittlerin des Austausches, aber auch unsere Schutzhülle.
In einem Projekt der Bayerischen AIDS-Stiftung e.V., in dem Mädchen ihr Körperinneres malend gestalteten, war auffällig, welche Bedeutung die Haut als Körpergrenze, insbesondere für junge Frauen mit Gewalterfahrungen hatte. Bei erlebten sexuellen Übergriffen wurde häufig eine dicke schwarze Grenze gezeichnet.

Die persönliche Berührungsgeschichte kann eine Vielzahl möglicher gegensätzlicher Botschaften wie Nähe, Gehaltenwerden, Trost, Unterstützung aber auch Eingriff, Grenzüberschreitung, Festgehaltenwerden beinhalten (Milz 1994, 45). Insbesondere Männer haben häufig eine negative Berührungsgeschichte: wenn sie als Kind nicht genügend oder nur mit schmerzhaften Gesten stimuliert wurden, verhalten sie sich als Erwachsene ebenso: sie berühren andere eher in rüder Weise wie beispielsweise durch Kneifen in die Backe. Ashley Montagu fordert sie auf, im Sinne von Nähe, Zärtlichkeit und Trost berührend tätig zu werden (1995, 209).

Auch als Spiegel des körperlich-seelisch-sozialen Gleichgewichtes kann die Haut gesehen werden. Vieles zeigt sich an der Haut: unsere Aufregung oder Scham beim Erröten oder Anzeichen von Erkrankungen des gesamten Organismus können auf der Haut bemerkt werden.
Ohne die Funktionen der anderen Sinne ist ein Individuum überlebensfähig, ohne die Funktionen der Haut stirbt es. Viele Redewendungen machen ihre Bedeutung klar: ich fühle mich wohl in meiner Haut oder das geht mir unter die Haut. Unsere Haut hat im Bereich des Großhirns eine breite Abbildungsfläche. Besonders groß sind die sensorischen Areale für Lippen, Mund, Hände und Finger, was unseren sehr empfindsamen Tastsinn ermöglicht. Die Berührung von anderen Menschen oder auch Gegenständen vermittelt uns Orientierung: über warm und kalt, weich und hart, kantig oder rund.
Wenn wir von Hautstimulation durch Berührung reden, sprechen wir von einem wichtigen und wesentlichen Ausdruck von Zuneigung und ebenso klar von einem Hauptfaktor der gesunden organischen Entwicklung eines jeden Lebewesens.
Die Berührung ist wichtig, um sich von der Realität einer Sache oder eines Menschen zu überzeugen. In der Berührung fühle ich gleichzeitig das andere und mich selbst. Berührung erfolgt nie nur rein körperlich, sondern ist immer ein Vorgang, der die Emotionen einbezieht. Kinder, die unglücklich sind, fühlen sich wieder besser, wenn man sie in den Arm nimmt. Den Arm um einen Mitmenschen zu legen, gibt Sicherheit. Berührungen beziehen Körper, Seele und Mitwelt mit ein.

Aus den ursprünglich körperlichen Erfahrungen von Greifen, Nehmen oder Stehen werden im Laufe der Entwicklung psychologische Konzepte von Begreifen, Benehmen oder Verstehen. Auf der Grundlage körperlicher Fähigkeiten entwickelt das Kind intellektuelle Fähigkeiten sowie differenzierte Praktiken von Bewegungen und Ausdruck, die sich schließlich in der Sprache verdichten. Die etymologische Entstehungsgeschichte von Wörtern verweist eindeutig auf die körperliche Genese von Begriffsbildungen (Milz 1994, 169/170). Die Modalitäten von Raum, Zeit, Wirklichkeit, Gestalt, Oberfläche, Tiefe, Eigenart, Struktur u.ä. werden zu einem großen Teil auf der Grundlage der taktilen Erfahrung gemacht (Montagu 1995, 156). Uteruskontraktionen (das Zusammenziehen der Muskulatur der Gebärmutter) stellen für das ungeborene Kind eine kräftige natürliche Hautstimulation dar, die sich von der Haut auf die Organe überträgt. Die Hautstimulation der Mutter durch den Säugling nach der Geburt regt die Prolactin-Sekretion (Hormonausschüttung) der Hypophyse (Hirnanhangdrüse) und damit die Milchbildung in der weiblichen Brust an. Dadurch wird das Stillen ermöglicht. Das Stillen wurde in den 60er Jahren als unmodern bezeichnet und durch die Milchflasche ersetzt: Heute rät man den Müttern zum Stillen, aus medizinischer Sicht um einer Allergie vorzubeugen, nicht um das Kontakt- und Berührungsbedürfnis zu befriedigen. Das Stillen nach der Geburt löst Sekretion von Oxytocin (Hormon) aus und führt zum Zusammenziehen der Gebärmutter mit dem Verschluß von Gefäßen und zur Ablösung der Placenta (Mutterkuchen). Die erste Milch (Colostrum) stellt zudem einen wichtigen Reiz für die Entleerung des Mekoniums, des Darminhaltes des Säuglings dar. Sie enthält wichtige Substanzen um das noch unreife Immunsystem des Säuglings zu unterstützen.

In den Kinderkrankenhäusern war Anfang des Jahrhunderts die Säuglingssterblichkeit sehr hoch. Man führte dann „Bemuttern" ein: in den Arm nehmen und streicheln. So sank in New York die Sterblichkeit von Kindern unter einem Jahr von 30-35% auf weniger als 10% (Montagu 1995, 67). Auch heute wird dies in der modernen Intensivmedizin, die die Frühgeborenen im Brutkasten technisch versorgt, langsam als Möglichkeit gesehen, die Babys den wichtigen Kontakt aufnehmen zu lassen. Noch vor wenigen Jahren wurde eine Wiener Ärztin regelrecht verfolgt, weil sie diesen Körperkontakt für wichtiger hielt als die Segnungen der Intensivmedizin.
In den Jahren um 1880 verbreitete sich unter Ärzten und Schwestern die Ansicht, dass es schädlich sei, zärtlich zu Kindern zu sein und sie zu verwöhnen. Es kam, zunächst in den USA, zur Abschaffung der Wiege, die Schaukelbewegungen wie in der Gebärmutter ermöglicht und zur Einführung des Gitterbettes mit Stäben. Es folgte eine mechanistische Einstellung zur Kindererziehung: Kinder sind mechanische Objekte, die zu funktionieren haben. Ein Beispiel dafür ist die Ernährung nach der Uhr, nicht nach den Bedürfnissen von Mutter und Kind. Eine fachliche Meinung, die sich Mütter zu eigen machten, um modern zu sein.
Die Mutter, die ihr Kind schaukelt und streichelt vermittelt, ihm die Anregung durch ihren Atem- oder Pulsrhythmus. Rhythmen, die ein Sicherheitsgefühl vermitteln. Schaukelstühle sind auch für Erwachsene gesund: sie regen Herztätigkeit, Kreislauf und Verdauung an, führen zu besserem Durchatmen, heben den Muskeltonus und vermitteln das Gefühl, in Berührung zu sein durch die Stimulierung von vielen Hautbezirken. Das Wiegen gibt nervenkranken Menschen oder den Juden und Jüdinnen beim Gebet Trost.

Die Stimulation der Haut durch Luft, Sonne und Wind hat eine wohltuende Wirkung. Durch unsere Bekleidungsgewohnheiten versagen wir uns dieses Gefühl häufig. Wie wohltuend ist für das Gesicht ein Spaziergang im Winter an der frischen Luft! Im Sommer ist es ein sinnliches Vergnügen sich ohne viel

Bekleidung in die Sonne zu legen und zu baden. Das Sonnenbaden ist als Mode in den Jahren um 1920 entstanden, als Verhaltenswissenschaftler Hautkontakte für ungesund erklärten (Montagu 1995, 105ff).

Berührung durch Professionelle an Laien erfordert besonderes Taktgefühl. Insbesondere das ambivalent-selbstverständliche Recht des Pflegers oder der Ärztin jemanden zu berühren, sind auf gleichzeitiger Nähe und prüfender Distanz begründet (Milz 1994, 45). Wenn diese Berührung von Subjekt zu Subjekt (nicht von Ärztin/Pfleger zu Objekt) unter Respektierung der persönlichen Grenzen erfolgt, kann sie therapeutische Wirkung haben. Häufig werden jedoch Grenzen überschritten. So erfolgt die Berührung nicht selten unvermittelt oder andere Behandler, die ins Sprechzimmer kommen tasten ebenfalls ohne vorherige Kontaktaufnahme.

Während andere Sinne nur auf einer kleinen Körperfläche lokalisiert sind, ist der Tastsinn über den ganzen Körper verteilt. Schon im Säuglingsalter vermittelt die Haut die konkrete Erfahrung von Mitwelt, Nähe und Miteinander. Keine Worte oder Gesten können die Gefühle von Liebe, Sexualität, Zuneigung, Trost und praktischer Unterstützung so eindeutig ausdrücken wie Berührung.
Wenn durch Berührung Zuneigung und Verbundenheit vermittelt wird, ist es nicht nur die Befriedigung eines Sinnes, sondern die Vermittlung eines Gefühles der Sicherheit und des Zufriedenseins.

4.4.4 Schlaf und Entspannung

Die moderne Karriere-Frau und der Karriere-Mann von heute sind Tag und Nacht fit, allzeit zu Höchstleistungen bereit und nie müde. Wir überwinden unser Gefühl der Müdigkeit mit Kaffee, Rauchen und anderen Aufputschmitteln.

Wir befinden uns in dauerndem Spannungszustand, unser Körper sich im Zustand der dauernden Sympathikusaktivierung. Der sympathische Teil unseres autonomen Nervensystems befähigt uns zu einer Auseinandersetzung mit den belastenden Aspekten unserer Umwelt. Die Botenstoffe (Transmitter) Adrenalin und Noradrenalin werden ausgeschüttet und eine Reihe von körperlichen Reaktionen folgt: Herzschlagfrequenz und Blutdruck steigen an, die Darmtätigkeit wird reduziert. Dies ist die typische Reaktion auf Stressoren. Wichtig ist es, diese Aktivierung nicht zu einem Dauerzustand werden zu lassen, sondern den Gegenspieler, den Parasympathikus ebenso zum Zuge kommen zu lassen. Er ist sozusagen der Ruhepol des autonomen Nervensystems.
Die Sympathikusaktivierung soll auch dazu bereit machen, die Reaktion nach außen zu lassen. Ursprünglich war es die Vorbereitung auf eine Fluchtreaktion. Die modernen Stressoren aber lassen keine körperliche Reaktion zu, die einen natürlichen Abschluß findet: wir müssen Wut und Ärger unterdrücken, gute Miene zum bösen Spiel machen mit der Folge, dass die Streßhormone nicht abgebaut werden. Zusätzlich kommt es häufig zu muskulären Anspannungen, die ebenso nicht wieder abgebaut werden: wir sind verspannt. Statt dann Perioden der Entspannung folgen zu lassen, setzen wir die Anspannung in der Freizeit fort. Es folgt die Pseudoerholung mit viel Alkohol oder rigiden Fitnessprogrammen.

Eine Entspannung auf der körperlichen Ebene, ein muskuläres Los- und Lockerlassen, führt auf der psychischen und sozialen Ebene zu Gelassenheit und Ausgeglichenheit (Ernst 1993, 51). Der Kardiologe Herbert Benson (1992) hat als Kern einer jeden Entspannung eine angeborene physiologische Entspannungsreaktion benannt, die zwei wesentliche Vorbedingungen hat:

1. Die Aufmerksamkeit auf einen Fokus wie einen Gedanken, ein Wort, einen Ton, ein Gebet oder den Atem konzentrieren. Dies führt weg von den Alltagsgedanken.
2. Eine passive Haltung gegenüber Ablenkungen. Die Aufmerksamkeit soll immer sanft auf den Fokus zurückdirigiert werden.

Passivität und Geschehenlassen sind essentielle Vorbedingungen für eine wirkliche Entspannung. Eigenschaften, die heute nicht gerade geschätzt sind. Auch durch spirituelle Erfahrungen ist eine Entspannung möglich. Die Langzeitwirkungen von regelmäßiger Entspannung sind geringere Angst, Verminderung aggressiver Zustände, Herabsetzung der Anfälligkeit gegenüber Ärger und Feindseligkeit (Ernst 1993, 58).
Wichtig dafür ist, dass wir die körperlichen Signale unserer Erschöpfung wahrnehmen, dass wir spüren, wann wir müde sind, wann wir Entspannung brauchen. Leistungsorientierte Menschen verausgaben sich bis zur Erschöpfung, nehmen dies aber nicht wahr. Bleibt der Körper im Erschöpfungsstadium und hat keine Zeit sich zu erholen, resultieren daraus langfristig Krankheiten wie Bluthochdruck oder Herzinfarkt.

Zahlreiche Entspannungmethoden stehen heute zur Verfügung wie das autogene Training, die progressive Muskelentspannung oder Bewegungsmeditationen wie T'ai Chi oder Chi Gong. Aber auch durch bewußtes Atmen kann ein Zustand der Entspannung herbeigeführt werden. Der Atem kann eine Brücke zwischen Körper und Seele bilden. In nahezu allen religiösen Traditionen, in den Mythen aller Völker ist der Atem gleichbedeutend mit dem Leben selbst. Er ist die autonome Körperfunktion, die wir am leichtesten willentlich beeinflussen können. Normales, ruhiges Atmen bedeutet, dass wir Sauerstoff durch die Nase aufnehmen und tief einatmen. Das entspannte Zwerchfell hilft dabei, indem es sich rhythmisch und im Wechselspiel mit den Bauchmuskeln zusammenzieht und so ein Vakuum erzeugt, in das die Lungen sich ausdehnen können. Diese Zwerchfell- und Bauchatmung, bei der sich Brustkorb und Bauch sichtbar heben und senken, ist die optimale Form der Sauerstoffversorgung. Im Streß verkrampfen Bauchmuskeln und Zwerchfell und wir setzen dafür die Brustmuskulatur ein: der Brustkasten wird aufgebläht. Da diese Art der Atmung weniger effektiv ist, muß schneller geatmet werden. Bewußtes und tiefes Bauchatmen ist eine gute erste Entspannungsübung. Es ist verbunden mit Achtsamkeit im Sinne eines Gewahrwerdens des Augenblicks (Ernst 1993, 60ff.).

4.4.5 Bewegung leben

Unser modernes Leben ist geprägt durch körperliche Passivität: wir fahren im Auto ins Büro, der Aufzug bringt uns in unser Zimmer und abends sitzen wir vor dem Fernsehgerät.

Bewegung leben heißt aber nicht unbedingt sportliche Höchstleistungen zu erbringen, sondern kann auch im Sinn von Moshé Feldenkrais eine Bewußtheit durch Bewegung sein. Dabei Selbstverständliches entdecken und leben, ist ein anderer Weg (1987). Bewegung leben kann bedeuten, im Liegen bewußt eine bequeme Haltung zu suchen und die Bewegungen und die Verortung, das Getragenwerden durch den Boden spüren. Auch die folgende Entspannung kann als Aktion wahrgenommen werden.
Ebenso können Übungen zu bewußtem Stehen dazu beitragen, dass wir insgesamt einen sicheren Stand im Leben finden. Wir Menschen sind heute Kopf-Füßler, die vergessen haben, dass sie auf den Füßen stehen (Milz 1994, 123).
Auch im bewußten Gehen aufmerksam für die eigenen Empfindungen sein, den Takt der Schritte oder die Beschaffenheit des Bodens zu spüren, ist eine Übung der Achtsamkeit. Barfuß auf verschiedenen Untergrund zu gehen ist ein Erlebnis für das Empfinden. Ich erinnere mich noch gut, wie schön es einmal im Winter war, barfuß ein weiches Moor zu spüren und anschließend durch den Schnee zu laufen.
Unsere Frage: wie geht es Dir, benutzt einen Begriff des Körpers um nach dem Befinden zu fragen. „Mit jedem Schritt verlassen wir die Sicherheit des Bodens, um diese nach dem Fall in neuem Gleichgewicht wiederzuerhalten. Im Gehen gerät unser ganzer Körper in hüpfende, schwingende, neue Ordnungen schaffende Bewegung" (Milz 1994, 159). Bewußtes Gehen ermöglicht auch gleichzeitig ein intensives Erleben der Natur.

4.4.6 Körper – systemisch gesehen

Eine erweiterte Sichtweise des Körpers bietet eine systemische Betrachtung. Physisches, psychisches und soziales Wohlbefinden entwickelt sich in der subjektiven Auseinandersetzung mit der gesellschaftlichen und natürlichen Umwelt. Dieser Entwicklungsproze8 vollzieht sich im wesentlichen am und im Körper. In der Aneignung der Umwelt gestaltet das Subjekt auch seinen Körper. Die Umwelt wird körperlich erfahren. Auch individuelle Befindlichkeiten sind von kollektiven Aneignungsprozessen beeinflußt. Im Körper wirken ge-

sellschaftliche Lebensbedingungen. Kulturelle Regelungen, Normierungen und Definitionen legen dem Individuum nahe, wie es mit seinem Körper umgehen soll. Der Körper wird also nicht nur individuell, sondern auch gesellschaftlich geformt. Nicht nur das Trimmen im Fitnesstudio, sondern beispielsweise gesellschaftliche Vorgaben zu Körperformen prägen unseren Körper (Erben et al. 1986, 16; Hurrelmann 1988, 155).
Heute gilt das Ideal von Schlankheit, in früheren Jahrhunderten waren rundliche Körperformen erstrebenswert.

Die Funktionalisierung des Körpers, seine Aufteilung in Organe ist ein Resultat des geltenden naturwissenschaftlichen Paradigmas. „Sowohl die Industrialisierung der Produktionsformen und damit die Aufspaltung in privates und öffentliches Leben, als auch die Differenzierung und Funktionalisierung körperlicher Zonen zur optimalen ökonomischen Ausbeutung und die damit einhergehende Medikalisierung individueller und kollektiver Lebensweise haben den Körper zu einem Substrat gesellschaftlicher Entwicklungsprozesse degenerieren lassen, das institutionell domestiziert, verwaltet, verbraucht wird" (Erben et al. 1986, 18). Die Medizin kümmert sich um das gestörte Leben innerhalb eines Körperteiles, die Behandlung wird partikularisiert.

Lebens- und Arbeitsbedingungen bestimmen den Umgang mit dem eigenen Körper. Bei drohendem Verlust des Arbeitsplatzes ist es oft unmöglich auf die Bedürfnisse des Körpers zu achten. Den Anforderungen der Arbeitsstelle wird beispielsweise durch zahlreiche Überstunden Vorrang gewährt. In der Freizeit wird weiter funktionalisiert, indem der Körper zur Wiederherstellung der Arbeitskraft trainiert wird.
In der Altenpflege werden die individuellen Bedürfnisse häufig der Zeitstruktur der normierten Pflege unterworfen: Wecken 6.30Uhr, Waschen 6.45, Mittagessen 11.00, Zubettbringen 19.00. Der Körper wird reglementiert.

Das Lebensweisenkonzept (s. 3.3) bietet einen systemischen Zugang. Rosmarie Erben betont, dass in der ökologischen Sicht der Lebensweise der alltägliche Umgang mit dem Körper im Zentrum steht (1986, 117).

4.5 Spiritualität

Im Brockhaus-Lexikon (1997c, 675/676) wird Spiritualiät als „eine vom Glauben getragene und grundsätzlich die gesamte menschliche Existenz unter den konkreten Lebensbedingungen prägende „geistige" Orientierung und Lebensform" bezeichnet. Es folgt der Hinweis auf die zahlreichen, sehr unterschiedlichen Formen von Spiritualität wie die abendländisch-christliche, jüdische, fernöstliche, indische, afrikanische, mystische oder orthodoxe. Ebenfalls hingewiesen wird auf die Esoterik oder psychologisch orientierte Richtungen. Betont wird vor allem die Bedeutung der Spiritualiät als Alternative oder Korrektiv zur vorherrschenden materialistisch-mechanistischen Weltsicht.

Die aus dem Christentum stammende mittelalterliche Wortbildung spiritualitas meint ursprünglich Geistigkeit, „das innere geistige Wesen, im Gegensatz zur Materialität und zielt damit auf das christliche Leben im eigentlichen geistigen Sinne, das als Leben aus und in dem Geist Gottes verstanden wird".
Im folgenden ist mit dem Wort spirituell das geistige Mensch-Sein gemeint. Der Geist ist dabei „die über das Sinnliche und Materielle hinausgehende Seite des menschlichen Seins" (Brockhaus 1997a, 257). In Anlehnung an Fritjof Capra (1996, 19) entspricht Spiritualität einem Bewußtseinszustand, in dem das Individuum ein Gefühl der Zugehörigkeit und Verbundenheit mit dem Kosmos empfindet.

Der Verlust an geistigen Werten und an Beziehung zu Glauben und Religion in der modernen Welt wird von vielen Menschen ersetzt durch die Suche nach neuen Methoden. So findet sich in einer großen Buchhandlung in München ein Riesenangebot im Bereich Esoterik, aber ein verschwindend kleines im Bereich Religion. Und Bücher mit eindeutig christlichem Inhalt sind unter Esoterik zu finden. Mit dem Verlust von Glauben geht häufig ein Sinnverlust einher (sin: Weg). Mit Sinn- und Wertfragen wenden sich moderne Menschen eher an die Psychologie: sie wird zur Beurteilung von Fragestellungen in der Partnerschaft, Familie, der Erziehung oder bei Konflikten herangezogen. Dabei stülpen die Therapeuten und Therapeutinnen nicht selten ihre Wertvorstellungen, die sie nicht explizit benennen, den Ratsuchenden über. Und einer der Urväter der Psychotherapie Sigmund Freud hält die Religion für eine universelle Zwangsneurose (Grom 1997, 23). Die angebliche Wertfreiheit der naturwissenschaftlich orientierten Psychologie legt atheistische Werte zugrunde. Und dabei ist die Psychoanalyse selbst auf ein Glaubenssystem, nämlich der zentralen Bedeutung der frühkindlichen Entwicklung, begründet.
Das Problem liegt darin, dass die Frage nach dem zugrundeliegenden Welt-

und Menschenbild erst gar nicht gestellt wird (und gestellt werden darf), da sie das naturwissenschaftliche Denken stört. Für die Naturwissenschaft zählt Sicht- und Meßbares.

4.5.1 Glaube und Religion

Als Glaubensersatz verleiht heute eine bunte Mischung von verschiedensten Techniken eine spirituell-therapeutische Hoffnung durch den Konsum von Trainings, Kursen und Seminaren. Dabei, so der Religionspsychologe und -pädagoge Bernhard Grom, gibt es weit über 200 Studien, die zeigen, dass der Glaube die Erlebens- und Bewertungsbereitschaften, die sich allmählich zum Positiven hin verändern, durch seine Sinnstiftungen bestätigen und verstärken kann. „So hat die Ansicht an Boden gewonnen, daß die kulturellen und religiösen Werte von Klienten nicht nur zu respektieren, sondern gegebenenfalls auch als Verbündete anzusprechen sind" (1997, 26).

Sehr große Erfolge kann die Selbsthilfe-Bewegung der Anonymen Alkoholiker verbuchen, die einen eindeutig spirituellen Hintergrund aufweist. Einer der zwölf Schritte im Programm weist darauf hin, dass nur „eine Macht, die größer ist als wir selbst, uns unsere geistige Gesundheit wiedergeben kann". Dies meint im ursprünglichen Sinn das Wort Religion, nämlich eine Rückbindung an eine höhere Macht.

Die Studien zeigen zudem, dass zwischen einem persönlich bedeutsamen Glauben und Lebenszufriedenheit, Glücklichsein, positiver Gestimmtheit und Sinnorientierung ein positiver Zusammenhang besteht. Dies wirkt sich wiederum günstig auf Wohlbefinden und Gesundheit aus. So kann Religiosität als eine bedeutende Ressource des Wohlbefindens bezeichnet werden.

Heiko Ernst faßt die positiven Wirkungen so zusammen (1997, 21):
„Wer an einen gütigen Gott oder eine andere positive transzendente Kraft oder auch „nur" an einen tieferen Sinn des Lebens glaubt,

▶ bewältigt Lebenskrisen, Stress und psychosoziale Konflikte leichter: Glauben begünstigt effektive Coping-Strategien

▶ ist deshalb weniger anfällig für stressbedingte und psychosomatische Krankheiten: Glauben wirkt präventiv

▶ bringt, falls er dennoch einmal erkrankt, mehr Vertrauen auf den Heilungsprozeß auf und fördert ihn so: Glauben begünstigt die Genesung

▶ konsumiert weniger Alkohol, Zigaretten und andere Drogen als Nicht-Gläubige und ist entsprechend weniger durch Sucht oder andere negative Folgen dieses Konsums gefährdet: Glauben beeinflußt den Lebensstil im Sinne von gesünderen Gewohnheiten

▶ kann das Sterben leichter akzeptieren und erlebt die letzte Lebensphase weniger angstvoll und verzweifelt".

Damit die Religion im Sinne eines Heilfaktors für die Gesundheit wirken kann, ist insbesondere der Glaube an einen wohlwollenden Gott - nicht an einen strafenden - wichtig. Ein Gott der Menschen mit ihren Fehlern annimmt und für emotionale Geborgenheit sorgt. Diese Geborgenheit kann durch das Erleben von sozialer Unterstützung in der Gemeinde verstärkt werden. Dagegen kann die Angst vor Strafe durchaus krankmachend wirken.

Im Sinne Aaron Antonovskys wirkt der Glaube dann salutogenetisch, wenn der oder die Gläubige sich aufgehoben in einem größeren Ganzen erlebt, also ein Kohärenzgefühl als Gefühl des Zusammenhanges verspürt.

Wesentlich ist darüber hinaus das Loslassen: nur wer loslassen und sein Schicksal vertrauensvoll in die Hand eines gütigen Gottes legen kann, profitiert von der gesundheitsfördernden Kraft des Glaubens: Dein Wille geschehe. „Die wohltuende Wirkung des Glaubens beruht mit hoher Wahrscheinlichkeit auf der Kombination von sozialer Unterstützung, Lebenssinn, dem Gefühl mit einer höheren Macht verbunden zu sein und stressreduzierenden Gebets- und Meditationstechniken" (Ernst 1997, 21). Auch Prozesse wie Einschlafen, Erholung und Entspannung oder Hingabe entziehen sich dem Modell des Vorbedachten, des rational planenden Menschen (Brucks 1998, 32), erfordern also ein Loslassen.

Religiöse alte Menschen sind im Vergleich mit Nicht-Gläubigen hoffnungsvoller, optimistischer, haben einen höheren Selbstwert, können das Leben besser kontrollieren, fühlen sich weniger einsam und unglücklich (Ernst 1997, 27). Alles zentrale Ressourcen für das Gesund-Sein.

Die Ablehnung einer höheren Macht führt, so der Psychotherapeut Jörg Müller, zur Überbewertung des eigenen Selbst, zu einem Allmachtsgebaren, das keine Menschlichkeit kennt. Dies kann durch einen Mangel an geistlichen Elementen ebenso wie durch eine fundamentalistische Anwendung religiöser Gebote entstehen (1998, 10).

Im Wort Therapie im ursprünglichen Sinn „Dienen, Dienst, Begleitung und Pflege" hat Spiritualität ihren Platz. Die heutigen Therapie-Gurus, die ihre eigenen Lösungen den Ratsuchenden aufdrängen, mißverstehen den Sinn des therapeutischen Tuns. Begleiten heißt auf dem individuellen Weg des Subjekts mitgehen.

Da Glaube mit Liebe zu tun hat (galaubjan: lieb haben, credere: sein Herz geben), bedeutet Glaubensverlust zugleich Liebesverlust. „Wo der Glaube an eine sinnvolle transzendentale und personale Macht fehlt, entsteht Angst vor Hilflosigkeit, Verwundbarkeit, Liebesverlust, Unverbindlichkeit. Daraus erwachsen die Übertreibungen ihrer gegenteiligen Werte: ... Aus Hilflosigkeit wird Überfürsorge, aus Verwundbarkeit Aggression, aus Liebesverlust Herrschsucht, aus Angst vor Verbindlichkeit Untreue oder Unzuverlässigkeit" (Müller 1998, 18).
Unsere materialistische Welt, die Leistung und Rationalität überbetont, muß zu einem Glaubens- und Sinnverlust führen.

4.5.2 Bewertung von Leid

Auch das Annehmen von Leid und Krankheit wird in einer technikgläubigen Welt, in der alles als machbar gilt, unglaublich schwer. Ein technisches Verfahren nach dem anderen wird eingesetzt, bis das Leben nur noch durch Schläuche und Apparate aufrecht erhalten wird. Dabei kommt es im Krank-Sein und Leiden auch auf eine kreative Umgestaltung des Lebens an, die dem Leiden wenigstens ein Quentchen Sinn abringt. Ein schwerer, bergiger Weg. In der Maschinerie des Krankheits-Hilfe-Systems ist dafür kein Platz und keine Zeit. Dann ist eine weiter bestehende Krankheit ein Versagen der HelferInnen oder eigenes Verschulden.

Umfassende Heilung geht immer mit einem Prozeß des Loslassens und Annehmens einher. Leid kann auch umgedeutet werden: nicht mehr die Suche nach der Ursache muß im Mittelpunkt stehen, sondern die Frage nach dem Gewinn (Müller 1998, 65).
Die Erkenntnis, dass es wesentlich auf die eigene Bewertung der Situation ankommt, ist dabei hilfreich. Die Überzeugungen, die uns am meisten zu schaffen machen, beruhen auf unserer Interpretation der Tatsachen, nicht auf den Tatsachen selbst. Die Überzeugungen und damit die Gefühle können jedoch beeinflußt werden, so der amerikanische Onkologe (Krebsarzt) Carl Simonton (1997, 29). „Die Gefühle sind eine starke und bestimmende Kraft im

Immunsystem und in unseren anderen physiologischen Heilungssystemen. Überzeugungen beeinflussen die Gefühle, darum beeinflussen sie auch die Gesundheit". Deshalb ist es sinnvoll an den eigenen Überzeugungen zu arbeiten. Das Denken soll in Richtung eines gesundheitsfördernden Denkens beeinflußt werden. Gesundheitsförderndes Denken steht im Gegensatz zu positivem Denken näher an der Realität. Negatives Denken kann für einen krebskranken Mann heißen: in zwei Jahren werde ich tot sein, positives Denken: in zwei Jahren werde ich leben. Der gesundheitsfördernde Ansatz dagegen lautet: in zwei Jahren kann ich am Leben sein oder nicht. Alles, was ich tue, hat einen Einfluß darauf (Simonton 1997, 88ff.).

Dazu hält es Carl Simonton für nötig, mit der eigenen „inneren Weisheit" Kontakt aufzunehmen. Hilfreich sind dazu Visualisierungsübungen, Meditationstechniken oder Gebete. Dabei können die gesunden Köperzellen als stark, die Krebszellen als schwach verbildlicht werden. Der Krebs kann als Bote gesehen werden, der, wenn er seine Funktion erfüllt hat, den Körper verlassen kann. Die psychisch und körperlich stimulierende Kraft von Bildern, Mythen und Symbolen wird in imaginativen Verfahren genutzt.

Schon Äskulap ließ die Kranken im Tempel schlafen und nutzte ihre Traumbilder, um ihnen den Weg zur Heilung, die immer eine Selbstheilung war, zu zeigen. Wenn wir etwas glauben wollen, können wir die Fakten für eine Weile außer Kraft setzen und wir können sie sogar verändern: der Glaube hat einen Einfluß auf den Gang der Dinge in der Art einer selbsterfüllenden Prophezeiung (Ernst 1993, 161). Die Nähe zum Placebo-Effekt ist unübersehbar. Wichtig ist es, auf die eigene „innere Weisheit" zu hören. Intuition, das Gefühl im Bauch, Vorahnungen, Antworten auf Gebete und Botschaften, die während der Meditation empfangen werden, sind dabei spirituelle Vorgänge. Die spirituellen Botschaften der inneren Weisheit gehen mit einem Gefühl der absoluten Richtigkeit einher (Simonton 1997, 102/103).

Dabei gibt es vielerlei Arten, sich mit Spiritualität zu beschäftigen. Jede Begegnung mit der Natur ist eine Gelegenheit, den Fluß des Lebens wahrzunehmen. Das Betrachten eines Sonnenuntergangs, das Hören von Vogelgezwitscher, das Lachen eines Kindes. Auch in kreativen Tätigkeiten wie Malen, Singen, Tanzen oder Schreiben liegt ein spiritueller Aspekt, besonders wenn es zum Gefühl des Fließens (s. 4.3) kommt. Dies sind Situationen, wo wir tiefen Frieden und uns im Fluß aller Dinge und im Einklang mit der Welt empfinden. Die Erfahrung der Verbundenheit mit einer Kraft die größer ist als ich, kann als spirituell bezeichnet werden.

Auch das Spontane und Unplanbare kann zum Erleben von Spiritualität beitragen. Leider ist es in unserer rationalen Welt verschwunden. Vielleicht übt gerade deshalb die Figur der Pippi Langstrumpf schon über so lange Zeit eine große Faszination auf Kinder und Erwachsene aus: der Vater ist Seeräuber und nicht da, sie lebt in ihrer Villa Kunterbunt im Chaos, aber ihr fällt viel Verrücktes spontan ein und sie tut es dann auch mit großer Hingabe.

Gerade angesichts des Leidens – des eigenen oder des anderen – ist der Glaube an ein gutes Leben schwierig. „Es braucht Mut, an ein Leben vor dem Tode zu glauben und einzusehen, daß unser Schmerz und unsere verborgenen oder offenen Verletzungen weder unüberwindlich sind noch automatisch zum Tode führen. Aber oft sind wir unfähig zu Lob, zur Anteilnahme, zum Glauben an ein Leben vor dem Tode" (Sölle 1999, 12).

4.5.3 Heilung als Wille zum Sinn

Heilung kann als schöpferischer Vorgang gesehen werden. Die Gesundung muß dabei in jedem Fall geistig erfolgen. Paracelsus hat dazu gesagt: Die Krankheit entsteht zwar aus der Natur, ihre Heilung aber entsteht aus dem Geist.

Fähige HeilerInnen sind die, die die Vorstellungsfähigkeit in Richtung Hoffnung, Ausgeglichenheit und Gesund-Sein richten. Der Weg ist ein Weg mit einem Auf und Ab. Als wir Mitte der 80er Jahre HIV-infizierte Männer und Frauen befragten, was ihnen nach der Mitteilung des positiven Test-Ergebnisses besonders geholfen habe, antworteten die meisten: dass mir Hoffnung bleibt. Ebenso äußerte sich Reid Henson, ein Mann der an einer seltenen lebensbedrohlichen Form des Blutkrebses erkrankt war: „Das Beste an Dr. Simontons Programm war, daß es mir Hoffnung gab" (Simonton 1997, 44). Hoffnung, die Offenheit und Flexibilität zuläßt.
Die evangelische Theologin Dorothee Sölle sagt, die Hoffnung ist eine große Kraft des Glaubens (1999, 27). „Die Hoffnung läßt sich nicht trennen vom Glauben an die Kraft des Transzendierens, die manche Gott nennen" (Sölle 1999, 229). Wir haben immer die Chance zu handeln als sei Rettung möglich. Sehr deutlich wird dies in Martin Luthers Satz vom Apfelbäumchen, das er angesichts des Weltuntergangs pflanzen würde.
Hoffnung, die auch im Tod weiterbestehen kann, wenn wir uns als einen integrierten Teil der Natur sehen: Empfinde ich mich als Teil des Planeten, kann ich an den Tod denken, da der Planet weiterbesteht. „So können wir unser kleines Dasein als Teil des großen Seins verstehen, in das wir zurückkehren werden:

als Schwester zur Schwester Tod, als Kind zur Mutter Erde, als Bruder zum Bruder Sonne, als Tropfen zu den großen Wassern und als Flamme ins Licht" (Sölle 1999, 222). Leben wählen angesichts des Todes, das heißt teilnehmen am Prozeß der Schöpfung.

Der Wiener Neurologe und Psychiater Viktor Frankl, Überlebender von vier Konzentrationslagern, sieht als wichtigste Einstellung im menschlichen Leben den Willen zum Sinn. Auch wenn die Verhältnisse scheinbar oder wirklich ausweglos sind, verbleibt Mann oder Frau in jeder Lebenssituation ein Entscheidungsfreiraum: die Möglichkeit in sinnvoller Weise auf die Verhältnisse zu antworten. Dies kann durch Handlung oder Haltung geschehen. Dabei ist die geistige Dimension des Menschen, seine Freiheit und seine Verantwortung zentral. In extremen Lebenssituationen mit sehr schwierigen Verhältnissen, kann das Individuum seine Bewertungen verändern und damit den Grundstein zu neuen Perspektiven und Entwicklungen legen.
Die Familientherapeutin Rosmarie Welter-Enderlin (1999, 84) arbeitet mit der Bedeutungwelt der hilfesuchenden Männer und Frauen. „Der Begriff Bedeutungswelt bezieht sich auf die Art und Weise, wie Menschen Sinn machen aus dem, was vorgegeben ist (ihre ethnische Zugehörigkeit beispielsweise) oder aus dem, was ihr Leben beeinträchtigt (ein unruhiger Säugling kommt zur Welt) oder was ihnen zustößt".

In der von Viktor Frankl entwickelten Logotherapie steht die Frage nach dem Sinn im Mittelpunkt. Dabei ist nicht „der Sinn des Lebens" gemeint, sondern der konkrete jetzige Sinn meines individuellen Lebens.
Im Konzentrationslager konnten Menschen überleben, die an eine Zukunft geglaubt haben. Wie Friedrich Nietzsche es ausdrückt: Wer ein „Warum" zu leben hat erträgt fast jedes „Wie". Ein Warum, das ist der Lebensinhalt oder Sinn, das Wie sind die Lebensumstände. Dieser Sinn mußte in der schrecklichen Umgebung eines Konzentrationslagers Leiden und Sterben miteinbeziehen. Der Sinn ist der allerkonkresteste Sinn des persönlichen Daseins. So war ein Lagerinsasse eines Konzentrationslagers für seine wissenschaftliche Arbeit unersetzbar, der andere unaustauschbar innerhalb der Liebe seiner Tochter. Beides wurde zum Inhalt des Lebens und damit zum Sinn.
Die existenzanalytische Logotherapie setzt positives Ziel: den konkreten Menschen in seiner konkreten Situation zu der einmaligen und einzigartigen Aufgabe seines Lebens zu führen. Eine Hinführung zur selbständigen Verantwortlichkeit. Damit steht die Logotherapie im Gegensatz zu anderen Therapieverfahren, die an negativen Erfahrungen arbeiten. Je nachdem, wie ein Individuum sein Schicksal einschließlich der Vergangenheit gestaltet oder bewältigt, oder sich gar

mit ihm versöhnt, kann es Einstellungswerte verwirklichen (Frankl 1996, 169ff). Zentral ist dabei das Bezogensein des Individuums. „Zum Wesen des Menschen gehört das Hingeordnet- und Ausgerichtetsein, sei es auf etwas, sei es auf jemand, sei es auf ein Werk oder auf einen Menschen, auf eine Idee oder auf eine Person....nur in dem Maße, in dem der Mensch geistig bei etwas oder bei jemandem ist - nur im Maße solchen Beiseins ist der Mensch bei sich". Der Mensch ist dazu da, erkennend und liebend sich hinzugeben (Frankl 1996, 132).

In dieser Suche nach Sinn hat das Leiden explizit seinen Platz. Es kommt darauf an, wie man ein Leiden leidet. Leiden heißt wachsen, reifen und leisten, aber auch reicher werden. Der Mensch, der leidend zu sich selbst heranreift, reift der Wahrheit entgegen. „Das Leiden macht den Menschen hellsichtig und die Welt durchsichtig. Das Sein wird transparent in eine metaphysische Dimensionalität" (Frankl, 1996, 188/189).
Unsere sinnvolle Lebensleistung kann ebenso im Leiden wie in der Arbeit abgeleistet werden. Leiden kann in eine menschliche Leistung transformiert werden und damit ist das Leben bis zuletzt sinnvoll gestaltbar. Ich erinnere mich hier an meinen 89jährigen Onkel, der an einem den Darm verschließenden Krebs litt. Er hat seine Entscheidungen bis zuletzt bewußt gelebt und kurz vor seinem Tod eine weitere Intervention entschieden abgelehnt. Er hat mich, beeindruckt von seinem würdigen Abschied, zurückgelassen. So konnte eine Tragödie in einen Triumph umgestaltet werden. Er hat seine Krankheits- und Lebensgeschichte bis zum Schluß aktiv mitgestaltet.

Auch Abschied und Tod haben ihren Platz. Ein Etwas oder eine Person, die wir zurücklassen können, mit denen „wir einen Sinn und uns selbst erfüllen, an dem Tag, an dem unsere Zeit erfüllt ist" (Frankl 1996, 188). Dem Sinn, der sich aus Kranksein und Sterben ergibt, kann alle äußere Erfolglosigkeit und alles Scheitern in der Welt nichts anhaben, es geht hier um einen inneren Erfolg. Erst, wenn man „Gott zuliebe habe ich es getan" sagen kann, „kann man ja zum Leben sagen trotz allen Bedingungen und Umständen, auch unter mißlichsten und ungünstigsten" (Frankl 1996, 166). Viktor Frankl plädiert für eine personalisierte Religiosität, „aus der heraus jeder zu seiner persönlichen, seiner ureigensten Sprache finden wird, wenn er sich an Gott wendet" (1996, 199).

Anne Morrow Lindbergh schreibt bei einem Besuch der Tierschutzreservate in Ostafrika: „Vielleicht rührt etwas von der ungeheuren Erneuerung an Energie, die man in Ostafrika erfährt, daher, daß man dort an seinen eigenen Platz im Universum zurückverwiesen wird, als ein Tier neben anderen Tieren ... Im Akt des Sehens vollzieht sich etwas

Schöpferisches - unsere Phantasie macht einen Sprung. Halb ist man am Leben anderer Geschöpfe beteiligt, hat an ihrem Handeln teil. ... Man wird still in ihrer Stille, die vor Leben zittert wie die Stille einer Flamme. In diesem Augenblick des Teilhabens ist Verbindung hergestellt - oder man wird sich ihrer bewußt. Dieser Akt der Einfühlung ist ein Akt der Huldigung gegenüber dem Leben in einem anderen Geschöpf. ... Durch diesen Akt, wie durch jeden Akt der Einfühlung, wird man reicher. Denn jeder Akt der Huldigung gegenüber dem Leben, wo immer er auch geschieht, ist seinem Wesen nach religiös" (1999, 93/97).

4.5.4 Die Kraft der Rituale

Rituale können helfen den ureigenen Hoffnungsfaden, einen Weg zur inneren Quelle – wie der Autor und Priester Pierre Stutz es ausdrückt – zu finden (1998, 10). Rituale beziehen dabei ausdrücklich unsere Gefühle mit ein. Sie können im Alltag zu einer Zeit und einem Ort der Ruhe werden. Typische Rituale finden beim Zubettbringen von kleinen Kindern statt. Das Geschichtenerzählen oder der Gute-Nacht-Kuß beendet den Tag und leitet die Nacht ein. Sie helfen den Kindern im Umgang mit der Angst vor der Nacht. Sie geben Sicherheit.

Der Benediktiner Anselm Grün (1997, 11) formuliert: „Rituale bringen Ordnung in mein Durcheinander und helfen mir, achtsam und bewußt zu leben". Frauen, Männer und Kinder sind sehr erfinderisch im Finden von Ritualen. Sie helfen einerseits im Umgang mit Angst, Depression oder Ärger, aber sie zeigen auch Wege auf. Sie können eine heilsame und belebende Wirkung haben und das Gefühl von Sinnhaftigkeit des Lebens geben. Rituale sind ein Ausdruck des Miteinander. So schafft beispielsweise das Ritual der Begrüßung Gemeinschaft.

„Jeder Mensch entwickelt in seinem Leben Rituale, etwa wie er seinen Tag beginnt und beschließt, wie er seine Arbeit vorbereitet und durchführt und wie er seinen Feierabend gestaltet. Andere lassen sich Zeit am Morgen. Sie spüren sich in den Tag hinein, öffnen das Fenster und atmen bewusst die frische Luft ein. Sie halten ihre offenen Hände dem Tag entgegen". Morgenrituale entscheiden, ob wir den Tag aktiv leben oder eher gelebt werden (Grün 1997, 47ff).

Auch in der Gesund-Seins-Arbeit lassen sich Rituale einsetzen: an einem festen schönen Ort wie einer geschmückten Zimmerecke zu einer festen Zeit ein tröstendes Buch lesen oder Meditationsübungen machen.

Rituale verbinden auch mit der kollektiven Geschichte, da ihre Ursprünge weit zurückreichen. Rituale wirken nicht, indem wir sie verstehen, sondern indem wir sie tun. Sie erschließen in Krisen und Gefahr Lebenspotential (Grün 1997, 45). Rituale lassen sich aber bewußt gestalten und in den Tag integrieren. Was tut mir gut? Was macht mir Freude? Wie kann ich meine Pausen erholsam gestalten?
Die Kraft ritueller Handlungen liegt im einfachen Mitvollzug. Rituale sind dazu geeignet, die Komplexität von Situationen zu reduzieren. So gibt es typische Rituale für Begrüßung und Verabschiedung. Auch in belastenden Situationen wie der Beerdigung eines geliebten Menschen helfen Rituale. Evan Imber-Black schlägt auch für die Familientherapie die Einführung von Ritualen vor. So können beispielsweise Beendigungsrituale helfen, wenn die Familie sich nicht von der Therapeutin lösen kann. Dies können beispielsweise kleine Geschenke sein, die Hoffnung auf die Zukunft machen oder die Unterschrift von allen unter einen angefertigten Bericht (1997, 206/216).

Rituale können aber auch krankmachend wirken. Dort, wo sie die zwanghafte Struktur eines Menschen verstärken oder wo sie als Massenrituale mißbraucht werden, um Menschen zu manipulieren und sie in eine Massenhysterie zu führen (Grün 1997, 21).

4.6 Arbeit zum Sein

„Arbeit ist ein grundlegendes soziales Bedürfnis, sie ist Voraussetzung menschlicher Existenz und gesellschaftlicher Organisation. Sie prägt entscheidend die Beziehungen der Menschen untereinander wie auch die Persönlichkeitsentwicklung. Über ihre gesellschaftliche Anerkennung bilden sich individuelle Identität und Selbstwertgefühle. ... Arbeit bedeutet Strukturierung des Tages und der Woche, Möglichkeiten zu sozialen Kontakten" (Waller 1995, 40). Damit hat Arbeit einen deutlichen Bezug zum menschlichen Wohlbefinden oder Unwohlsein.

Das moderne, vom Industriepatriachat geprägte Denken mißt den Wert eines Menschen am Marktwert seiner Arbeitskraft. In einer automatisierten Welt wird die Ware „Arbeitskraft" zunehmend überflüssig.
Unser Verhältnis zur Natur ist nicht mehr auf ein Miteinander ausgerichtet, sondern auf die Herrschaft über die Natur. Dies zeigt sich auch in der Arbeit. Die herrschenden, immer globaleren Firmenmanager geben den Ton an. Sie fragen in erster Linie nach wirtschaftlichem Profit, nach einer immer größeren Anhäufung von Kapital. „Eine profitorientierte Gesellschaft verbindet mit Arbeit Haben statt Sein, Besitzen statt Teilen, etwas zu kriegen, statt zu reifen" (Sölle 1999, 151). Es geht darum, immer mehr zu produzieren, um immer mehr zu verkaufen. Die Produktivität pro Arbeitsstunde ist in der Bundesrepublik zwischen 1910 und 1980 um 1500 Prozent gestiegen (Reheis 1998, 152).
Der Konsumwahn der Reichen muß befriedigt werden. Die Arbeitenden werden diesen Zwängen unterworfen. Mit Durchschreiten der Fabriktore beginnt ein anderer Zeitrhythmus als der eigene, man verliert das Verfügungsrecht über die Zeit, wird einem fremden Zeitschema, das ausschließlich von Maschinen und dem Fließband bestimmt ist, unterworfen, das eigene Zeitempfinden wird zerstört. „Unsere Existenz als zeitliche Wesen verlangt danach, unsere Zeit zu gestalten und rhythmisch zu gliedern, wie wir es im Ein- und Ausatmen tun. Aber die meisten Arbeitsvorgänge laufen diesen natürlichen Lebensrhythmen zuwider. Daran hat auch die gegenwärtige Umstrukturierung der Unternehmen durch die Informationstechnologie nichts geändert, im Gegenteil! Für die verbleibenden Beschäftigten erhöht sich die Produktionsgeschwindigkeit, und der Rhythmus der neuen Arbeitsabläufe entfernt sich immer mehr von dem der menschlichen Körper... So wächst der Streß, die psychische Belastung und zugleich die Angst, den Job zu verlieren" (Sölle 1999, 87). Durch die Arbeit am Computer kommt häufig auch das Miteinander zu kurz.

Das neue Zauberwort von der Flexibilisierung der Arbeitszeit wird von

Anforderungen aus der Produktion gefüllt: wenn es mehr Aufträge gibt, dann ist Mehrarbeit angesagt, wenn weniger, dann Freizeit.
Diese Ausführungen entsprechen den von Toni Faltermaier et al. (199, 136ff.) erhobenen Aussagen von Laien: der Beruf wird überwiegend als Gesundheitsrisiko betrachtet, positive Aspekte der Arbeit werden nur selten genannt. Im Vordergrund stehen Termin- und Zeitdruck sowie interpersonale Konflikte. Die Befragten gehen davon aus, dass die Belastungen des Berufes in der Freizeit regeneriert werden müssen.

Drei Bedingungen kennzeichnen gute, gelingende Arbeit: das Verhältnis zum Produkt oder Ergebnis, die Beziehung der Arbeitenden zu sich selber und ihrem eigenen Lebensrhythmus, die Beziehung zu anderen Mitarbeitenden (Sölle 1999, 85). Am Produkt oder Ergebnis der eigenen Arbeit muß eine aktive Beteiligung möglich sein. Arbeit und Freizeit müssen gemäß dem Eigenrhythmus gestaltbar sein. Kooperation statt Konkurrenz sollte das Motto in der Mitarbeit sein. Fritz Reheis schlägt als neues Modell einen Reflexionstag in der Woche vor, wo das Getane durchdacht und Strategien für die Zukunft gemeinsam entwickelt werden (1998, 220). Selbstbestimmte Arbeit kann nur dort stattfinden, wo Macht im Sinne des Empowerment als Ermächtigung der Arbeitenden stattfindet. Nicht als Herrschaftsmacht der Arbeitgeber über die Arbeitnehmerinnen. Aufgabenvielfalt, Entscheidungsspielraum, Transparenz der Arbeitsvollzüge und der Betriebshierarchien sowie kollegiales Betriebsklima sind wesentliche Faktoren für Arbeitszufriedenheit und Selbstwert. Auch die Bestimmungen des Arbeitsschutzes sowie eine individuelle Pausengestaltung haben Auswirkung auf das Gesundsein (Waller 1995, 40).

Zu einem Umdenken kann die Befreiung vom lohnfixierten Denken von Arbeit führen: Arbeit ist in sich selbst sinnvoll, insofern sie Leben erhält, bereichert und zu einer Fülle kommen läßt. In diesem Sinn muß ein Mensch ohne bezahlte Arbeit nicht mehr arbeitslos sein. Auch das Spiel eines Kindes oder das Lernen einer Schülerin ist dann wertvolle Arbeit, die Persönlichkeitsentwicklung und Selbstbestimmung zuläßt. Hausarbeit könnte als wert- und wohlstandssteigernde Größe verbucht werden.

Setzen wir dagegen Arbeit in Beziehung zu Bezahlung, dann wird Arbeit zur Ware, die nur Bedeutung auf dem Arbeitsmarkt hat. Gute Arbeit ist dann gutbezahlte Arbeit, schlechte Arbeit ist schlecht bezahlte, und unbezahlte Arbeit, wie Hausarbeit der Frauen ist gar keine Arbeit. Zudem wird Arbeit, die immer wieder getan werden muß, wie das Kochen, Waschen oder Putzen gering gewertet, obwohl sie für das Alltagsleben unverzichtbar ist. Hochbewertet ist

dagegen Außerordentliches wie der Flug zum Mond, der nur sehr wenigen zugute kommt. Im Bereich der Gesundheitsförderung, der Pflege und Betreuung gäbe es einen großen Bedarf und damit Arbeitsplätze, die aber nicht geschaffen werden, da sie als zu teuer gelten.
Das Produktivitätswachstum könnte nicht primär zur Ausdehnung der Produktion, sondern zur Ausdehnung der freien Zeit verwendet werden, anstelle des Wohlstandes an Gütern tritt dann ein Wohlstand an Zeit. Unsere Gesellschaft sucht jedoch nach einer permanenten Ausdehnung der Arbeitszeit.

Lohnkosten gelten zunehmend als unbezahlbar. Alternative Sparkonzepte werden kaum bedacht. Dabei könnte viel Geld bei Verzicht auf Werbung gespart werden: die Güter sind 30 bis 50% billiger. Durch eine Produktion von Waren, die nicht immer schneller kaputt gehen, werden Zeit und Geld gespart (Reheis 1998, 203/205). Viele unserer Bedürfnisse werden in der derzeitigen Welt in das Bedürfnis nach Geld verwandelt. Gefragt ist nicht mehr der Gebrauchswert einer Ware im Sinne der Befriedigung der Grundbedürfnisse von Frauen, Männern und Kindern, sondern der Tauschwert im Sinne des Geldwertes. Die Werbung verspricht im Konsum die Befriedigung auch spiritueller Bedürfnisse: Sprüche wie „Sie werden das Paradies finden", „wir erschaffen für Sie", „Sie werden erlöst von.." benutzen dazu eine religiöse Sprache nach dem Motto, „nur wer kauft, kann gerettet werden". „Der Wert von Menschen wird immer mehr von ihren Beziehungen zum Geld abhängig gemacht. Die Werbung reduziert alles menschliche Tun auf die Produktivität und den Konsum von Dingen" (Sölle 1999, 175). Wenn es dagegen zu gemächlicheren, sinnlichen und lustvollen Formen der Bedürfnisbefriedigung kommt, führt dies zu einer Verminderung des kompensatorischen Konsums.

Theologisch gesprochen, so Dorothee Sölle, ist Arbeit das Symbol für den unablässig weitergehenden Prozeß der Schöpfung. Entfremdung durch entfremdete Arbeit ist ein Angriff auf die Schöpfung (1999, 105). „Wir wachsen an unserer Arbeit, mit unserer Arbeit. Dieser Gedanke gibt dem arbeitenden Menschen ... seine Würde zurück und weist auf das Streben nach Vollkommenheit und Kreativität hin, das für menschliches zielgerichtetes Handeln konstitutiv ist. Verstehen wir das Leben als Schule, in der wir uns üben, mehr aus uns zu machen, als wir jetzt sind, dann wird Arbeiten zu kreativer Praxis.
Sinnvolle Arbeit eröffnet die Chance, unsere Fähigkeiten zu nutzen und weiterzuentwickeln... Arbeiten sollte unser Leben mit Freude füllen" (Sölle 1999, 124). In diesem Sinn muß Arbeit gut für die Arbeitenden sein. Arbeit ist dann ein schöpferischer Prozeß, der alle Fähigkeiten – emotionale, intellektuelle und praktische – des Individuums einbezieht, also auf die Ressourcen des Individu-

ums ausgerichtet ist. Dabei können spielähnliche Situationen unsere Fantasie und Kreativität am meisten beflügeln. Anstelle der Planung von Arbeit und Freizeit könnten Inseln der Spontanität treten. Dann ist nicht mehr der Ingenieur, sondern die Bastlerin gefragt. Arbeit hätte den Charakter des Spiels, in dem es um die Entdeckung der äußeren und inneren Welt, um das Ausprobieren von Möglichkeiten und Grenzen geht. So entstehen Räume, in denen wir den Augenblick genießen können, in dem die Zeit nicht gezählt und gemessen werden muß, sondern einfach vergeht. An die Stelle des rastlosen Arbeitens, das aufgrund des ständigen Wachstumszwangs ohne echten Anfang und ohne echtes Ende ist, wird ein zyklisches Lebensgefühl treten mit lustvollen Pausen und Wiederholungen, mit Anfang und Ende, mit dem Feiern von Festen zum Abschluß der Zyklen (Reheis 1998, 147/206).

Arbeit ist aber immer auch Mit-Arbeit und hat somit einen sozialen und gesellschaftlichen Bezug. Mit-Arbeit in Solidarität mit anderen und der Natur. Das Gefühl gebraucht zu werden kann eine sinnvolle Arbeit vermitteln. Derzeit entstehen immer neue selbstorganisierte Initiativen, die sich ein gemeinsames Thema, das häufig gesundheitsrelevant ist, stellen. Dies kann beispielsweise die Umwandlung einer Straße in eine verkehrsberuhigte Zone sein. Initiativen von BürgerInnen können dabei durchaus als Alternative zur Berufsarbeit gedacht werden. Sie vermitteln den aktiv beteiligten Menschen ein unmittelbares Gemeinschaftsgefühl (Herriger 1997, 123). Durch diese Art von Arbeit können Beteiligte zudem einen Einfluß auf politische Entscheidungen (rück)gewinnen. Fritz Reheis schlägt dafür den Begriff Eigenarbeit im Gegensatz zur Fremdarbeit im Betrieb vor. Eigenarbeit lebt von der gegenseitigen Unterstützung. Sie könnte zur Versorgung in der Pflege oder auch im Handwerk eingesetzt werden. Jedoch steuert die Industrie gegen, da sie KundInnen verliert. So können moderne Autos nur noch in hochspezialisierten Werkstätten repariert werden, nicht mehr von kundigen Freunden. Ziel der Dienstleistungen in Eigenarbeit ist die wechselseitige Befriedigung der Bedürfnisse. Die Betonung liegt dabei nicht auf dem Produkt, sondern auf dem Prozeß, der sich entwickelt (Reheis 1998, 171ff).

Eigenarbeit in Eigenzeit leisten – ein interessantes Thema für die Zukunft.

5. Integrative Gesund-Seins-Förderung auf dem Weg zu einer neuen Heilkultur

Den Weg zur Gesund-Seins-Förderung habe ich für mich aus meiner Geschichte gefunden: aus meiner individuellen Biografie, in der ich die Entpersonalisierung und Defizitorientierung der Medizin, aber auch der Sozialen Arbeit und Pflege, immer wieder erleben mußte und aus der Beschäftigung mit dem Konzept der antiken Diätetik.

„Was, schlafen müssen Sie? In ihrem Alter habe ich nur gearbeitet", war ein Ausspruch meines ersten Chefs als ich nach einem mehr als 32stündigen Dienst im Krankenhaus zu sagen gewagt habe, ich sei müde.

Am Ende meiner Habilitationsschrift stand ein Dank an „alle Patientinnen und Patienten, die ich auf ihrem Weg begleiten durfte. Ich habe viel von ihnen gelernt". Mein Vater sagte mir, das sei der schönste Satz in dieser Arbeit. Der Ordinarius bemerkte als erstes, ohne den Inhalt der Habilitationsschrift zu kennen: „Das muß da raus. Das gehört nicht in eine wissenschaftliche Arbeit". In meiner Ausbildung habe ich kaum über die vielfältigen Funktionen der Haut gehört, sondern überwiegend über deren Nicht-Funktionieren. Als ich das Buch „Die Regelkreise der Lebensführung" entdeckte und in Gerhard Vescovi einen Kollegen, der seine Person in sein Arztsein integriert und ein umfassendes Verständnis des Gesund-Seins hat, wußte ich auf welchem Weg ich weitergehen wollte.

Um deutlich zu machen, dass es um eine Förderung des Gesund-Seins von Frauen, Männern und Kindern geht, habe ich den Begriff der Gesund-Seins-Förderung eingeführt. Es geht um **Sein, statt um Haben**.

Die Gesund-Seins-Förderung als wegweisender Zugang für die Unterstützung von gesunden, kranken, behinderten und sterbenden Männern, Frauen und Kindern bedarf einer interdisziplinären Kooperation oder eines transdisziplinären Denkens und Handelns. Die drei Disziplinen Soziale Arbeit, Medizin und Pflege, mit denen ich mich in den letzten zwanzig Jahren beschäftigt und intensiv auseinandergesetzt habe, sind hier besonders gefordert.

Die drei betrachteten helfenden Berufe befinden sich im Spannungsfeld von selbstloser Hilfe und emotionaler Begleitung einerseits und rationalem Wissenschaftswissen andererseits. Weitere gemeinsame Ambivalenzen, die sich in diesen drei Berufsfeldern ergeben, sind Hilfe versus Kontrolle, Defizit- versus Ressourcenorientierung, Lebensgeschichte versus Fallgeschichte, Selbstbefähigung versus Technikabhängigkeit (Mühlum et al. 1997, 129/183). Auch die zunehmende Diskussion „Wettbewerb versus Solidarität" betrifft die drei Disziplinen in ähnlicher Weise.

Die Synthese von neuen ressourcenorientierten, auf Partizipation ausgerichteten Konzepten aus Sozialer Arbeit, Medizin und Pflege kann den Weg zu einer Integrativen Gesund-Seins-Förderung aufzeigen.
Soll unser Gesundheitssystem tatsächlich das Gesund-Sein von Individuen in den Mittelpunkt stellen, muß es sich vom defizitorientierten Krankheitssystem entfernen. Der Blick wird sich auf das menschlich Wünschbare statt auf das technisch Machbare verändern müssen.
Soziale Arbeit, Medizin und Pflege beschäftigen sich mit dem Gesund- und Krank-Sein von Individuen. Sie müssen dabei die Beziehungen zur Mit- und Umwelt im Blick behalten.

Den Begriff **Integrative** Gesund-Seins-Förderung habe ich gewählt, um deutlich zu machen, dass es sich um ein Ganzes, und nicht um die Nebeneinanderstellung von fachspezifischem Wissen handeln muß. Im Sinne des Wortes „Integration (lat. Wiederherstellung eines Ganzen) allgemein (Wieder)Herstellung einer Einheit; Einbeziehung, Eingliederung in ein größeres Ganzes" (Brockhaus 1997b, 586).

Um das Umfassende zu betonen, bietet sich auch der Begriff „heil" an. Das Heil verweist in allen alten Sprachen auf das unteilbare Ganze der menschlichen Existenz, auf die Integrität des Menschen. So bedeutet gotisch „hails" gesund und gotisch „hailag" heilig. Daraus wird die Nähe zur spirituellen Dimension deutlich. Weitere Wurzeln sind in angelsächsisch „hal" gesund, unverletzt und angelsächsisch „hæl" gesund, unversehrt, gerettet. Heilen zielt auf eine Wiederherstellung der Ganzheit, die auf das Ganze des Lebensentwurfs zielt und die auch Restfähigkeiten noch so zu mobilisieren vermag, daß eine optimale Lebensbilanz bleibt.
Die Hilfe in der Notlage des Krank-Seins kam in der Geschichte von sehr verschiedenen Berufsgruppen. „Zum Heilungsgeschäft berufen fühlte sich zunächst jedermann, der es besser konnte als andere, den man folglich rief, wo Not am Mann war oder an der Frau. So galten als heilkundig begabt: weise Frauen, charismatische Schamanen, initiierte Medizinmänner, auch Bauern und Schäfer; später erst traten besondere Gruppen von Pflegern und eigene Berufsklassen von Helfern auf, darunter - auffallend spät erst - die Ärzte" (Schipperges 1990, 23).
Die spirituelle Komponente wird in diesem Begriff betont. Heiler und Heilerinnen arbeiten mit Ritualen oder Zeremonien, sie berücksichtigen die geistige Dimension. Zudem ist die Aktivierung der Heilkräfte des Organismus diesem Ausdruck immanent. Ein herausragendes Charakteristikum der schamanischen Auffassung von Heilen ist der Glaube, dass menschliche Wesen integrale

Bestandteile eines geordneten Systems sind. Dementsprechend mißt die schamanische Heilkunde der Wiederherstellung der Harmonie, des Gleichgewichtes innerhalb der Natur, in den menschlichen Beziehungen und in den Beziehungen zur spirituellen Welt eine große Bedeutung bei (Capra, 1983, 342).

5.1 Integrative Heilkulturen in der Geschichte

In der klassischen Heilkultur steht an oberster Stelle die Beachtung der Lebensordnung und Lebensführung, die Diätetik (Schipperges 1990, 81). Die Diätetik ist die Lehre von einer Lebensweise, die auf das Wohlbefinden ausgerichtet ist. Nicht in unserem heutigen reduktionistischen Sinn des Wortes Diät: möglichst wenig essen. Diaita meint dabei vor allem die Gestaltung der Lebensweise, das Gleichgewicht der Lebensbedürfnisse und das Haushalten mit den Lebensmitteln durch eine bewußte Öko-nomie. Nomos ist dabei die Kunst der Steuerung des Haushaltens (oikos) in eine für den Menschen nützliche Richtung (Ökonomie).

In der Heilkunde konnten die Möglichkeiten an der eigenen Natur studiert werden, so dass diese zum Ausgangspunkt für die Entwicklung von Vorstellungen über ein geordnetes Zusammenleben von Menschen in einem gemeinsamen Staatswesen gemacht werden konnte und als Kern einer praktischen Lebens-Philosophie galten. Der Philosoph und Arzt wurde dadurch zum Fachmann für die Kultur der Natur, zum Hüter der Gesundheit und zum Helfer gegen Krankheiten (Mühlum et al. 1997, 83). Der damals ausschließlich männliche Arzt befaßte sich auch mit seiner eigenen Lebensgestaltung, etwas das heute im Studium ausgespart wird.

Der tägliche Lebenslauf wird in eine Naturphilosophie integriert, die den Tagesablauf nach festen Regeln gestalten lassen sollte.

Am Ende des 4. Jahrhunderts vor Christus schildert Diokles von Karystos den idealen Tagesablauf wie folgt:
„Die Pflege der Gesundheit beginnt bereits mit dem Aufwachen. Man soll früh erwachen, aber nicht eher aufstehen, als bis sich Schwere und Benommenheit der Nacht verflüchtigt haben. Wer jung und rüstig ist, sollte möglichst vor Sonnenaufgang einen Spaziergang machen. Nach dem Aufstehen massiere man Nacken und Kopf und reibe den ganzen Körper mit Öl ein. Zur gründlichen Morgentoilette gehören neben der Entleerung des Darmes auch das Waschen des Gesichtes mit kaltem, reinem Wasser und das

sorgfältige Bürsten der Zähne, ferner das Ölen von Nase und Ohren, das Rasieren und Kämmen. Nach dem Frühimbiß kümmert man sich eine Weile um seine häuslichen Angelegenheiten bis es Zeit wird, ans Tagewerk zu gehen: Die Älteren begeben sich zum Training ins Bad, die jüngeren aber zu festgelegten Leibesübungen ins Gymnasion. Gegen Mittag nimmt man je nach Jahreszeit ein leichtes Mahl ein, das aus Brei, Honig und Brot sowie etwas gekochtem Gemüse besteht und zu dem man mäßig Wein und Wasser trinkt. Unmittelbar nach dem Essen soll man sich an einem schattigen, windgeschützten Platz zu einem kurzen Schlaf niederlegen. Nach der Siesta kümmert man sich wieder um seine Geschäfte, macht einen Spaziergang oder geht ins Gymnasion. Den Übungen schließen sich kaltes oder heißes Bad an sowie Massage und Ölungen. Vor Sonnenuntergang nimmt man dann zu Hause die Hauptmahlzeit ein, die mit rohen Gemüsen beginnt und über Brot und Gerstenbrei mit Gurken und Merrettich beendet wird. Auch gekochter Fisch, Hühner und Täubchen, gekochtes Lamm- und Schweinefleisch werden geboten, jetzt auch weißer und roter Wein" (zit. nach Schipperges 1990, 85).

Galen, ein bedeutender Arzt der griechischen Römerzeit sieht als vornehmstes Ziel der Heilkunst das Gesund-Sein zu erhalten und zu bilden. Er stellt eine Theorie der Gesundheit auf, die sich mit den Regelkreisen Licht und Luft, Essen und Trinken, Bewegung und Ruhe, Schlafen und Wachen, dem Stoffwechsel und den Gemütsbewegungen beschäftigt. Der Regelkreis Licht und Luft bezieht die natürliche Umwelt als erstes und wichtigstes Feld mit ein. Der Mensch in seiner ganz spezifischen Umwelt lebt in einer Welt, die an der Haut beginnt und draußen im Kosmos endet. Der Regelkreis Essen und Trinken befaßt sich mit der Kultivierung der Lebensmittel. Der dritte Regelkreis dient der inneren Ausgewogenheit im Wechselspiel von Bewegung und Ruhe, von Arbeit und Muße. Auch Schlafen und Wachen, der Wechsel zwischen Aktion und Kontemplation ordnen die Zeit im Rhythmus. Im fünften Regelkreis geht es um die tägliche Pflege des Körpers. Der letzte Regelkreis beschäftigt sich mit der Beziehung zu anderen. Bei Betrachtung der alltagsbezogenen Diätetik wird deutlich, dass sie Elemente der Sozialen Arbeit, die den Blickwinkel auf das Indviduum in seiner Umwelt richtet, der Pflege mit dem Blickwinkel der Unterstützung bei den Aktivitäten des täglichen Lebens und einer anthropologisch orientierten Heilkunde als Medizin integriert. Dieses Verständnis ist geprägt von einer Integration naturwissenschaftlicher, sozialwissenschaftlicher und geisteswissenschaftlicher Komponenten.

5.2 Spaltung der Disziplinen im gesellschaftlichen Wandel

Im 17. Jahrhundert kommt es zunehmend zu einem mechanischen Verständnis des Menschen (s. 2). Dem Verständnis des Körpers als eine Maschine folgt die Ausrichtung der Medizin auf dieses Denken. Die modernen Naturwissenschaften entstehen, in denen es auf eine Erklärung mit quantitativen, mechanischen Methoden ankommt und die Medizin beschränkt sich immer mehr mit Abweichungen und Defiziten der Maschine Körper. Sie vergißt das Seelisch-geistige und Soziale immer mehr. In der Folge bilden sich neue Berufe heraus: die Soziale Arbeit, die sich der Nöte der Menschen in den Hospitälern annimmt, die Pflege als medizinischer Hilfsberuf oder die Psychologie. Naturwissenschaft, Sozialwissenschaft und Geisteswissenschaft schaffen ihr jeweils spezifisches Verständnis des Menschlichen und sind in Abgrenzungsbemühungen voneinander gefangen.

Die Beschränkung der Medizin auf die Betrachtung des individuellen kranken Körpers führt in unserem Jahrhundert dazu, dass sich eine Gesundheitswissenschaft etabliert, die ihre wichtigsten Wurzeln in der Sozialwissenschaft hat. Gesundheitswissenschaft versucht, die Spaltung der Disziplinen wieder aufzuheben, indem ein interdisziplinärer Diskurs befördert wird. Sie soll die Prozesse des kulturellen Wandels und der gesundheitsbezogenen Restrukturierung öffentlicher Organisationen und Institutionen empirisch fundieren helfen. Gesundheitswissenschaft ermöglicht einen transdisziplinären Wissenschaftsdiskurs und bietet den Rahmen für eine metatheoretische Reflexion grundlegender gesellschaftlicher Orientierungsprobleme. Dieser Diskurs ist gegenwärtig an den Fachhochschulen stärker verbreitet als an den Universitäten (Mühlum et al. 1997, 79).

Die Separierung und Spezialisierung betrifft auch den privaten Raum. In der Zeit der zunehmenden Industrialisierung wird der Umgang mit Gesund-Sein und Krank-Sein immer mehr aus dem Kontext der Familie herausgenommen und institutionalisiert, aus einer matriachalen in eine patriachale Struktur. Dort herrscht dann eine absolute Experten-Macht vor: das hilfesuchende Individuum wird zum Objekt.

Heute wird wieder vermehrt über eine Rückverlagerung der Aufgaben „nach Hause" diskutiert. Aus staatlicher Sicht vor allem mit dem Argument des Kostendruckes, eine sehr einseitige Betrachtung. Die zunehmende Bedeutung der häuslichen Pflege ist ein Ausdruck davon.
Dabei kommt es jetzt aber vermehrt zu Spannungen zwischen Expertinnen und Experten und Laien. Aber auch Männer und Frauen, die sich aus der absoluten

Fremdbestimmung der Institutionen wie Krankenhaus und Pflegeheim befreien wollten, haben nach Formen gesucht, wo umfassendere Selbstbestimmung möglich ist: Hausgeburten oder selbstbestimmte Wohnformen von Menschen mit Behinderung sind nur ein Ausdruck davon. Die große Bedeutung der Selbsthilfe-Bewegung im Gesundheitsbereich ist ein eindrucksvolles Zeugnis dieser Tendenzen der Deinstitutionalisierung.

5.2.1 Gesund-Seins-Förderung und Soziale Arbeit

Die Praxis Sozialer Arbeit bezog sich seit ihren Anfängen auf menschliche Bedürfnisse und auf die Entwicklung menschlicher Möglichkeiten und Ressourcen (United Nations 1994, 4). Eine zentrale Wurzel Sozialer Arbeit ist die Gesundheitsfürsorge, die sich aus freiwilligen Diensten von Frauen mit Beginn der Industrialisierung zunehmend zu einem Beruf entwickelt hat, in dem nach wie vor weit überwiegend Frauen tätig sind. Seit 1971 findet in Deutschland die Ausbildung an den Fachhochschulen statt, die sich durch einen engen Bezug der Lehre zur Praxis auszeichnen.

Dabei ist der Blickwinkel der Sozialen Arbeit stets das Individuum in seiner Umwelt. Daraus ergeben sich neben individuenzentrierten auch politische Aufgaben. Der Auftrag ist ein Beitrag zur Lebensbewältigung und zur sozialen Integration von Individuen und Gemeinwesen (Mühlum et al. 1997, 43/170). Systemtheoretisch formuliert Tilly Miller (1999, 85) als Aufgabe Sozialer Arbeit, „Systeme mit Blick auf ihre Funktionalität strukturieren zu helfen, in ihrem Ressourcenmanagement zu unterstützen, ebenso in ihrer Kommunikationsfähigkeit, ihrer Selbstreferentialität und Selbstorganisation und in ihrer Anpassungsfähigkeit". Soziale Arbeit in einem systemischen Verständnis leistet eine lebensbegleitende Unterstützungsarbeit, die Menschen in der Bewältigung ihrer Lebenspraxis professionell unterstützt, mit Blick auf Ressourcen, Kommunikation, Beziehungen und Kontakte, Integration und Teilhabe.

Derzeit ist aber die Leistungserstellung sozialer Wohlfahrt nahezu ausschließlich reaktiv organisiert. Das bedeutet, dass ein Handeln erst einsetzt bei einer bereits vorhandenen Störung. Und über diese Störung werden die Betroffenen definiert. SozialarbeiterInnen dominieren die Angebote. Wir haben eine expertInnenorientierte psychosoziale Versorgung, die der Beachtung der Rechte und der Kompetenzen der Hilfesuchenden methodisch und strukturell zu wenig Raum läßt und das Individuum zu einem belieferungsbedürftigen Mängelwesen macht (Stark 1996, 23). Soziale Arbeit läuft dabei Gefahr, abhängige

Klientinnen und Klienten zu erzeugen, statt mit autonomen KonduzentInnen zu kooperieren.

Eine Gegenbewegung kann hier durch eine Rückgewinnung des Politischen erfolgen z.B. durch BürgerInnenausschüsse oder Arbeitskreise mit politischem Mandat. Selbstorganisierte Initiativen bieten Beteiligten vor allem unmittelbare Begegnung zwischen Menschen und stellen ein Gemeinschaftsgefühl her.

Trotz der Betonung des ressourcenorientierten Arbeitsansatzes ist in der Praxis „unter der Decke modernisierter Sprachformen (ist) die Defizit-Perspektive ungebrochen". Zudem trifft das Expertensystem, das Einverständnis der Betroffenen meist ohne zu fragen voraussetzend, die Entscheidungen in Hinblick auf fachliche Diagnose, helfendes Interventionsprogramm, Falldefinition und Hilfeplan. Ebenso selbstverständlich wird eine aktive und produktive Mitarbeit im Vollzug der Hilfe, basierend auf rückhaltloser Offenheit erwartet. Daraus folgen zwangsläufig Asymmetrie, eine passive Rolle und die Zementierung von Machtlosigkeit mit der Delegation von Verantwortung (Herriger 1997, 70/71).

Betrachte ich die Ottawa-Charta zur Gesundheitsförderung (s.3.1) und den Auftrag der Sozialen Arbeit, so ergeben sich überwältigende Gemeinsamkeiten: Beide zielen auf einen Prozeß, der Menschen ein größeres Maß an Selbstbestimmung ermöglicht. Beide betonen sowohl die Sicht auf das Individuum als auch auf die Umwelt.

Die für die Gesund-Seins-Förderung erforderlichen Handlungsqualifikationen befähigen und ermöglichen, Interessen vertreten und vermitteln und vernetzen sind zentrale Aspekte in den meisten Handlungstheorien Sozialer Arbeit (Wendt 1990, 170; Germain-Gitterman 1988; Staub-Bernasconi 1994). Die Soziale Arbeit hat deshalb ihren ganz spezifischen Platz in der Gesund-Seins-Förderung. Gerade in einer Zeit, in der immer weniger allgemein akzeptierte gesellschaftliche und soziale Normen, sondern eine Vielfalt von Lebensstilen und Lebenswelten unser Leben bestimmen, kann das Ziel psychosozialen Handelns nicht mehr die „Normalisierung" sein, sondern die Entwicklung von Fähigkeiten, das Leben mit wenigen „normativen Halteschlaufen" zu gestalten. Die Vielfalt der Lebensstile muß dabei einer Vielfalt von Handlungsansätzen und Problemlösungen entsprechen. Empowerment und Selbsthilfe sorgen für autopoietische Handlungsmöglichkeiten (Stark 1996, 63).

Soziale Arbeit als Wissenschaft (Sozialarbeitswissenschaft) gehört zu den Sozialwissenschaften, die sich auf das „Erklären der Bedingungen und Zusammenhänge sozialer Praxis, auf das Handeln von Personen, Gruppen und Institutionen und generell auf die Bedingungen und die Bewältigung des Lebensalltags" konzentriert (Miller 1999, 9). Nach Mühlum et al. (1997, 255) sollte die Sozialarbeitswissenschaft an den Problemen der Praxis ansetzen, sie gedanklich-begrifflich präzisieren und unter Verwendung bewährter Theorien, auch aus den Bezugswissenschaften, systematisieren und als Interventionswissen der Praxis zurückgeben.

5.2.2 Gesund-Seins-Förderung und Pflege

Das althochdeutsche Wort pflegan: für etwas einstehen, sich einsetzen, sorgen für, betreuen und hegen macht deutlich, dass helfende Berufe eigentlich immer einen Bezug zur Pflege aufweisen. Bis vor zweihundert Jahren waren Heilen und Pflegen nicht voneinander getrennt. Mit der Dominanz von Chirurgie und Heilmittelkunde und der zunehmenden technischen Medizin kommt es zu einer Trennung. Dabei wurde der Pflegeberuf im 19. Jahrhundert als Dienstleistung für den ärztlichen konzipiert. Aus diesem Grund gibt es bis in die heutige Zeit massive Abgrenzungsprobleme von ärztlichen und pflegerischen Tätigkeiten.

Einer der ältesten Frauenberufe in der Heilkunde ist die Hebamme, bei der sehr deutlich wird, dass bei der Versorgung von schwangeren Frauen sowohl heilkundliche als auch pflegerische Fähigkeiten verlangt sind. Mit der Verlagerung der Geburtshilfe in die männliche Medizin (bis 1999 gibt es in der Geburtshilfe keine weibliche Lehrstuhlinhaberin in Deutschland!) ging eine Pathologisierung und Technisierung der Schwangerschaft einher. Der Beruf der Hebamme wurde entscheidend abgewertet.

Pflegekräfte sind mit einer Million Beschäftigten (mehr als 80% Frauen) die größte Gruppe im Gesundheitsbereich. Aber erst 1991 wurde der erste Fachhochschulstudiengang in Deutschland eingeführt.

Schon Florence Nightingale betont 1859 in ihrem Leitfaden für die Pflege: Pflege sollte vor allem darauf hinarbeiten, durch gesundheitsfördernde Umweltbedingungen die Gesundheitsentwicklung der zu Pflegenden zu beschleunigen (Mühlum et al. 1999, 60ff.). Hier wird der Mensch in seiner Umwelt gesehen.
In der Definition der Rolle und Funktionen der Pflegekraft spricht die Weltgesundheitsorganisation (WHO, 1995) von einer Hilfe für Individuen, einschließlich PatientInnen, Familien und Gruppen ihre körperlichen, seelischen und sozialen Fähigkeiten im Kontext der Umwelt, in der sie leben und arbeiten zu

entwickeln. Die Pflegekraft bedarf dazu der Kompetenz, Funktionen zu entwickeln und zu befördern, die sowohl Gesundheit fördern und erhalten, als auch Krankheit vorbeugen. Die Verbindung von professioneller Pflege mit Gesund-Seins-Förderung ist zukunftsweisend (s.a. Weidner 1995, 328).

Marianne Brieskorn-Zinke betont die Orientierung der Grundpflege am Alltag und an den Ressourcen der zu Pflegenden (1996, 65-70). Viele der derzeit gängigen Pflegemodelle weisen Schnittstellen zur Gesund-Seins-Förderung auf. Im Modell der Integrativen Gesund-Seins-Förderung kommt es darauf an, die Wechselwirkung und Vernetzung von Ressourcen und Aktivitäten des täglichen Lebens zu erkennen und in die Pflegepraxis umzusetzen. Auch hier muß die Betonung auf der Selbstbestimmung und Partizipation der zu Pflegenden liegen (s. auch Rieforth et al. 1994, 6).

In der Praxis haben die zu Pflegenden jedoch häufig nach wie vor einen Objektstatus. Sie werden zum gehorsamen Einfügen in die Krankenhausrituale und –hierarchien oder in das Zeitdiktat ambulanter Pflege gezwungen. In der ambulanten Pflege gilt das Diktat des Dienstplans und der Uhr.

Während sich die traditionelle Pflege an der Diagnose oder am Problem orientiert, hat gesund-seins-fördernde Pflege ihren Ausgangspunkt an den Ressourcen. Dazu bedarf es einer gemeinsamen Entscheidungsfindung von Pflege und Gepflegten. KonduzentInnen werden in den Pflegeprozeß mit ihrer Kompetenz, ihrem Wissen und ihrer Erfahrung miteinbezogen. Traditionelle Pflege ist dagegen Pflege am Individuum. Das Experten-Wissen liegt ausschließlich bei der Pflege. Gesund-seins-fördernde Pflege hat ein partnerschaftliches Miteinander zum Ziel. Sie ermutigt zu Unabhängigkeit und Autonomie.

Die Pflege als Beziehungs- und Berührungsberuf (Brieskorn-Zinke 1996, 129) kann den Körperkontakt zur Heilung einsetzen. Diese Nähe birgt sowohl Chance als auch Gefahr: das Gefühl von Nähe kann Geborgenheit vermitteln, aber es können auch Intimitäts-Grenzen überschritten werden. Diese Ambivalenz wird in der Ausbildung selten bewußt behandelt. Dabei ist es von immenser Bedeutung Grenzen zu respektieren. Die wohltuende Berührung kann nur in einem gegenseitigen Verständigungsprozeß von Pflegekraft und zu pflegendem Individuum ausgehandelt werden.
Durch die Betonung der Technik und der rationalen Elemente ist dieser Aspekt in den letzten Jahren immer mehr aus den Überlegungen verschwunden. So hilft die Pflegedokumentation einerseits einen Überblick über Handlungs- und Entscheidungsprozesse zu bewahren, anderseits geht dies auf Kosten der emo-

tionalen und körperlichen Zuwendung. Die wertvollen Begegnungen im Berühren – körperlich und emotional – gehen verloren.

Karin Martiny sieht in der Gesundheitspflege (obwohl noch unüblich in Deutschland) ein gleichwertiges Arbeitsfeld neben der Krankenpflege (1999, 2): durch die Orientierung an der krankheitsorientierten Medizin ist dieser Blickwinkel heute auch in der Ausbildung nahezu nicht vorhanden. In anderen europäischen Ländern, beispielsweise Finnland gibt es das Berufsbild der Gesundheitsschwester.

Der sich heute immer mehr entwickelnde Bereich der ambulanten Pflege zu Hause hätte die Möglichkeit, tatsächlich das Individuum in seiner Umwelt zu betrachten. Das Pflegeversicherungsgesetz sieht aber nur Leistungen vor, die sich auf die Funktionen des körperlichen Bereiches beschränken. Dies muß außerdem noch möglichst schnell im Minuten-Rhythmus der Uhr, nicht im Rhythmus der zu Pflegenden geschehen. Hier wird derzeit eine wertvolle Chance vertan.

5.2.3 Gesund-Seins-Förderung im Spannungsfeld von Medizin und Gesundheitswissenschaft

Nachdem die Medizin in der Antike die Erhaltung und Förderung des Gesund-Seins als wichtigsten Teilbereich erkannt hatte, verlor sie diesen Teil im Verlauf immer mehr aus den Augen. Seit Ende des 19. Jahrhunderts orientiert sich die Ausbildung und Tätigkeit der Ärzte am Leitbild des Bioingenieurs und Körperspezialisten auf der Grundlage eines naturwissenschaftlich und materialistisch geprägten defizitären Menschenbildes. Die Fragmentierung und Konkurrenz von 100 wissenschaftlichen medizinischen Fachgesellschaften und mehr als 40 Prüfungsfächer für Studierende zeigt die Ausrichtung (Mühlum et al. 1997, 93). Eine Einschränkung auf die Beschäftigung mit Krankheit, die immer mehr versachlicht und entmenschlicht wird, ergänzt die Spezialisierung. Das Lernen des Umgangs mit dem menschlichen Körper erfolgt am Anfang des Studiums an der Leiche im Seziersaal. Dabei gilt es, die emotionale eigene Betroffenheit auszuschalten und „zur Sache zu kommen". Ich selbst habe die ersten Stunden als eine Art Initiation in das gefühllose Mediziner-Sein erfahren.

Das Krank-Sein von Kindern, Frauen und Männern verschwindet hinter den Diagnosen. Aus dem Maschinenmodell des menschlichen Körpers, der mittels biochemischer und mechanischer Mechanismen funktioniert, folgt, dass die

Medizin je nach Diagnose chemisch mittels Medikamenten oder physikalisch mittels z.B. chirurgischer Methoden eingreift. Die zunehmende Spezialisierung und Aufgliederung in zahlreiche Fachgebiete mit der Überbewertung der technischen Diagnostik hat das Humane aus dem Blickwinkel verloren. Die weitere Spezialisierung auf rein körperliche Vorgänge führte zur Ausgrenzung des Seelisch-geistigen und Sozialen. In der Folge war und ist es logisch, dass sich andere Disziplinen dieser Fragestellungen annahmen.
Dabei kann die Entwicklung der Medizin nie isoliert betrachtet werden, sondern sie ist in jeder Zeit eingebunden in den gesamtgesellschaftlichen Kontext.

Als Gegenbewegung zur Medizin als krankheitsorientierte Naturwissenschaft bildete sich in den letzten Jahrzehnten eine sozialwissenschaftlich orientierte Gesundheitswissenschaft heraus, die den Blick auf seelische und soziale Fragen richtete und neben dem Individuum insbesondere die Verhältnisse einbezieht.
Die Kritik an der heutigen Medizin kommt inzwischen nicht nur aus anderen Fachrichtungen, sondern auch aus den eigenen Reihen. So konstatiert Heinrich Schipperges (1990, 17): „Was die moderne Medizin an Leben verlängert, ist lediglich die Zeitspanne zwischen Erkrankung und Tod. Kaum verlängert wurde das gesunde Leben bis ins Alter". Dies könnte ein schönes Ziel für die Medizin des 21. Jahrhunderts sein.

Auch die Nebenwirkungen der modernen Diagnostik und Therapie werden neben den Erfolgen oft nicht beachtet: die große Zahl der im Krankenhaus erworbenen Infektionen (nosokomiale Infektionen), bedrohliche und tödliche Erkrankungen durch Nebenwirkungen von Medikamenten oder eingreifenden diagnostischen Verfahren.

Die Medizin der Zukunft wird eine anthropologisch orientierte Heilkunde sein, die in eine ökologische Humanwissenschaft eingebettet ist. Die Medizin ist dabei als Handlungswissenschaft zu betrachten, die das Individuum in seiner Umwelt (ökologisch orientierte Medizin) zum Gegenstand hat. Dabei kann eine systemisch orientierte Naturwissenschaft mit einer ökologischen Orientierung wertvolle Grundlagen bieten. Die Heilkunde umschließt das Wissen um das Gesund-Sein. Das Menschenbild dieser anthropologischen Medizin wird auf einer umfassenden Philosophie der Leiblichkeit basieren (Schipperges 1990, 16).

Für kranke Männer, Frauen und Kinder wird anstelle der krankheitsorientierten Medizin eine alle Phänomene der menschlichen Leiblichkeit berücksichtigende Heilkunde treten, die neben Befunden insbesondere die Befindlichkeit gewichtet. Es wird um eine Ordnung dynamischer Beziehungen zwischen zeitlich ablaufenden Prozessen gehen, deren Elemente nicht mehr isolierte biochemische Strukturen sein werden, sondern Einheiten, die den Organismus mit seiner Umwelt und das Individuum mit seiner Mitwelt in Verbindung bringen. Krank-Sein ist dann kein Defekt im Mechanismus mehr, sondern die Antwort eines lebendigen Systems auf die Herausforderungen seiner Lebenswelt. In diesem Sinne kann die Medizin ein wichtiger Bestandteil einer modernen Gesundheitswissenschaft sein. Eine Gesundheitswissenschaft, die durch einen engen Subjektbezug gekennzeichnet ist und sich gegen die Versachlichung des Menschlichen zur Wehr setzt. Aaron Antonovsky hat bereits 1973 die Medical School in die Faculty of Health Sciences in Ber Sheva/Israel integriert.

5.3 Integrative Gesund-Seins-Förderung als neue Heilkultur

Der Ansatz der Gesund-Seins-Förderung zeichnet sich durch einen bewußten Bezug zu Ressourcen statt Defiziten und zum Subjekt in seiner Umwelt aus. Die Gesund-Seins-Förderung stellt einen Zugang dar, der für alle Menschen anwendbar ist: für gesunde, kranke, behinderte und sterbende Männer, Frauen und Kinder. Ein Problem der täglichen Praxis ist jedoch, dass heute beinahe jede(r) von Ressourcenorientierung spricht, aber (k)eine(r) tut es!
Ausgangspunkt für eine Integrative Gesund-Seins-Förderung mit KonduzentInnen kann die Betrachtung der aktuellen Lebenssituation, der subjektiven Gesundheitsvorstellungen, der bereits etablierten gesundheitsbezogenen Handlungen, der individuellen Motive und Lebensziele einschließlich deren sozialer und lebensgeschichtlicher Einbettungen sein (Faltermaier 1998a, 200).

5.3.1 Gesund-Seins-Förderung: moderne Worthülse oder mit Leben gefüllt?

Menschen erzeugen mit ihrer Sprache Wirklichkeit. Es gibt nicht die Krankheit, sondern es ist entscheidend wie die Phänomene wahrgenommen werden und innerhalb der menschlichen Beziehung beschrieben werden. Je nachdem wie diese Beschreibungen lauten, entstehen daraus Möglichkeiten zur Wahrnehmung von Handlungsfreiräumen und Selbstbestimmung, oder aber Abhängigkeit und Fremdbestimmung werden zementiert (Welter-Enderlin 1999, 96).

Unser Gesundheitswesen, das sich nicht um Gesundheit, sondern ausschließlich um Krankheit kümmert, ist konsequenterweise ein „Krankheitswesen". Hier beginnt die Unschärfe in der Begrifflichkeit. Wir sprechen von und über Gesundheit, auch wenn wir Krankheit meinen. Dazu kommt ein Denken in Diagnosen. Frau oder Mann wird im Krankenhaus über den Schlaganfall und die daraus resultierenden motorischen oder sensorischen Ausfallserscheinungen (des Bewegungsapparates und des Fühlens) definiert. Diese Diagnosen sind ausschließliche Defizitdiagnosen. Dies trifft nicht nur für die Medizin, sondern in gleicher Weise für die Soziale Arbeit oder die Pflege zu. Das Sprechen von Verwahrlosung oder Dekubitus (Hautgeschwür) reduziert das betroffene Individuum auf eine defizitorientierte Diagnose. Mann oder Frau wird dabei gleichzeitig versachlicht.

Unsere erlernte Hilflosigkeit im Benennen und Wahrnehmen von Ressourcen wird im Forschungsprojekt „Der pflegerische Beitrag zur Frührehabilitation von Apoplexiekranken" (Menschen mit Schlaganfall) deutlich. Selbst in einem Dokumentationssystem, das ausdrücklich Fähigkeiten einbezieht, sind in nur 15% Fähigkeiten benannt. Das Bezeichnen von Fähigkeiten muß von Professionellen erst erlernt werden. Nach einer Intervention mit Schulung, Anleitung und Beratung steigt der Anteil wahrgenommener und dokumentierter Fähigkeiten auf mehr als das Doppelte: waren es vor der Intervention 15% sind es nachher 37%. Und: diese Fähigkeiten wurden vorher sehr vage beschrieben, nachher konkret (hat auf dem gelähmten Bein gestanden und mit dem anderen einen Schritt gemacht).

So kann aus einer leeren Worthülse ein mit mit Leben erfülltes Wort werden.

5.3.2 Integrative Gesund-Seins-Förderung unter dem Dach einer ökologischen Humanwissenschaft

Wenn die Betonung auf der Einbeziehung des Subjektes und einer Förderung des Gesund-Seins liegt, stellen sich insbesondere Fragen nach der Qualität des Lebens. Mit der Frage der Lebensqualität läßt sich der Bogen zur griechischen Diätetik spannen: Fragen nach dem Lebensraum und seiner Gestaltung, der Ernährung und ihren Prinzipien, dem Alltag und seiner Ordnung, dem Kräftehaushalt und seinem Ausgleich, dem Körper und seiner Pflege und dem Gefühlsleben und seiner Dynamik (Schipperges et al., 1988) verweisen auf zentrale Dimensionen des menschlichen Seins. Die Beschäftigung mit der Kultivierung von Essen und Trinken, Schlafen und Wachen, Arbeiten und Muße, Sexualität, Wohnen, Luft-, Boden- und Wasserqualität aus unterschiedlichen Perspektiven kann neue Sichtweisen auf Gesund-Sein und Krank-Sein erschließen. Hier Fragen aus Medizin, Pflege und Sozialer Arbeit zu stellen und mittels Wissenschaft Antworten zu suchen, sollte aus Sicht des menschlichen Seins in der Umwelt erfolgen und dementsprechend unter dem Dach einer ökologischen Humanwissenschaft (Abb. 5.3.2). Eine systemische Sicht bietet die theoretischen Grundlagen.

Abb. 5.3.2 Integrative Gesund-Seins-Förderung in einer ökologischen Humanwissenschaft

In das Zentrum der Betrachtung wird das menschliche Sein, das Humane, gestellt.

Ökologie meint eine vom Menschen selbst gestaltete und gestaltbare Umwelt (Bronfenbrenner 1981, 9). Der Psychologe Urie Bronfenbrenner beschäftigt sich mit der menschlichen Entwicklung aus einer ökologischen Sicht. Die Ökologie der menschlichen Entwicklung befaßt sich mit der fortschreitenden gegenseitigen Anpassung zwischen dem aktiven, sich entwickelnden Menschen und den wachsenden Eigenschaften seiner unmittelbaren Lebensbereiche. Dieser Prozeß wird fortlaufend von den Beziehungen dieser Lebensbereiche untereinander und von den größeren Kontexten beeinflußt, in die sie eingebettet sind. Mit Entwicklung ist die wachsende Fähigkeit einer Person gemeint, die Eigenschaften ihrer Umwelt zu entdecken, zu erhalten oder zu ändern. Entwicklung findet statt, wenn die Fähigkeiten zeit- und ortsübergreifend in die Person integriert sind. In der Ökologie menschlicher Entwicklung treffen sich die Disziplinen der biologischen, psychologischen und sozialen Wissenschaften (Bronfenbrenner 1981, 25ff.). Dabei wird der gegenseitige Einfluß von Person und Umwelt immer wieder deutlich.

Forschung hat aber bis heute den Schwerpunkt auf die Person gelegt, ohne Umweltfaktoren zu berücksichtigen. Diese Umweltfaktoren gehen bis in das Politische. Dabei sollte nicht nur die Politik auf wissenschaftlichen Erkenntnissen aufbauen, sondern die Wissenschaft braucht die Sozialpolitik noch nötiger als umgekehrt, um relevante Themen aufzugreifen (Bronfenbrenner 1981, 24). Dieses Spannungsfeld ist ein wichtiges Gebiet der Sozialarbeitswissenschaft.

Dabei kann die Analyse und Synthese auf verschiedenen Systemebenen erfolgen. Das **Mikrosystem** ist gekennzeichnet durch „ein Muster von Tätigkeiten und Aktivitäten, Rollen und zwischenmenschlichen Beziehungen, die die in Entwicklung begriffene Person in einem gegebenen Lebensbereich mit den ihm eigentümlichen physischen und materiellen Merkmalen erlebt". Ein Lebensbereich ist ein Ort, an dem Menschen leicht direkt Interaktion mit anderen aufnehmen können. Tätigkeit oder Aktivität, zwischenmenschliche Beziehung und Rolle sind die Elemente oder Bausteine des Mikrosystems. Das Mikrosystem umfaßt dabei die Familie, Freunde und Freundinnen, Nachbarn, Verwandte (Bronfenbrenner 1981, 38).

Das **Mesosystem** beinhaltet die Wechselbeziehungen zwischen den Lebensbereichen, an denen die sich entwickelnde Person aktiv beteiligt ist. Dies sind Institutionen wie Kindergarten, Schule, Arbeitsstelle oder gesundheitsrelevante Einrichtungen (Settings, Lebenswelten). Ein Mesosystem ist ein System von

Mikrosystemen. Es wird gebildet, wenn die sich entwickelnde Person in einen neuen Lebensbereich tritt.

Unter **Exosystem** werden Lebensbereiche verstanden, an denen die sich entwickelnde Person nicht selbst beteiligt ist, in denen aber Ereignisse stattfinden, die den individuellen Lebensbereich beeinflussen. Exosystem eines kleinen Kindes sind der Arbeitsplatz der Eltern oder die Schulklasse der Geschwister aber auch Behörden.

Das **Makrosystem** bezieht sich auf die grundsätzlich formale und inhaltliche Ähnlichkeit von Mikro-, Meso- und Exosystem, die in der Subkultur oder der ganzen Kultur bestehen oder bestehen könnten, einschließlich der ihnen zugrunde liegenden Weltanschauungen und Ideologien. Das Makrosystem wird durch die Gesellschaft und deren Teilsysteme wie Wirtschafts-, Sozial-, Gesundheits- oder Rechtssystem dargestellt (Bronfenbrenner 1981, 38ff.; Miller 1999, 36). Die Schwerpunktsetzung der Fragestellung in der Forschung kann dabei je nach Disziplin erfolgen: unter der Sozialarbeitswissenschaft, der Pflegewissenschaft oder der Gesundheitswissenschaft. Eine Integration der Sichtweisen erfolgt durch eine interdisziplinäre Kooperation. Hierzu bieten sich Forschungs- und Praxisprojekte (s. 6.) an.
Auch für die Wissenschaft gilt die Auflösung der Trennung zwischen Subjekt und Objekt. Die Gestaltung wissenschaftlicher Untersuchungen und deren Ergebnisse sind immer eingebettet in einen geschichtlichen und kulturellen Rahmen. Die Erklärungen, die gegeben werden, gehen auch auf subjektive Annahmen und Deutungen zurück (s. auch Miller 1999, 55ff.). Den drei Wissenschaften ist ein enger Bezug zur Praxis gemeinsam. Aus diesem Grund sollte Wissenschaft auch nach handlungsleitenden Erkenntnissen für den Berufsalltag und für die Identitätsfindung der Professionen suchen. Die Wissenschaft soll zu einer beruflichen Praxis beitragen, die den Menschen zu einem gelingenden Leben und zu einer autonomen Lebensführung verhelfen soll (Mühlum 1997, 17/23).

5.3.3 Spezialisierung oder Generalisierung in der Integrativen Gesund-Seins-Förderung?

Betrachtet man Heilkundige der vorchristlichen Zeit, so handelte es sich um Männer oder Frauen, die sich im umfassenden Sinn um das Heil der Ratsuchenden kümmerten. Insbesondere der Einbezug der spirituellen Komponente in Heilriten ist dabei zu sehen. Im Laufe der Geschichte kam es zu einer immer weiter gehenden Spezialisierung mit der Spaltung von Körper, Seele, Geist und Sozialem. Dafür sind dann auch jeweils spezialisierte Berufe zuständig. Auch innerhalb der Berufe geht die Spezialisierung weiter: die Sozialarbeiterin im Allgemeinen Sozialdienst ist eine Generalistin, der Sozialarbeiter in der Drogenberatung ein Spezialist, die Krankenschwester in der Hauspflege kümmert sich um eine umfassende Pflege, die Fachschwester für Anästhesie ist spezialisiert, die Hausärztin im klassischen Sinn betreibt eine umfassende Medizin, der AIDS-Spezialist konzentriert sich auf eine Krankheit. Wer bietet das ideale Profil für eine Integrative Gesund-Seins-Förderung? Eindeutig ist es, dass es in unserer heutigen Zeit der immer weiteren Zergliederung, einer Zusammenfügung bedarf, um nicht nur die Teile, sondern wieder das Ganze zu sehen.

GeneralistInnen werden daher die zentrale Stellung in der Integrativen Gesund Seins-Förderung einnehmen.
Ihnen kommt die Aufgabe zu, das Individuum in seiner Umwelt im alltäglichen Leben zu begleiten. Der Einbezug des Körpers, der Seele, des Sozialen und des Spirituellen sollte in jedem Fall gewährleistet sein. Diese „Gesund-Seins-ArbeiterInnen" können als Grundlage eine Ausbildung in Sozialer Arbeit, Pflege, Medizin, Psychologie oder auch anderen Disziplinen wie beipielsweise Theologie aufweisen. Denkbar ist, dass sie während ihres Studiums entsprechende Schwerpunkte auf eine transdisziplinäre Sichtweise setzen oder sich in ihrer Fort- und Weiterbildung entsprechende Kenntnisse aneignen. Es kommt dabei entscheidend auf ein transdisziplinäres Wissen an.
Als theoretischer Handlungsrahmen, der in der Arbeit mit KonduzentInnen den Blick auf die Umwelt einbezieht und versucht, in der Unübersichtlichkeit der spezialisierten Fachdienste einen Weg zu weisen, bietet sich eine salutogenetisch orientierte Hilfeprozeßunterstützung an. Auf den Begriff des Case-Managment wird bewußt verzichtet, da er zurück zum „Fall" (case) geht und eine Leitung und Führung (Management) betont. Wesentliche Inhalte des Case-Management sind jedoch für die Hilfeprozeßunterstützung geeignet.
Die Hilfeprozeßunterstützung mit dem Grundsatz des Empowerments organisiert, koordiniert und unterhält ein Netzwerk aus formellen und informellen Unterstützungen, die dazu bestimmt sind, die Lebenstüchtigkeit und das Wohl-

ergehen von Menschen zu optimieren (Wendt 1991, 23). Wichtig ist, mit dieser Rolle nicht in eine Lückenbüßerfunktion zu geraten, die dafür zuständig ist das zu tun, was andere Berufe vernachlässigen (Mühlum et al. 1997, 200).

Andererseits wird es weiterhin ein ausgeprägtes Spezialistentum geben und wir werden diese SpezialistInnen auch brauchen. Eine immer komplexere Technik wird SpezialistInnen mit technischem Fachwissen erfordern. Für die Einrichtungen des Gesundheitswesens beschreibt Barbara Zelle (1998, 257): „Entscheidende Bedeutung hat dabei die immer weiter fortschreitende Spezialisierung und Arbeitsteilung sowie die Technisierung der Leistungsangebote, die insbesondere durch einen anhaltenden medizinisch-technischen Fortschritt begründet sind. Im Angebot der stationären Dienste manifestiert sich somit eine zunehmende Arbeitsteilung und Spezialisierung in Form von hochtechnisierten Spezialkliniken und spezialisierten Rehabilitationskliniken. Eine ähnliche Entwicklung ist auch im Bereich der ambulanten Dienste zu verzeichnen. Hieraus erwächst eine ständige Verlängerung der Behandlungsketten insbesondere chronisch kranker Menschen. Diese Entwicklung führt zu einer Gefährdung der Versorgungskontinuität aufgrund einer Fragmentierung des Behandlungsablaufes und daraus resultierenden Brüchen im Behandlungsprozeß". Auch für das immer dichtere Gestrüpp der sozialen Hilfeleistungen wird es spezialisierte „PfadfinderInnen" aus der Sozialen Arbeit geben müssen.
Damit jedoch der umfassende Blick nicht verloren geht, ist eine interdisziplinäre Kooperation vonnöten. Die kooperierenden SpezialistInnen müssen ein mehrdimensionales Verständnis von Gesund- und Krank-Sein haben und innerhalb eines gemeinsamen begrifflichen Rahmens arbeiten. An einem Beispiel sei dies aufgezeigt: die sich heute im schnellen Wandel befindlichen Richtlinien für die optimale medikamentöse Behandlung der HIV-Infektion machen es nötig, dass die Ärztin sich fortlaufend informiert und diese Informationen an Betroffene weitergibt. Sie ist damit für Therapiefestlegung und –umstellung zuständig. Die komplexen Einnahmemodi, ob z.B. mit, vor oder nach dem Essen machen eine sorgfältige Planung des Einbezugs der Therapie in das tägliche Leben nötig. Dies könnte in einem interdisziplinären Team ein Krankenpfleger oder eine Sozialarbeiterin übernehmen. Dazu bedürfen auch diese Berufsgruppen eines grundlegenden Wissens um die Einnahmemodi der Medikamente. Ein weiteres denkbares Modell ist der Einsatz einer Hilfeprozeßunterstützerin mit Koordinierungsfunktion für das jeweilige Individuum.

Auch die zunehmende Bedeutung von Selbsthilfe und Eigeninitiative wird das Angebot professioneller Unterstützung beeinflussen: in Richtung einer weiteren Spezialisierung aber auch Generalisierung (Mühlum 1997, 14).

Die Frage der Machtverteilung im heutigen „Krankheitswesen" ist derzeit noch: das Sagen hat die Medizin. In der Integrativen Gesund-Seins-Förderung ersetzt die Gleichberechtigung der Disziplinen die Hierarchie.

Die Fachfrau oder der Fachmann für eine Integrative Gesund-Seins-Förderung kann zusammenfassend nur ein(e) Generalist(in) sein.

5.3.4 Ebenen der Integrativen Gesund-Seins-Förderung

In den bisherigen Kapiteln liegt der Blickwinkel überwiegend auf dem Individuum in seiner Umwelt als Konduzent oder Konduzentin. Dies ist sicherlich ein sehr bedeutender Aspekt, weil die Betonung der Subjekt-Stellung zentral ist. Eine Integrative Gesund-Seins-Förderung muß aber weitere Blickwinkel einbeziehen: die Ebene der Professionellen oder MitarbeiterInnen, die Institution und die Umwelt, in der die Dienstleistung stattfindet (s. Abb. 5.3.4).

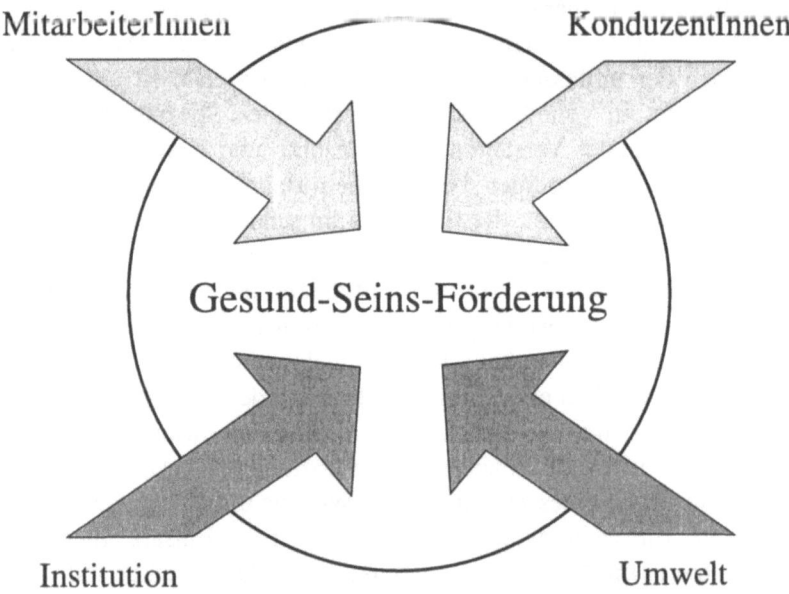

Abb. 5.3.4 Ebenen der Integrativen Gesund-Seins-Förderung

Männer und Frauen, die beruflich mit dem Themenkomplex Gesundheit und Krankheit konfrontiert sind, haben und geben sich selbst oft keinen Raum für das eigene Gesund-Sein. Als Beispiel sei das Krankenhaus genannt, eine Einrichtung, die für die Wiederherstellung der Gesundheit zuständig ist. Extrem lange Dienstzeiten unter Umgehung gesetzlicher Vorschriften sind nach wie vor eher die Regel als die Ausnahme. Unwirtliche Dienstzimmer und Aufenthaltsräume, fehlende Räume und Zeiten über die eigenen psychosozialen Belastungen zu sprechen und permanenter Zeitdruck sind nur einige Beispiele. Die Tatsache, dass das Tätigsein im „Gesundheitswesen" gesundheitsgefährdend ist, ist durch zahlreiche empirische Untersuchungen belegt. Sabine Bartholomeyczik hat 1987 in einer Befragung mit über 400 Krankenpflegekräften gezeigt, dass neben körperlichen Beschwerden wie Rücken- oder Nackenschmerzen durch rückenbelastende Hebetätigkeiten auch Kreislaufprobleme, Migräne, Hauterkrankungen und gynäkologische Beschwerden gehäuft angegeben werden. In einer weiteren Untersuchung wurde bei Krankenpflegepersonal höhere Werte für psychovegetative Beschwerden als in der Gesamtbevölkerung festgestellt, die für viele Beschwerden auch signifikant waren. Zahlreiche Untersuchungen weisen soziale Belastungen durch beispielsweise die ungünstigen Arbeitszeitstrukturen nach (zit. nach Weidner, 1995, 142-144). Auch Ärzte und Ärztinnen leiden unter den Arbeitsbedingungen und der mechanistischen Auffassung menschlichen Lebens. Alkohol- und Medikamentenabhängigkeit ist ein großes Tabu-Thema bei dieser Berufsgruppe. Ebenso weisen sie eine hohe Selbstmordrate auf. Und sie leben im Schnitt zehn bis fünfzehn Jahre weniger als die übrige Bevölkerung (Capra 1983, 159).

Die Beispiele machen deutlich, dass es zentral ist in der Gesund-Seins-Förderung sich selbst und die Mitarbeiter und Mitarbeiterinnen im Blickfeld zu haben. Mögliche Angebote wären beispielsweise Supervision, Gesundheits-Zirkel oder in die Arbeitszeit integrierte Entspannungs-Seminare. Die Organisation der Angebote kann zunächst in Projektform erfolgen (s. 6.). Insbesondere ist es wichtig, Strukturen zu schaffen, die eine Partizipation an der Gestaltung von Arbeitsprozessen oder Arbeitszeiten zulassen. Natürlich gilt auch hier der Ressourcen-Blick: die Entdeckung und Förderung von personalen und ökosozialen Ressourcen steht im Mittelpunkt.

Institutionen stellen Arbeitsplätze und mit diesen Arbeitsplätzen Strukturen zur Verfügung. Dass diese Strukturen Auswirkungen auf das Gesund-Sein und Krank-Sein der Beschäftigten haben, wurde aus den angeführten Beispielen im Pflegebereich deutlich.

Diese Institutionen befinden sich in einer Umwelt: im Stadtviertel oder auf der grünen Wiese. Im Stadtviertel ist es beispielsweise für einen ambulanten Pflegedienst von Bedeutung die weiteren Angebote der Umgebung, wie eine Sozialstation als Kooperationspartner zu kennen und in das eigene Konzept einzubeziehen.

Über die Institution hinaus müssen strukturelle, kulturelle und politische Rahmenbedingungen im Blickwinkel bleiben. So gibt es wunderschöne Entwürfe für ein neues Zusammenleben von Frauen und Männern, aber im beruflichen und familialen Alltag bleiben Veränderungen auf der Strecke. Frauen machen immer wieder die Erfahrung: „Das „Eigene" kannst du nur leben, wenn ein Mann in Machtposition dir dazu die Berechtigung gibt. Und damit er das tut, mußt du eine gute und vorzeigbare Tochter sein... Bloß um Himmels willen keine Konkurrentin, die einen eigenen Platz auf der Bühne beansprucht. Sonst wirst du als unweiblich oder als Hexe qualifiziert" (Welter-Enderlin 1999, 114/115).

5.3.5 Prinzipien der Integrativen Gesund-Seins-Förderung

Die Prinzipien einer gelebten Integrativen Gesund-Seins-Förderung unterscheiden sich wesentlich vom Vorgehen der klassischen Hilfe bei Krankheiten. Die Richtung des Weges ist in Abb. 5.3.5 aufgezeigt.

Klassische Hilfe bei Krankheiten	Integrative Gesund-Seins-Förderung
Krankheit	Gesund-Sein
Objekt	Subjekt
PatientIn, KlientIn	KonduzentIn
Konsultation	Begegnung
Defizit	Ressource
Angebote	Bedürfnisse
Fall	Gesund-Seins-Geschichte
Struktur	Prozeß

Abb. 5.3.5 Blickwinkelwechsel durch die Integrative Gesund-Seins-Förderung

Die in der Abbildung erwähnten ersten drei Blickwinkelwechsel von der Krankheit zum Gesund-Sein und vom Objekt zum Subjekt und damit zur Betrachtung als KonduzentIn wurden in den vorangegangenen Kapiteln intensiv erarbeitet.

Eine Veränderung von der Konsultation zur Begegnung bedarf einiger grundsätzlicher Voraussetzungen. Derzeit ist vor allem der Hilfesuchende dazu aufgefordert, Informationen über sein Leben und seine bisherigen Handlungen zu geben. Professionelle vergessen sogar ihren Namen zu nennen! Informationen von Professionellen zur eigenen Person und dem beruflichen Werdegang mit den Spezialisierungen oder dem individuellen Vorgehen werden nicht oder nur sehr spärlich gegeben. Auch Auskünfte über das helfende System, also beispielsweise die organisatorische, institutionelle oder weltanschauliche Einbettung der professionellen Einrichtung werden kaum an KonduzentInnen erteilt. Dies bedeutet, dass von Anfang an ein großes Informationsungleichgewicht herrscht. Dies sei an einem Beispiel klargemacht: ein Chirurg hält es für selbstverständlich, dass ein homosexueller Patient einen HIV-Antikörper-Test vor einer Operation durchführen läßt, damit er über den HIV-Antikörper-

Status des Mannes Bescheid weiß. Der Chirurg würde jedoch empört reagieren, wenn dieser Mann dieselbe Forderung an den Chirurgen aufstellt. Dabei gibt es bei einer Operation eine mögliche Gefährdung in beide Richtungen.
Nicht einmal über die eigene Krankheit sind Frauen und Männer ausreichend informiert: nur 50% wissen über die Diagnose, nur ein Drittel über die Therapie gut Bescheid. Wen wundert es dann, dass ein Drittel der verordneten Medikamente nicht eingenommen werden (Schweitzer 1998, 20). Hier könnte man sich sinnvolle Gedanken zum Sparen machen.
Begegnung heißt also, dass ich Konduzent oder Konduzentin zunächst umfassend informiere und sie damit zu einer eigenständigen Entscheidung befähige. Begegnung heißt auch, dass ich ihn oder sie mit dem spezifischen Erfahrungshintergrund im Umgang mit dem eigenen Gesund- und Krank-Sein als Experten oder Expertin des eigenen Lebens ernst nehme. Je weniger spezialisiert das ExpertInnen-Wissen sein wird, desto gleichwertiger wird die Begegnung sein.

Dazu werden ExpertInnen ihre eigene Rolle massiv überdenken und verändern müssen. Sie sind nicht mehr die Gurus, die sagen wie Gesund-Sein geht und es via Profession auch genau wissen, sondern sie reflektieren ihr eigenes Verständnis und Tun. Mit dieser Veränderung des Umgangs ist durchaus ein Machtverlust im Sinne hierarchischer Macht verbunden. Anderseits kommt es zu einer Verlagerung der Verantwortung. Sie wird gemeinsam getragen. Ein Abladen eines Problems seitens der KonduzentInnen im Sinne von „Mach du mal" wird es nicht mehr geben können. Aber damit könnte auch der Anspruch auf eine Reparatur aller Krankheiten und Gebrechen relativiert werden. Aus einem passiven Erleiden wird ein aktives Mitgestalten.
Um eine wirkliche Begegnung möglich zu machen, ist der Zeitfaktor als wesentliches Element zu betrachten. Wir müssen zurück zu wirklichen Sprech-*Stunden* für Konduzenten und Konduzentinnen anstelle von Sprech-*Sekunden* und Fließbandversorgung von Patienten und Klientinnen. In einer Atmosphäre, in der sich ein Gespräch im Sinne eines gegenseitigen Austausches auch entwickeln kann. Und wenn die Betroffenen dann eine echte Wahl haben, und sie als ihre eigene Entscheidung klassifizieren können, werden sie Beratung und Therapie auch tatsächlich durchführen.

Der Wert der Beziehungsarbeit ist in einer so gestalteten Gesund-Seins-Förderung in jedem Fall zu erhöhen. „Ich kann ja nichts für meinen Mann tun. Ich kann ja nur da sein", zeigt unsere moderne Gewichtung. Das „Tun-für" im Sinne einer materialistischen Hilfeleistung, sei es im täglichen Leben das Einkaufen, in der Sozialarbeit die Beantragung eines Geldbetrags bei einer Stiftung, in der Pflege das Waschen durch die Pflegekraft oder in der Medizin der nächste diagnostische Eingriff, wird höher bewertet als das „Da-sein". Dabei ist das gemeinsame Aushalten von Leid im Dabei-Bleiben sehr viel anspruchsvoller als ein wilder Aktionismus, der oft eine Flucht darstellt. Betroffene gewichten die symbolische Ebene (Glaube, Emotionen, Sinn einer Krankheit) und wollen darüber sprechen, während Angehörige und ExpertInnen sich lieber auf der Handlungsebene aufhalten (Welter-Enderlin 1999, 108).

In der Praxis zeigt sich noch ein deutlicher Unterschied zwischen Medizin und Pflege sowie Sozialer Arbeit: die ersten beiden Disziplinen sind deutlich auf Aktionen ausgerichtet, SozialarbeiterInnen haben die Fähigkeiten zur Kommunikation auf der symbolischen Ebene. Hier bietet sich eine Chance für eine ergänzende interdisziplinäre Zusammenarbeit.

Ich behaupte, wir verstecken uns oft hinter bloßem Aktionismus, insbesondere dort, wo Leiden wirklich ausgehalten werden muß. Das Verbleiben in einer Beziehung im Gespräch oder im Schweigen ist sehr schwere Arbeit und muß auch als solche gewichtet werden. Beziehungsarbeit bleibt häufig unsichtbar, materialistische Aktionen oder handwerkliche Arbeit dagegen sind sichtbar. Dies zeigt sich sehr deutlich in der Gebührenordnung für den ärztlichen Beruf: die sog. sprechende Medizin wird wesentlich geringer honoriert als technische Leistungen.

Der Ressourcen-Blick (s. 3.2) muß die defizitäre Sichtweise ersetzen. Dabei geht es nicht darum dunkle Seite im Leben ungesehen zu machen, sondern in der Arbeit mit KonduzentInnen die Ressourcen deutlich miteinzubeziehen. Wichtig ist es zudem, Ressourcen und Stressoren von Menschen unter den Aspekten Zeit und Raum zu orten. Der Aspekt Zeit bedeutet, dass wir nicht in jeder Lebensphase gleich auf Ereignisse reagieren. Raum bedeutet strukturelle und politische Bedingungen also beispielsweise Machtverhältnisse einzubeziehen (Welter-Enderlin 1999, 83).

Einbezug von Ressourcen beinhaltet ebenso Netzwerkförderung. Dies sind Maßnahmen, die der Förderung, Entlastung und Mobilisierung vorhandener Netzwerke in Familie, Bekanntenkreis, Arbeitswelt und Gemeinde dienen und solche, die auch die Schaffung neuer Netzwerkelemente wie Selbsthilfegruppen oder politische Gruppierungen betreffen.

Insbesondere das tatsächliche Einbeziehen der Angehörigen als Hilfsquellen und nicht als Störenfriede ist ein Wechsel im Vorgehen. Warum muß der Ehemann bei der Visite im Krankenhaus aus dem Zimmer gehen, wenn er doch eine wichtige Stütze für die Frau ist? Warum werden in der Schule oder bei der Heimerziehung Eltern nur bei Problemen einbezogen? Kooperationsgespräche statt Problemgespräche oder im Krankenhaus Angehörigensprechstunden oder

Angehörigentage können zu einem neuen Verständnis der Kooperation führen. Dabei kann es nicht nur um Information gehen: es muß auch darum gehen, dass aus einem diffusen Familien-Wir unterschiedliche Individuen mit eigener Stimme auftauchen, die darüber verhandeln, was sie geben und nehmen möchten. „Emancipare" (aus der Hand geben) kann so trotz Krankheit zu neuen Freiräumen für Betroffene und Angehörige führen (Welter-Enderlin 1999, 105).

Dort, wo aufgrund besonderer Fragestellungen Kontrolle und Zwang nötig ist, muß die Kontrolle auch eingesetzt werden, aber dann klar als solche benannt werden. Aus einer Vermischung von Hilfe und Zwang kann größerer Schaden als Nutzen resultieren (Schweitzer 1998, 53).

Professionelle sind dann für den Rahmen zuständig, innerhalb dessen dies möglich ist. Nicht durch Vorgabe von Normen, sondern durch Stärkung des Selbstvertrauens und des Bewältigungspotentials. Letztendlich führt dies zu einer Befähigung zu eigenen Lebensentscheidungen im Sinne des Empowerments. Das Spezialwissen der Professionellen dient dazu, Bewertungs- und Handlungsmöglichkeiten der KonduzentInnen zu erweitern. Wichtig ist dabei, eine Verankerung der neuen Sichtweisen im Alltag zu ermöglichen. Dies gelingt leichter durch die Eröffnung von Gestaltungsspielräumen als durch die Einschränkung von Verhaltensweisen („Du darfst nicht..."). So können subjektive Kontroll- und Kompetenzüberzeugungen erweitert und eine positive Motivation geschaffen werden. Dabei gilt es stets die strukturellen Bedingungen im Blickfeld zu behalten (s. auch Faltermaier 1998a, 207).

Unser Hilfesystem im Umgang mit Gesund-Sein und Krank-Sein ist derzeit stark angebotsorientiert. Je nach Zusatzausbildung und therapeutischer Orientierung, ob psychoanalytische oder familientherapeutische Ausrichtung, werden Hilfesuchende weniger die Hilfe finden, die sie wollen und die ihren Bedürfnissen entspricht, als die Hilfe, die im Angebot der Institution ist. Paßt diese Hilfe nicht für die Betroffenen, so gelten sie schnell als nicht-kooperativ. Ebenso wird ein Arzt oder eine Ärztin, die sich ein teures technisches Gerät zugelegt hat, auf dessen Auslastung Wert legen. Zu fordern ist, dass die angebotene und durchgeführte Hilfe tatsächlich den Bedürfnissen entspricht. KonduzentInnen müssen wirkliche Wahlmöglichkeiten haben. Dazu müssen sie wiederum genau über das berufliche Profil der Professionellen und der Einrichtung Bescheid wissen.

Anstelle des Denkens in Fällen sollte das individuelle Erzählen und Schreiben der Gesund-Seins-Geschichte treten. Fälle sind derzeit auf defizitorientierte

Diagnosen reduziert: Verwahrlosung, Flüssigkeitsmangel, Depression. Zudem dokumentiert in der Regel jede Berufsgruppe den „Fall" aus ihrer Sicht. Die Akte mit medizinischer Information, die Akte mit der Pflegedokumentation und die Aufzeichnungen von Sozialer Arbeit. Bestenfalls am Ende werden sie gemeinsam abgeheftet. An diese Stelle tritt im neuen Konzept eine Gesund-Seins-Geschichte. Diese könnte tatsächlich in interdisziplinärer Kooperation gemeinsam mit den KonduzentInnen erstellt werden. Es geht um die Lebensthemen in den persönlichen Biographien, auch um die eigenen Geschichten der ExpertInnen. Aus Geschichten ergeben sich diese Lebensthemen und damit die Bedeutungsstrukturen. Darin sind Entwürfe für einmalige Lösungen angelegt. Weil es sich dabei um die eigenen Lösungen der Konduzenten und Konduzentinnen und nicht um die Lösungen von ExpertInnen handelt, lassen sich daraus autonome, zu ihnen passende neue Wirklichkeiten gestalten. Dabei spielt neben der individuellen und der Familiengeschichte auch das Eingebundensein in die allgemeine Historie eine wesentliche Rolle (Welter-Enderlin 199, 9ff.). „Erzählen und Gehört-werden besänftigt die Welt: Wut, die trennt, kann sich beim Erzählen in Trauer verwandeln, die verbindet" (Welter-Enderlin 1999, 22). Geschichten erzählen heißt, Erfahrungen mit Bedeutung versehen und von ihnen Sinn- und Orientierungsmöglichkeiten für Gegenwart und Zukunft ableiten.

Wenn dagegen aus der Krankengeschichte ein Experte die Diagnose erstellt, hat das häufig nichts mit der Erfahrung und Orientierung der betreffenden Person zu tun. „Die traditionellen therapeutischen Beschreibungen gehen von einseitigen Ursache- und Wirkungs-Annahmen aus und werden als Eigenschaften (Max ist egoistisch, Martha ist depressiv) bezeichnet. Damit verfestigen sich solche Zuschreibungen zu „Wahrheiten", zu sich selbst erfüllenden Prophezeiungen" (Welter-Enderlin, 1999, 80). Damit tragen ExpertInnen durch ihre Ideen, die einseitig an Pathologie und deren Kontrolle orientiert sind, dazu bei, Ereignisse als Ergebnis von individuellen oder familialen Defiziten zu beschreiben. Damit wird Veränderung schwierig. Die systemische Sicht legt den Fokus einerseits auf die heilende Wirkung von Gestaltungsmöglichkeiten und Einflußnahme des Individuums, anderseits auf die Vernetzung des Betroffenen mit seinem psychosozialen Kontext wie Familie und Institutionen.

Dazu gehört maßgeblich die Frage, in welcher Art KonduzentInnen und ihre Angehörigen mit einem Expertensystem zusammen eine gemeinsame oder aber divergierende Sicht von Wirklichkeit erzeugen – also wie sie ihre Erfahrungen mit Bedeutung versehen und zusammen einen Konsens herstellen (Welter-Enderlin 1999, 92/93). Dann liegt allein im Erzählen bereits eine Lösungsorientierung. Zeit und Raum zum Geschichten-Erzählen kann so für beide Seiten befriedigender und befreiender werden. Auch Wolfgang Stark

(1996, 48ff) verweist auf die gestaltende und zukunftsweisende Kraft von Geschichten. Die in Geschichten angelegten Prozesse der Selbstthematisierung und Selbstmythologisierung sind Schubkräfte für Empowermentprozesse. Geschichten sind identitätsstiftend und handlungsleitend. Die wichtigste Geschichte, die ein Kind, ein Mann oder eine Frau erzählen kann, ist die Geschichte des eigenen Lebens.

Aus einer Untersuchung an Frauen und Männern mit chronischer Gelenkentzündung stellt Rosmarie Welter-Enderlin fest, dass kritische Ereignisse durchaus als Aufforderung zur Neuorientierung gesehen werden können. So ist es nicht der Ausbruch der Krankheit oder ein Schub an sich, welcher erträglich oder unerträglich ist, sondern die Art und Weise, wie dieses Ereignis eingeschätzt wird und wie darüber erzählt wird (1999, 98).

Geschichten ermöglichen auch den Ausstieg aus der defizitären Problemsicht. „Das Besondere einer Lebensgeschichte wird unter anderem an der Frage deutlich, was für Wahlmöglichkeiten Menschen an bestimmten Wendepunkten ihres Lebenslaufes hatten, ob sie diese wahrnehmen konnten und für welche sie sich damals entschieden haben". Dort werden zentrale Lebensthemen sichtbar: z.B. Bindung und Loyalität zur Familie sind wichtiger als Autonomie und persönliche Entwicklung (Welter-Enderlin 1999, 29).

Die Aufgabe der ExpertInnen ist die affektive Rahmung des Erzählens. Damit ist das Individuum im Sinne von Ludwig von Bertallanfy autopoietische(r) Gestalter(in) der eigenen Lebenswelt.

Der gemeinsame Fokus in der Integrativen Gesund-Seins-Förderung von Sozialer Arbeit, Pflege und Medizin ist das Individuum in der Umwelt. Der Schwerpunkt Sozialer Arbeit liegt im Einbezug natürlicher und sozialer Umwelt, den sozialrechtlichen Grundlagen wie beispielsweise Fragen der Kostenübernahme und im sozialpolitischen Bezug. Der gemeinsame Mittelpunkt von Pflege und Medizin ist die Leiblichkeit von Kindern, Frauen und Männern. Die Pflege ist dabei an den Aktivitäten des täglichen Lebens ausgerichtet. Die Medizin stellt das Wissen um den gesunden und kranken Körper zur Verfügung und kümmert sich um die notwendige Diagnostik und Therapie. Dabei geht es nicht nur um die Frage des „Was", sondern auch des „Wie". KonduzentInnen bringen ihre Geschichte des Gesund- und Krank-Seins sowie des Gesundheitshandelns ein. Es geht um ein wechselseitiges Erkennen und Verstehen von Wirklichkeit. Das gemeinsame Ziel ist eine Befähigung zu einer möglichst autonomen Lebensführung.

Die systemische Familientherapeutin Rosmarie Welter-Enderlin (1999, 9) versteht Therapie als Begegnung. In dieser Begegnung werden Symptome als

Vorboten anstehender Entwicklungen statt bloß als Quittung für ein falsch gelebtes Leben gesehen (Welter-Enderlin 1999, 22). Dagegen werden Symptome im Maschinenmodell nur als Zeichen von Dysfunktionalität beschrieben. Bei Betrachtung von Symptomen als Vorboten anstehender Entwicklungen könnte ein Rückzug in Zeiten der Verstimmung auch als Möglichkeit das Leben zu überdenken eingeordnet werden. Krank-Sein ist dann kein Defekt im Mechanismus, sondern die Antwort eines lebendigen Systems auf die Herausforderungen der Lebenswelt (Schipperges 1990, 79).

Professionelle Arbeit im Bereich der Integrativen Gesund-Seins-Förderung setzt Schnittstellenkompetenz voraus. Der Experte oder die Expertin muß in sein Theorieverständnis und sein Handeln **transdisziplinäres Wissen** aus unterschiedlichen Disziplinen integrieren, um eine multiperspektivische Sichtweise zu bekommen. Dieses Wissen muß mit geeigneten Methoden und Verfahren in Handeln umgesetzt werden: **Methoden- und Verfahrenskompetenz.** Wahrnehmungs-, Kommunikations- und Interaktionsfertigkeit sowie Kooperations- und Konfliktfähigkeit sind notwendige **soziale Kompetenzen.** Die **Selbstkompetenz** umfaßt die Fähigkeit der Selbstreflexion und kritische Urteilsbildung im Sinne der Selbstorganisation (Miller 1999, 19/20).

Bei der Arbeit im interdisziplinären Team oder in einem „Multi-Helfer-System" ist es von Bedeutung, die Beziehungen zwischen den HelferInnen zu betrachten. Beziehungskonstellationen bei KonduzentInnen können sich im professionellen System widerspiegeln. So kann sich beispielsweise eine Spaltung in einer Familie im ExpertInnen-System ebenfalls als Spaltung zeigen. Oder als Umleitung: eine Familie mit zahlreichen inneren Konflikten verbündet sich gegen das helfende System. Dieses wiederum überwindet langjährige Differenzen und verbündet sich gegen die Familie (Imber-Black 1997, 92ff.). Die Familientherapeutin Evan Imber-Black schlägt als eine neue systemische Verfahrensweise Interviews mit den Beteiligten **und** den größeren Systemen vor. Durch die ungewöhnliche Form, dass nicht nur KonduzentInnen befragt werden, sondern auch Professionelle, können sich neue Sichtweisen ergeben (Imber-Black 1997, 184).

Da sich die Integrative Gesund-Seins-Förderung zahlreicher neuer Sichtweisen bedient, die der heutigen Praxis der Sozialen Arbeit, Pflege und Medizin noch fremd sind, ist eine sinnvolle Form der Umsetzung in die Praxis die Projektform, da hier Neues entwickelt werden kann. Aus diesem Grund befaßt sich das letzte Kapitel dieses Buches mit der Projektarbeit.

6. Integrative Gesund-Seins-Förderung in Projekten

Projekte sind so alt wie die Menschheit. Der Bau der Pyramiden in Ägypten war ein großartiges Projekt, das uns heute noch beeindruckt. Aber auch gescheiterte Projekte sind in unseren Städten zu sehen: Bau-Ruinen, die an der Qualität, der Zeit oder den Kosten gescheitert sind. „Projekte sind nicht nur innovativ und mit hohen Investitionen verbunden, sondern beinhalten auch viele Unsicherheitsfaktoren, die sie schwer kalkulierbar machen". Deshalb haben sie ein Risiko zu scheitern (Litke et al. 1998, 8). Schwierigkeiten, die anfangs nicht absehbar sind, tauchen eigentlich immer auf.
Aber: Projekte in der Gesund-Seins-Förderung ermöglichen die Entwicklung von Fantasien und Utopien und die Gestaltung von Lebensräumen in einem partizipativen Prozeß. Die Projekt-Form eignet sich deshalb besonders, weil viele Wege erst entdeckt werden müssen!

Dort wo es eine Idee gibt, die mit einem definierten Ziel in einer begrenzten Zeit umgesetzt wird, ist die Arbeit in Projekten sinnvoll. Heute erleben Projekte eine Renaissance. Immer, wenn es um innovative, kreative Prozesse gehen soll, ist die Projekt-Form hilfreich. Zunehmend wird die Organisation in Projekten auch dort eingesetzt, wo es um komplexe Unternehmungen geht, an denen mehrere MitarbeiterInnen, Abteilungen oder Organisationen beteiligt sind. Projekte heben sich dabei deutlich von der Routine-Arbeit ab. Sie beinhalten die Chance und das Risiko über den eigenen disziplinären Tellerrand hinauszublicken. Sie sind dadurch interessant, erfordern aber von den Teammitgliedern sich auf neue, unübliche Wege zu begeben.

Vorteil von Projekten im Bereich der Gesund-Seins-Förderung ist, dass sie in der Regel ohne große Technik auskommen, aber sie sind häufig personalintensiv. Zu einer effektiven Projektarbeit bedarf es einer genauen Planung und Steuerung sowie klarer Entscheidungsstrukturen.

Bei Projekten im Gesundheitsbereich handelt es sich heute meist um Praxisprojekte zur Etablierung neuer Methoden. Forschung und Entwicklung mit kreativer Arbeit zur Erlangung von neuen Erkenntnissen, kann ebenfalls in Projekt-Form stattfinden. Organisationsprojekte mit Schaffung oder Veränderung von Aufbau- und Ablaufstrukturen in Organisationseinheiten sind eine weitere denkbare Projektform für die Zukunft. Auch Personal- und Organisationsentwicklung kann in Projekten erfolgen.

Nach meiner langjährigen Erfahrung im Bereich der Planung und Durchführung von Projekten im Bereich von AIDS-Prävention und Gesundheitsförderung, scheint mir die Organisation in Form von Projekten für die Integrative Gesund-Seins-Förderung die derzeit adäquateste Form zu sein. Insbesondere deshalb, weil ein echtes partizipatives, ressourcenorientiertes Vorgehen eher noch im Experimentierstadium, keinesfalls im Stadium der täglichen Routine ist. So haben wir bei unseren Projekten den Schritt von der typischen defizitorientierten Prävention zur Gesund-Seins-Förderung nur sehr langsam und über mehrere Projekte hinweg vollzogen. Anders ausgedrückt: vom Denken „Schütze dich vor der gefährlichen HIV-Infektion" zum „Wer sich wertschätzt, paßt auf sich auf".

Und immer noch befinden wir uns auf dem Weg. Zwei wesentliche Lernschritte habe ich dabei hinter mir: erstens ein Projekt wirklich als zeitlich begrenzt zu sehen. Unser erstes Projekt Musik-AIDS-Prävention (MAP), das mit Aufklärungsständen bei vielen großen Rock- und Popveranstaltungen zugegen war, haben wir seit 1989 nicht abgeschlossen. Ein wesentlicher Grund dafür war und ist, dass das erarbeitete Material für Jugendliche in Form von Stickern, Streichholzschachtelserien oder T-Shirts nicht in der Versenkung verschwinden sollte. Deshalb der zweite wesentliche Lernschritt: zu fragen was bleibt am Ende und wie können die Ergebnisse weiterverwendet werden und nicht in der Schublade verschwinden.

Die Projektarbeit ist ein praktikabler Weg, um das weite Feld der Gesund-Seins-Förderung in Konzepten beschreibbar und damit auswertbar zu machen. Dies hilft, einen wesentlichen Kritikpunkt an vielen Angeboten im Bereich der Gesundheitsarbeit, nämlich dass sie vielfach ohne Konzept und Evaluation erfolgt, zu vermeiden.

Nach DIN 69 901 (1987) ist ein Projekt ein Vorhaben, das im wesentlichen durch die Einmaligkeit der Bedingungen in ihrer Gesamtheit gekennzeichnet ist. Wesentliche Merkmale eines Projektes sind in Abb. 6 dargestellt.

Zielvorgabe
Zeitlicher und finanzieller Rahmen
Neuartigkeit und Einmaligkeit
Komplexe Aufgabe
Interdisziplinäre Teamarbeit
Chance und Risiko
Abgrenzung gegenüber anderen Vorhaben
Spezifische Organisationsform

Abb. 6 Merkmale eines Projektes

Durch seine Neuartigkeit ist ein Projekt immer mit einem Risiko verbunden, bis hin zum Risiko des Scheiterns. Der Lösungsweg ist anfangs oft nicht klar sichtbar und damit auch nicht vollständig planbar.
Neuartig bedeutet auch, dass sich Projekt-MitarbeiterInnen neues, fachübergreifendes Wissen aneignen müssen.

Der Begriff des Projektmanagements wird in der Literatur nicht einheitlich verwendet: so wird einerseits „die verantwortliche Leitung der Planung, Projektierung, Durchführung und Kontrolle von *mehreren* Projekten" im Sinne einer Koordinationsfunktion (Litke et al. 1998, 20; Mehrmann et al. 1999, 101) darunter verstanden, anderseits aber auch die Leitung nur eines Projektes (Haynes 1999, 9). Der Wirtschaftswissenschaftler Hans Litke und die Sozialwissenschaftlerin Ilonka Kunow (1998, 18) verstehen unter Projektmanagement „ein umfassendes Führungskonzept, das ermöglichen soll, komplexe Vorhaben termingerecht, kostengünstig und mit hoher Qualität durchzuführen".
Im folgenden soll von *einem* Projekt ausgegangen werden. Statt von Projektmanagement spreche ich lieber von Projektarbeit.

Ein Projekt ist durch eine Kette von Prozessen (Wolf et al. 1997, 28) gekennzeichnet.
Diese lassen sich in vier Phasen gliedern:
▶ Orientierung
▶ Planung
▶ Durchführung
▶ Abschluß
Die Einteilung in Phasen dient der Übersichtlichkeit, sollte aber als flexibler zirkulärer Leitfaden gesehen werden.

6.1 Orientierungsphase: die Projektidee integrieren

Vor der eigentlichen Planung des Projektes gibt es eine mehr oder weniger lange Vorlaufphase, bis aus einer Fantasie, einem Traum, einer Idee, einer Fragestellung oder einem Problem konkrete Vorstellungen werden.

6.1.1 Idee und Anlaß

Am Anfang steht bei unseren Projekten in der Regel eine Idee. Diese Idee kann aus der Betrachtung des Ist-Zustandes entstehen.
In der heute typischen Sichtweise ist diese Idee häufig Reaktion auf ein Problem, wie beispielsweise eine steigende Zahl von HIV-Neu-Infektionen bei heterosexuellen Jugendlichen. Auf die Frage, wo erreiche ich die Jugendlichen in einer entspannten Atmosphäre, entstand die Idee „MAP – Musik - AIDS - Prävention bei Rock- und Pop-Konzerten". Aber eine Idee kann auch aus Erfahrungen entstehen: kreative Methoden ermöglichen zunächst ein Arbeiten ohne Sprache, die beim Thema Sexualität oft fehlt und voller Tabus ist. Daraus entstand die Idee zum Projekt „MIB-Mädchen total im Bild".
Ein Anlaß für ein Projekt könnte eine gesetzliche Neuerung sein. So hat die Einführung des §20 (s. 3.1) zu zahlreichen neuen Projekten bei den Krankenkassen geführt. Ein weiterer Anlaß könnte der Auftrag einer öffentlichen Stelle sein, ein Projekt zu entwickeln.

6.1.2 Projekt in der Umwelt

Erste Informationen gibt ein Literaturstudium. Vorliegende epidemiologische und sozialwissenschaftliche Daten müssen gesichtet werden. Wichtig ist es im Gesundheitsbereich sich über existierende Broschüren (z.B. Bundeszentrale für gesundheitliche Aufklärung, Gesundheitsministerien) und Ratgeber zu informieren.
Eine Information über bereits existierende Angebote als Aufnahme des Ist-Zustandes in der Region ist ein nächster wichtiger Schritt. Welche Angebote gibt es bereits zum Thema des Projektes? Weitere Anbieter können beispielsweise Krankenkassen, Selbsthilfeorganisationen, Unternehmen, Initiativen, Volkshochschulen oder Vereine sein. Wie grenzt sich das geplante Projekt von existierenden Angeboten ab? Was macht es einzigartig?
Gespräche mit Einrichtungen, die auf dem gleichen Gebiet arbeiten sind empfehlenswert, auch um eine zukünftige Kooperation einzuleiten. Herrscht der

Konkurrenzglaube vor, in dem Sinne: die nehmen uns unser Geld und unsere Aufgabe weg, ist es oft extrem schwierig ein konstruktives Miteinander zu finden. Aber: der (mühsame) Versuch lohnt sich oft. Bei geplanten Kooperationen sollte für beide Seiten ein Gewinn möglich sein (s. 4.2.1).
Eine Situations- und Marktanalyse hilft, Bestehendes nicht wieder neu zu erfinden.

Die Frage der Realisierbarkeit sollte bereits zu Beginn bedacht werden. Auch hier sind Gespräche mit anderen Einrichtungen hilfreich. Sind bereits andere mit einem ähnlichen Projekt gescheitert, weil es an der Zielgruppe vorbei geplant war? Wenn ja, wie kann ich die Zielgruppe zu meiner Idee befragen? Auch die eigene Organisation muß betrachtet werden: welche Angebote gab es bereits und wie war deren Erfolg? Wie groß ist die Innovationsbereitschaft innerhalb der Organisation und die der MitarbeiterInnen (Krause 1995, 14)?

6.1.3 Projekt-Arbeit in der Lebenswelt

Für die Integrative Gesund-Seins-Förderung ist es wichtig, nach dem „wo" zu fragen. Hier bietet sich die Orientierung an der Lebenswelt der Zielgruppe und die Durchführung von Projekten in Settings an (s. 3.1). Settings sind Mesosysteme (s. 5.3.2), die den Vorteil bieten, dass sie Ansatzmöglichkeiten auf der individuellen und der strukturellen Ebene bieten.

Für den Arbeitsplatz schlagen Faltermaier et al. (1998, 205/206) vor, dass die professionellen Akteure der Gesund-Seins-Förderung von der individuellen Risiko- und Ressourcenwahrnehmung und von der subjektiven Interpretation der Arbeitssituation ausgehen sollen und diese in den Veränderungsprozeß miteinbeziehen sollen. „Dieser Prozeß wird als gemeinsame Organisierung der betroffenen Beschäftigten und der Repräsentanten von verschiedenen Führungsebenen gestaltet und von Experten der Gesundheitsförderung moderiert. Ziel ist eine umfassende Gesundheitsförderung am Arbeitsplatz durch die Veränderung von betrieblichen Risikobedingungen, die Erweiterung von Kontroll- und Handlungsspielräumen für die Beschäftigten, positive Anforderungen statt Überforderungen und die Gestaltung der sozialen Beziehungen und Gruppen am Arbeitsplatz." Ein derartiger Prozeß ist gleichzeitig Organisations- und Personalentwicklung. Im Sinne der Gesund-Seins-Förderung kommt es auf eine partizipative Gestaltung des Prozesses und eine Förderung der Gestaltungsmöglichkeiten im Sinne des Empowerments an. Positive Folgen eines erfolgreichen Projektes können weniger Fehlzeiten, höhere Arbeitsmotivation, innovative Entwicklung und bessere Arbeitsqualität sein.

Ein weiteres derartiges Setting waren beispielsweise für unsere beiden Projekte „MIB-Mädchen total im Bild" und „Die Hexe in mir - ein Verwandlungsspiel mit Masken" Jugendhilfeeinrichtungen, überwiegend Heime für Mädchen. In diesen Projekten sollte Mädchen mit Hilfe von gestalterischen Methoden der Weg zu einem selbstverantwortlichen Gesundheitshandeln und zu einem guten Umgang mit ihrer Sexualität ermöglicht werden. Dazu wurden zweitägige Workshops durchgeführt, die sich kreativer Methoden bedienten. Sicherlich ist ein zweitägiger Workshop nur ein kleines Stück des Weges der Gesund-Seins-Förderung, im Sinne der Definition von Heinrich Schipperges, „Gesundheit ist ein Weg, der sich bildet, indem man ihn geht". Es kann aber eine Vermittlung von wesentlichen Informationen und ein Probehandeln stattfinden. Und es bleibt zu hoffen, dass die Mädchen untereinander stützende soziale Netzwerke finden. Wie die Evaluation beider Projekte gezeigt hat, war dies nicht nur die Vermutung der Expertinnen, sondern die Beurteilung der Mädchen. So gaben in der Evaluation über 90% der 152 befragten Mädchen an, dass sie sich durch die Teilnahme am Workshop sicherer in ihrer Identität als Mädchen und im Umgang mit ihrer Sexualität und im Schutzverhalten vor HIV/AIDS fühlen. Gestalterische Methoden regen die Fantasie an und lassen ein Abweichen von eingefahrenem Denken und Handeln zu. Ein Arbeiten mit Ressourcen und nicht an den Schwächen und Defiziten ist für die Mädchen befreiend und fruchtbar. So gelingt es, Bereiche wie Selbstwertgefühl und Selbstsicherheit, Träume und Zukunftsvorstellungen, Körper, Sinne, sexuelle Gefühle und ein Schutzverhalten in der Sexualität anzusprechen. Gestalterische Methoden bieten dabei den wesentlichen Vorteil, beim „heiklen" Thema Sexualität zunächst auch ohne Sprache mit Hilfe z.B. des Malens an die Thematik heranzutreten und erst in einem zweiten Schritt darüber zu sprechen (Fröschl, 1998, 30).

Ein von der Weltgesundheitsorganisation gewähltes Setting ist das Krankenhaus. Es spielt im heutigen Gesundheitssystem eine zentrale Rolle. Von 1993 bis 1997 lief das Projekt „Gesundheitsförderndes Krankenhaus" weltweit (Pelikan et al. 1998). Bedingung für Krankenhäuser zur Teilnahme war das Vorweisen von Projekten auf den zentralen Ebenen der Gesund-Seins-Förderung (s. 5.3.4).
In vielen Gemeinden ist das Krankenhaus der größte Arbeitgeber. Die ungefähr 30.000 Krankenhäuser in Europa beschäftigen 3% aller Arbeitnehmerinnen und Arbeitnehmer. In manchen Ländern erreichen Krankenhäuser bis zu 20% der Bevölkerung jährlich, die Zahl der Besucher exklusive. In Deutschland

startete das Projekt „Gesundheitsförderndes Krankenhaus" 1993 mit fünf Kliniken, heute umfaßt das Netzwerk 28 Krankenhäuser in den alten und neuen Bundesländern.

Die Realisation erfolgt im ersten Schritt durch einzelne Projekte, die sich auf KonduzentInnen, MitarbeiterInnen, die Institution und die Umwelt konzentrieren. Bereits durchgeführte Projekte beziehen sich auf häufig auf den Bereich Ernährung im Krankenhaus. Die Frage nach geeigneten Strukturen wird an diesem Beispiel deutlich. So nützt es nicht, wenn Ernährungsberaterin, Krankenpfleger oder Ärztin den KonduzentInnen erklären, dass sie sich gesundheitsbewußt ernähren sollen, wenn gleichzeitig das Mittagessen und das Kantinenessen in keiner Weise ernährungswissenschaftlichen Erkenntnissen entsprechen – ganz zu schweigen von der Atmosphäre, in der in vielen Krankenhäusern das Essen eingenommen wird (Fröschl 1999, 8). Auch Ernährungsseminare machen nur da Sinn, wo im eigenen Haus gemäß dem Setting-Ansatz eine gesunde Lebenswelt verwirklicht wird. Die Projekte lassen sich nur dann effektiv durchführen, wenn es ein Miteinander im Sinne einer echten Kooperation der verschiedenen Berufsgruppen im Krankenhaus gibt. Ein wesentlicher Aspekt betrifft dabei das „wie" der Aktionen. Die Betonung liegt auf Partizipation und Selbstbestimmung der betroffenen Gruppen.

Heute ist das WHO-Projekt beendet und es hat sich ein internationales Netzwerk mit vielfältigen Austauschprozessen gebildet. Das integrative und partizipative Konzept könnte dazu beitragen, eine Reorganisation von Krankenhäusern zu initiieren und das Krankenhaus der Zukunft zu einem regionalen Gesundheitszentrum werden zu lassen.

6.2 Planungsphase: ein Konzept erstellen

Die Planungsphase ist für ein Projekt zentral. Hier werden entscheidende Weichen für den Erfolg oder Mißerfolg gelegt. „Planen hat zum Ziel, der ursprünglichen Idee eine Struktur zu geben, die es ermöglicht, daß alles ins Rollen kommt". Dazu gehört es, den Ablauf, den Bedarf (Kapazitäten, Kosten, Hilfsmittel), die Termine oder Zwischenergebnisse (Meilensteine) festzulegen. Pläne geben die Richtung vor. Die Planung ist die Grundlage für Projektkontrolle und –steuerung (Litke et al. 1998, 37). Eine Konzeption eines Projektes das mit Partizipation der Zielgruppe arbeitet, muß Spielräume offen lassen. Sie muß es ermöglichen, dass die Maßnahmenplanung verändert wird.

Die Planung mit der schriftlichen Konzepterstellung ist zeit- und personalintensiv, sie ist ein mühsamer Prozeß. Zahlreiche öffentliche Geldgeber setzen voraus, dass diese Arbeit vorliegt, ehe die erste Mark bewilligt wird. Hier gibt es ein großes Problem. Entweder muß die Einrichtung, die sich um das Projekt bemüht, dies als Investitionskosten betrachten oder die Konzept-ErstellerInnen machen dies kostenlos. Dabei bleibt zu bedenken, dass bei der Konstellation „Antragstellung an öffentliche Geldgeber ohne vorherigen Auftrag" immer die Gefahr einer Nicht-Bewilligung besteht.
Projektanträge müssen häufig Formkriterien entsprechen. Dies kann nur bei der Stelle, an die der Antrag gerichtet wird, erfragt werden. Auch müssen Antragsteller und Antragstellerinnen und ihre Organisation oft bestimmte Kriterien als Voraussetzung für eine Projektfinanzierung erfüllen.
Es kann von Nutzen sein, zunächst ein Grobkonzept zu erstellen und dies in einer Arbeitsgruppe zu diskutieren. Ein Projektstrukturplan, in dem alle wichtigen Ziele, Methoden, Kompetenzen und der Informationsaustausch dokumentiert werden, ist hilfreich (Mehrmann et al. 1999, 32). In jedem Fall muß ein zeitlicher und finanzieller Rahmen bedacht werden. Dieser sollte einen gewissen Spielraum lassen.
Wesentlich gilt es in einer Einschätzung der Risiken zu überlegen, was schiefgehen kann (Kellner 1996, 195). Auch ein Vorgehen in solchen Fällen sollte vorbedacht sein.

Nach der Überprüfung des Grobkonzeptes wird ein Feinkonzept formuliert. Jedoch erfolgt die endgültige Detailplanung erst in der Durchführungsphase, d.h. Planungsaufgaben fallen im Laufe des Projektes immer wieder an.
Das Ergebnis der Planung gibt die Projektleitung in der Regel in Form eines Berichts oder Antrags, in dem alle Planungsunterlagen zusammengefaßt sind, mündlich oder schriftlich an die Entscheidungsinstanz weiter.

6.2.1 Ziele und Zielgruppen

Was will ich mit meinem Projekt erreichen? Die möglichst exakte Formulierung von Zielen gibt im Verlauf des Projektes immer wieder Orientierung und macht am Ende eine Erfolgsbeurteilung möglich. Denn: Wer nicht weiß, wohin er oder sie will, kann irgendwo oder nirgends ankommen. Ein ausschließliches Denken in Maßnahmen, wie in der Gesundheitsförderung durchaus üblich, kann zu blindem Aktionismus führen.

Dabei sind drei Dinge wesentlich. *Ziele müssen konkret und realistisch sein*, sowie in einem vernünftigen Verhältnis zum Aufwand sein. Sie sollten einen Puffer zulassen. So ist beispielsweise das Ziel „Senkung der Neu-Infektionen mit HIV" für ein Projekt, das sich auf 20 zweitägige Workshops mit je 12 jungen Frauen beschränkt, ein Ziel, das unrealistisch ist. Zunächst müßte zur Überprüfung dieses Ziels die Infektionsrate vor dem Projekt bekannt sein. Es ist jedoch glücklicherweise unwahrscheinlich, dass überhaupt ein Mädchen infiziert ist. Und wie will ich dann eine Reduktion feststellen. Dann müßte ich mich fragen, wie komme ich an die Zahlen in drei oder vier Jahren. Selbst wenn es dann weniger Neu-Infektionen sind, wäre es vermessen, dies auf den Workshop zurückzuführen.
Ein konkretes und realistisches Ziel für das angeführte Beispiel könnte sein: nach dem Workshop sollen die jungen Frauen mehr über ihren Körper und ihre Sexualität wissen.
Ziele müssen klar und verständlich formuliert werden. Eine positive Formulierung ist in jedem Fall anzustreben.
Ziele müssen dokumentiert sein, beispielsweise in einem Zielkatalog oder im Projekt-Antrag. MitarbeiterInnen müssen die Projektziele kennen und akzeptieren.
Im Einzelfall kann eine Formulierung von Minimal- und Maximalzielen sinnvoll sein. Auch eine Einteilung in kurz-, mittel- und langfristige Ziele ist zu überlegen. Für die TeilnehmerInnen an einer Maßnahme ist es attraktiv kurz- und mittelfristige Ziele zu erreichen (Krause, 1995, 152/153).
Einzelziele dürfen sich nicht widersprechen. Es muß Einigkeit in den Zielen durch AuftraggeberIn, AuftragnehmerIn und Team herrschen. Im Idealfall sollte das Team an der Zielformulierung partizipativ beteiligt sein.
Die Zielformulierung hat während des gesamten Projektes wichtige Orientierungs-, Selektions- und Koordinationsfunktion. Zudem läßt sich der Stand des Projektes und der Erfolg mit Hilfe der Ziele kontrollieren (Mehrmann et al. 1999, 43). Eine Schwerpunktsetzung gemäß der eigenen Ressourcen und Kompetenzen ist sinnvoll.

Neben **Ergebniszielen** können auch **Prozeßziele** sinnvoll sein. Prozeßziele beziehen sich auf die Atmosphäre und den Verlauf der Angebote. Veränderungen in der Organisation betreffen **Strukturziele**.
Neben den direkten Projektzielen gilt es auch die Ziele der Organisation, in deren Rahmen das Projekt stattfindet und die Ziele der Beteiligten einzubeziehen. Sind diese Ziele miteinander kompatibel? Welche Ziele haben die Projekt-MitarbeiterInnen und die AdressatInnen (Krause 1995, 12)?
Die Überprüfung der Zielerreichung erfolgt in der Evaluation (s. 6.4.1) des Projektes. Diese muß in der Planung bedacht werden.

Auch die Frage nach der Zielgruppe des Projektes ist zentral. Wesentliche Kriterien für die Zielgruppendefinition sind in Abb. 6.2.1 zusammengefaßt.

Alter
Geschlecht
Bildungsstand
Berufsgruppe
Wohnort
Einkommen
Lebensstil

Abb. 6.2.1 Kriterien für die Zielgruppendefinition

Im Idealfall sollte die Zielgruppe an der Formulierung des (Fein)Konzeptes teilnehmen. Dies macht ein Planen an der Zielgruppe vorbei unwahrscheinlicher. In unserem neuen Projekt „Spiel-Lust" mit einem Grobkonzept, das von Expertinnen erstellt und vom Geldgeber genehmigt wurde, wird derzeit mit einer Gruppe Jugendlicher das Feinkonzept für das Theater-Spielen erstellt.

6.2.2 Zeitplanung

In der Zeitplanung wird die Dauer der einzelnen Arbeitsschritte festgelegt, dargestellt welche Schritte gleichzeitig ablaufen können und welche aufeinander folgen. Eine grafische Darstellung kann in einem Balkendiagramm erfolgen. Dabei könnten Zeitpuffer mit gestrichelten Linien eingetragen werden.
In den Plan läßt sich auch die tatsächlich benötigte Zeit in einer anderen Farbe eintragen (Haynes 1999, 32; Lock 1997, 139; Mehrmann et al. 1999, 69).
Damit ist bei kleineren Projekten eine gute Terminüberwachung möglich.
Ein Beispiel ist in Abb. 6.2.2 dargestellt

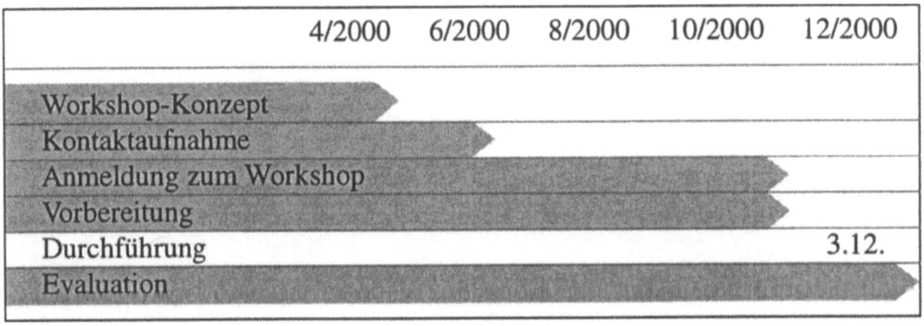

Abb. 6.2.2 Balkendiagramm zur Zeitplanung für einen Workshop

6.2.3 Finanzierung

Bei den Kosten sind Personal- und Sachkosten zu unterscheiden. Die Kalkulation gestaltet sich in der Regel als schwierig, weil qualitative Faktoren wie Vorbereitung eines Workshops quantitativ eingeschätzt werden müssen.

Die **Personalkosten** können in Personenstunden oder -tagen berechnet werden. Im öffentlichen Dienst ist die Berechnung mit Hilfe des BAT (Bundesangestellten-Tarif) möglich.
Zu Beginn des Projektes besteht häufig ein höherer Personalbedarf. Einzukalkulieren sind Urlaubstage und Fortbildungszeiten. Auch der Aufwand für Besprechungen ist zu bedenken. Kreative Pausen für mehrfach belastete MitarbeiterInnen sind einzurechnen. Ein zusätzlicher Puffer von 3-5% für Unvorhergesehenes wie Krankheit ist ebenfalls in die Berechnung miteinzubeziehen (Litke et al. 1998, 56). Personalkosten fallen an für die Projektleitung, Teammitglieder und Verwaltung. Bedacht werden sollen etwaige Fremdleistungen wie Supervision, Beratung, Evaluation oder Datenverarbeitung.

Wesentliche **Sachkosten** sind Raumkosten, Telefon und Fax-Kosten, Porto und Büromaterial, Büroeinrichtung, Kosten für die elektronische Datenverarbeitung, Fachliteratur, Material (Handzettel, Broschüren, Workshop-Material), Grafik- und Druckkosten, Fahrtkosten oder Fortbildungskosten, Kosten für Öffentlichkeitsarbeit und Versicherungen.

Einzuplanen sind auch Einkünfte über etwaige TeilnehmerInnenbeiträge oder durch den Verkauf von Materialien.

Eine weitere Finanzierungsquelle kann Sponsoring darstellen: ein Unternehmen unterstützt das Projekt durch Geldbeträge, die Zurverfügungstellung von Dienstleistungen (z.B. kostenloser Druck von Materialien) oder Sachleistungen. Dafür bekommt das unterstützende Unternehmen beispielsweise das Recht sein Firmenlogo auf den Materialien anzubringen. Zwei Voraussetzungen sind wesentlich: Sponsor und Projekt passen zusammen und es werden klare Vereinbarungen getroffen. Dieses soziale Sponsoring kann für das Unternehmen insofern attraktiv sein, als Gesundheit einen Wert darstellt, der positiv besetzt ist und damit optimistische Botschaften verbunden werden können.

6.2.4 Maßnahmenplanung und Qualitätssicherung

Die ausgewählten Methoden müssen sich nach den aufgestellten Zielen richten. Dabei bieten sich fünf W-Fragen als Leitfragen an:
- Was
- Wie
- Wann
- Wer
- Wo

Was ist mit welchen Methoden zu tun? Was zuerst, welche Reihenfolge ist zu beachten? Welche Mittel – Hilfs- und Geldmittel – werden dazu gebraucht? Wann muß was fertig sein? Wer ist dafür verantwortlich? Wo findet die Maßnahme statt?

Hilfreich kann eine grafische Darstellung in einer Tabelle sein, die die Maßnahmen in übersichtliche Teilaufgaben zerlegt. An der Spitze steht das Projektziel und die übergeordnete Aufgabe. Die Aufgaben werden dann in Teilaufgaben und Arbeitspakete unterteilt. Erstellt man zusätzlich einen Ablaufplan, so werden die Arbeitspakete in einzelne Tätigkeiten zerlegt, die dann zeigen, wer, was, wann zu erledigen hat (Litke et al. 1998, 47ff.).

Es kann sinnvoll sein, nur erste Maßnahmen zu planen, wenn erwartet wird, dass durch die Mitbestimmung der Zielgruppe die Durchführung verändert werden muß.

Unterschieden werden können Maßnahmen in **personal- und massenkommunikative**. Personale Kommunikation findet in einem Workshop statt, eine Broschüre ist eine massenkommunikative Maßnahme.

Eine weitere Frage ist, setze ich mit meiner Maßnahme ausschließlich beim Individuum an oder habe ich strukturelle Verhältnisse zumindest mit im Blick. Maßnahmen zur Zielgruppenerreichung für ein Angebot können das Ansprechen von MultiplikatorInnen, Plakatierung, Anzeigen in Zeitschriften oder im Internet sowie eine direkte Ansprache mittels beispielsweise Postsendungen sein. Griffige, durchaus auch werbewirksame Botschaften sind ansprechend. Damit wird gleichzeitig ein Plan festgelegt, anhand dessen Leistung und Qualität beurteilt werden kann. Qualitätskriterien sind in Abb. 6.2.4 dargestellt (s. auch Mehrmann et al. 1999, 22).

Zielerreichung
Einhaltung des finanziellen Rahmens
Einhaltung des zeitlichen Rahmens
Zufriedenheit der TeilnehmerInnen
Zufriedenheit des Auftraggebers
Zufriedenheit der MitarbeiterInnen
erfolgreicher Arbeitsprozeß
gute Teamkommunikation
effizienter Einsatz von Ressourcen
Zusatznutzen des Projektes

Abb. 6.2.4 Qualitätskriterien zur Erfolgsbeurteilung

Die Effizienz betrachtet das Kosten-Nutzen Verhältnis. Dabei haben Projekte nicht nur einen Nutzen im Sinne der Zielerreichung, sondern können darüber hinaus wirken. So haben unsere Projekte den Bekanntheitsgrad der Bayerischen AIDS-Stiftung – Verein zur Gesundheitsförderung e.V. deutlich gesteigert. Dies war kein eigentliches Ziel der Projekte. Auch ist es nach einem erfolgreichen Projekt leichter, öffentliche Mittel genehmigt zu bekommen.

Es ist sinnvoll in der Planung die Kosten eher höher anzusetzen und den Nutzen eher niedriger, ohne dabei zu übertreiben. Es sollte aber der Auftraggeber über die eingeplanten Puffer bzw. Risiken informiert sein, damit die Glaubwürdigkeit erhalten bleibt (Litke et al. 1998, 62).

Im Sinne der Gesund-Seins-Förderung muß Qualitätsmanagement für ein Projekt als ein einrichtungsbezogenes Konzept der Selbstevaluation und

Qualitätsverbesserung verstanden werden, das den Schwerpunkt auf eine partizipative Formulierung von Zielen und die Verbesserung einer prozeßorientierten Arbeitsweise legt, mit der diese Ziele erreicht werden sollen (Bobzien et al. 1996, 14).

6.2.5 Organisationsform, Leitung und Team

Zu Beginn eines Projektes sind zahlreiche organisatorische Fragen zu klären. Strukturelle Voraussetzung sind das Festlegen der Organisationsform, der Projektleitung und des Teams. Klare Regelungen für Kompetenzen, Zuständigkeiten, Verantwortlichkeiten und Pflichten sind zu Beginn zu definieren. Das Verhältnis zwischen projektbeteiligten und projektexternen Stellen ist zu regeln (Litke et al. 1998, 62). Dabei kann die Einführung von Projekten mit entsprechenden Organisationsformen Anstoß oder Teil einer Organisations- und Personalentwicklungsmaßnahme sein.

In einer reinen **Projektorganisation** werden die MitarbeiterInnen und die Leitung entweder aus den angestammten Abteilungen des Hauses herausgelöst oder befristet für das Projekt eingestellt. Sie werden zu einer neuen zeitlich begrenzten Arbeitsgruppe zusammengestellt. Handelt es sich um MitarbeiterInnen aus der eigenen Organisation sollten diese motiviert sein, für eine befristete Zeit in einem Projekt zu arbeiten. Das Team arbeitet in dieser Organisationsform ausschließlich für die Ziele des Projektes. Dies hat den Vorteil einer klaren Zuordnung und ermöglicht damit ein intensives Arbeiten und effektive Entscheidungen. Das Problem liegt insbesondere in der Konkurrenz zur Linienorganisation (im typischen Fall hierarchische Struktur mit ChefIn, Abteilungsleitungen und MitarbeiterInnen).

Bei einer **Einfluß-Projektorganisation** hat die Projektleitung nur beratende oder koordinierende Funktion, die MitarbeiterInnen bleiben in der Linie. Der Vorteil liegt darin, dass es kaum organisatorischer Änderungen bedarf. Der Nachteil liegt im geringen Einfluß der Projektleitung und keiner klaren Verantwortlichkeit.

Bei der **Matrix-Projektorganisation** gibt es Projektbelange, für die die Linie zuständig ist und andere, für die die Projektleitung zuständig ist. Die MitarbeiterInnen sind sowohl der Projektleitung als auch der Linie unterstellt. Der Vorteil ist darin zu sehen, dass die MitarbeiterInnen in ihren Abteilungen bleiben und damit nach dem Projekt der Übergang in die Routine-Arbeit wieder leichter ist. Jedoch bedarf es einer extrem klaren Kompetenzabgrenzung und Arbeitseinteilung, was in der Praxis schwierig ist (Mehrmann et al. 1999, 91ff.).

Bei der Durchführung von mehreren Projekten gleichzeitig ist die Einbettung dieser Projekte in die Organisation zu bedenken. Hier kann es sinnvoll sein einen **Lenkungsausschuß** als Verbindungs- und Schlichtungsgremium einzurichten. Er besteht aus Mitgliedern der Geschäfts- und der Projektleitung (Mehrmann et al. 1999, 101).

Die zentrale Position in der Projekt-Arbeit ist die **Leitung**. Die Leiterin ist für Planung, Koordination, Inhalt, Durchführung, Dokumentation, Kontrolle und die Personalführung verantwortlich. Sie ist eine Generalistin, die aber Fachkenntnisse der wichtigsten Projektbereiche hat, Methoden und Hilfsmittel der Organisation kennt und über Wissen zu Planung und Kontrolle sowie über EDV-Kenntnisse verfügt. Eine hohe Frustrationsschwelle, der Blick für das Wesentliche, Organisations- und Improvisationsgeschick sind weitere Voraussetzungen. Die zentrale Fähigkeit eines Projektleiters muß jedoch seine soziale Kompetenz sein. Sein Führungsstil ist für den Erfolg wesentlich. Teamleitung, Kontakte nach innen und nach außen verlangen umfangreiche soziale Fähigkeiten. Dazu gehören ein kooperativer Arbeitsstil und die Fähigkeit die richtigen Teammitglieder zu wählen, sie anzuleiten und zu motivieren. Also insgesamt ein hoher Qualifizierungsgrad. Oder wie es Hans Litke und Ilonka Kunow (1998, 77) ausdrücken: „Wenn Sie Generalist und dabei auch Systematiker, Superplaner und gleichzeitig Praktiker, Organisator und trotzdem ein kluger Kopf sind, als Vermittler gerne zwischen allen Stühlen sitzen, Härte zeigen und doch mit psychologischem Einfühlungsvermögen Konflikte lösen können, es lieben Krisen zu managen und „die Karre aus dem Dreck zu ziehen" und am besten auch noch Hellseher mit dem totalen Durchblick sind - dann müßten Sie in der Projektleitung ihre Bestimmung gefunden haben". Die Auswahl des Projektleiters oder der Projektleiterin muß daher im wesentlichen von Persönlichkeitseigenschaften abhängen. Führen im engeren Sinn bedeutet, Menschen für Aufgaben und Ziele zu begeistern, Grenzen aufzeigen und die nötige Unterstützung für die Herausforderung geben (Wolf et al. 1997, 28).

Klar geregelt muß die Entscheidungs- und Weisungsbefugnis der Projektleitung sein.

Zur Unterstützung der Arbeit ist es sinnvoll immer wieder Checklisten anzulegen, aus denen hervorgeht, was in den einzelnen Phasen bedacht werden muß.

Für das **Projektteam** gilt es vielfältige Fragen zu klären: woher kommt das Team? Sind es MitarbeiterInnen aus der eigenen Organisation, die vollständig oder teilweise für das Projekt arbeiten oder werden die Teammitglieder befristet eingestellt? Wie ist das Verhältnis zu den anderen MitarbeiterInnen der Organisation? Was kommt für die Beteiligten nach dem Projekt?

Das Projektteam ist gekennzeichnet durch eine interdisziplinäre Zusammensetzung, intensive gegenseitige Beziehungen und gegliederte Arbeitsaufgaben. Eine interdisziplinäre Zusammensetzung ist wichtig für Innovation, Kreativität und fachliche Ausgewogenheit. Die Teammitglieder müssen teamfähig sein, d.h. sie müssen in der Lage sein, ihre fachliche Fähigkeit einzubringen, über kommunikative Fähigkeiten verfügen und an der Aufgabe orientiert, gemeinsam mit den anderen zu handeln. Der Volkswirt Max Wolf (1997, 17) geht davon aus, dass die Teamfähigkeit einen drei- bis viermal größeren Einfluß auf den Projekterfolg hat als fachliche Fähigkeiten. Die Art der Kommunikation und Beziehung ist sehr hoch zu gewichten. Wolf et al. (1997, 64) gehen davon aus, dass 70% eines Gesprächs von der Beziehungs- und Gefühlsebene bestimmt werden!
Es ist darauf zu achten, dass nicht eine Berufsgruppe den Führungsanspruch belegt.
Eine Größe des Teams von bis zu sechs Teammitgliedern ist ideal. Bei einem größeren Team sollte die Projektleitung keine Projekt-Durchführungsaufgaben mehr übernehmen, sondern sich auf die Leitung konzentrieren.

6.3 Durchführungsphase: Projekte steuern

Vier wesentliche Faktoren sind in der Durchführung zu beachten: der Inhalt, der Zeitfaktor, die Kosten und das Team.
Zunächst ist ein Vorgehen nach Plan sinnvoll. Jedoch sollte kontinuierlich kontrolliert werden, ob sich etwas ergeben hat, das ein Abweichen von den Plänen erforderlich macht. Es ist dabei in der Regel darauf zu achten, dass eine Rückkehr zum ursprünglichen Plan erfolgt.
Entscheidungsprozesse in der Projekt-Arbeit müssen effektiv, kostengünstig und zeitnah sowie mit dem nötigen Fachverstand ablaufen. Dies bedeutet auch, dass Entscheidungen immer wieder unter unvollkommener Information getroffen werden (Mehrmann et al. 1999, 153).

6.3.1 Teamarbeit

Die Teamentwicklung ist ein gruppendynamischer Prozeß: die Formierungsphase wird abgelöst durch eine Konfliktphase, auf die eine Normierungsphase (Organisierungsphase) mit der Entwicklung des Gruppenzusammenhaltes folgt. Dann kann das Team in eine effektive Arbeitsphase eintreten (Mehrmann et al. 1999, 249; Wolf 1997, 59). Das Wissen um diesen Prozess erleichtert die Arbeit im Team.

Ein Team stellt ein System dar. Es gilt auch hier: das Ganze ist mehr als die Summe seiner Teile. Der Synergie-Effekt im Team macht Teamarbeit fruchtbar. Verschiedene Sichtweisen und Denkmuster aus den Disziplinen werden eingebracht und in ein umfassendes Ganzes integriert. Dazu muß Raum für Fantasie und Realität sein. Im Idealfall haben Teammitglieder Aufgaben, die ihren persönlichen Stärken am nächsten liegen. Mindestens ebenso wichtig ist es verschiedene persönlichkeitsbezogene Rollen im Team zu beachten: die Ideenreiche, der Bremser, die Macherin oder der Realist sind nur einige Beispiele.

Das **Projektteam** hat neben der Durchführung der Arbeitsaufträge folgende Aufgaben: Lösungswege absprechen, Informationen an andere Beteiligte und die Projektleitung weitergeben, Problemlösungen angehen, sich auf den neuesten Stand des Wissens bringen, aktiv an den Teamsitzungen teilnehmen (Litke et al. 1999, 99ff.).
Voraussetzungen für eine effektive Teamarbeit sind in Abb. 6.3.1 aufgeführt.

Einigkeit über die Ziele
Einigkeit über die Vorgehensweise
gemeinsame Sprache
klare Rollenverteilung
offene Kommunikation
Bereitschaft zum voneinander lernen
Kooperation mit Gewinn für jede(n)
Arbeitsaufgaben, die einzelnen Handlungsspielraum lassen
Achten der Eigenzeiten
Feed-Back und Lob, Anerkennung und Kritik
auf Konflikte achten
Aufgaben, Kompetenzen und Verantwortung klar verteilen
Möglichkeit zum informellen Austausch

Abb. 6.3.1 Voraussetzungen für effektive Teamarbeit

Teamarbeit funktioniert dann gut, wenn die Mitglieder von sich aus Aufgaben übernehmen, kreative Vorschläge Platz haben, jedes Mitglied seinen Platz hat, Informationen weitergegeben werden und Schwierigkeiten offen angesprochen werden.

Aber ohne **Konflikte** geht es nicht! Konflikte drohen bei Nicht-Einhalten von Absprachen, Überlastung, zu engen Plänen, fehlender Weitergabe von Informationen, unklaren Vorgaben, persönlichen Unstimmigkeiten und Kompetenz- und Konkurrenzkampf (Litke et al. 1998, 116).

Zunächst ist es hilfreich, zu wissen, dass das Auftreten von Konflikten normal ist. Sie sind Ausdruck von Dynamik und Entwicklung und können bei einem produktiven Umgang auch zur Freisetzung neuer Aktivitäten und Ideen beitragen.
Vorerst sind sie aber störend und belastend. Konflikte müssen in der Regel aktiv angegangen werden. Eine Differenzierung in Zielkonflikte, Beurteilungskonflikte, Verteilungskonflikte, Werte- und Normenkonflikte und Beziehungskonflikte kann hilfreich sein, um die Ebene des Problems zu erkennen. In jedem Fall kommt bei Konflikten dem Verhalten der TeamleiterInnen eine zentrale Bedeutung zu. Verhandlungen unter Beachtung der Beziehungsebene sind wichtig. Einige einfache Regeln sind in Abb. 6.3.1 dargestellt (s. auch Mehrmann et al. 1999, 252ff.; Wolf et al. 1997, 182). Bei eskalierenden Konflikten kann es sinnvoll sein, Hilfe von außen in Form von Supervision oder Beratung in Anspruch zu nehmen.

> Beschreibung des Problemes
>
> Ich-Botschaften
>
> Umformulierung eines Vorwurfs in einen Wunsch
> („ich wünsche mir von Dir/ Ihnen")
>
> Entwickeln von Lösungswegen
>
> Maßnahmen festlegen
>
> Mit gemeinsam formuliertem Ergebnis abschließen
>
> Zeit lassen

Abb. 6.3.1 Umgang mit Konflikten

Teamsitzungen sind wichtig für den Informationsaustausch, die Konsensbildung und kooperative Problemlösungen. Für die Sitzungen ist ein geeigneter Raum, der ein ungestörtes, kreatives Arbeiten möglich macht und mit Materialien zur Visualisierung ausgestattet ist, zu suchen. Regeln zum Verhalten und zur Kommunikation während der Sitzungen sind zu vereinbaren z.B. Pünktlichkeit, nicht Telefonieren oder sich gegenseitig ausreden lassen.
Die erste Teamsitzung dient der Konstitution des Teams mit gegenseitigem Kennenlernen und dem Austausch über das Projekt. In der zweiten Sitzung ist eine detaillierte Information über die Projektziele durch die Projektleitung zu geben (Litke et al. 1998, 100ff).

Um Teamsitzungen effektiv zu gestalten, ist eine Struktur wichtig. Dies kann beispielsweise eine feste Tagesordnung sein. Jedes Teammitglied ist zur Vorbereitung der Sitzung verpflichtet. Erfahrungsgemäß sind zu Beginn und in der Abschlußphase eines Projektes häufigere Teamsitzungen nötig. Um Konflikte rechtzeitig zu erkennen gilt im allgemeinen die Regel: **Störungen haben Vorrang**. Ein aktives Zuhören mit der Wahrnehmung von Bewertungs-Unterschieden, sowie die Bereitschaft zu Kompromissen gehören zu einer guten Teamkultur.

Die Projektleiterin oder der Projektleiter sind für den Ablauf der Team-Sitzungen verantwortlich. Sie sollten sich angewöhnen, den Teammitgliedern ein Feedback zu geben. Sollte das Feedback negativ ausfallen, muß überlegt werden, wie das Fehlgelaufene in Zukunft vermieden werden sollte. Dazu sollte die konkrete Handlung zunächst beschrieben werden (keine Verallgemeinerung!). Um eine eindeutige Verständigung zu gewährleisten kann das Feedback vom Gegenüber wiederholt werden (Mehrmann et al. 1999, 71). Auch ein Leiter oder eine Leiterin macht Fehler! Eine Entschuldigung, dort wo sie angebracht ist, kann zur Entspannung der Situation beitragen.

Die Abfassung eines Ergebnis-Protokolles dient der Dokumentation (s. 6.3.2).

6.3.2 Dokumentation und Kontrolle

Die Dokumentation belegt die Arbeit. Gute Dokumentation wirkt vertrauensbildend.

Die Ergebnisse der Teamsitzungen sollten in einem Protokoll (Teamsitzungs-Protokoll) festgehalten sein. Dieses Protokoll geht allen Teammitgliedern zu. Es dient dem Festhalten der Beschlüsse und des weiteren Vorgehens. Mißverständnissen kann dadurch vorgebeugt werden. Zudem sind Protokolle zur Überprüfung der Arbeitsfortschritte hilfreich. Sie erleichtern die Kontrolle für die Leitung, sorgen aber gleichzeitig für Transparenz im Team. Zur Vereinfachung dient ein **Sofortprotokoll**, das noch in der Sitzung verfaßt wird.

Die Dokumentation in Berichten kann der Darstellung nach innen und außen dienen. Auch sie ist gleichzeitig ein Kontrollinstrument. Das Abfassen eines **Zwischen- oder Jahresberichtes** wird mit Projektbeginn vereinbart. Da es sich dabei um eine mühevolle und ungeliebte Arbeit handelt, sollten Berichte mitgeplant werden. Wer schreibt den Bericht bis wann und welche Unterstützung braucht er oder sie? Für wen ist der Bericht? Es ist darauf zu achten, dass diese Arbeit rechtzeitig angegangen wird.

Für Jahresberichte für den Geldgeber haben wir beispielsweise standardisierte Veranstaltungs-Protokolle gleich nach den Veranstaltungen verfaßt, die dann in den Jahresbericht eingingen und ausgewertet werden konnten (Abb. 6.3.2).

> Termin
> Ort
> Organisation
> Teilnehmerinnen
> Vorarbeit
> Besonderheiten
> Ergebnisse:
>   Methoden
>   Gruppenprozeß
>   Motivation

Abb. 6.3.2 Gliederung eines Veranstaltungs-Protokolls

Von den Methoden wurden **Methoden-Steckbriefe** mit einer einheitlichen Gliederung verfaßt, die gleichzeitig der Orientierung und Dokumentation dienen. Ein Beispiel aus dem Projekt „Die Hexe in mir" ist in Abb. 6.3.2a dargestellt.

Das bin ich

Ziele:
- Kennenlernen der Teilnehmerinnen untereinander
- Sich Raum nehmen und bekommen
- Wertschätzung erfahren
- Stärkung des Selbstwertgefühls
- Erfahrung von sozialer Unterstützung
- Erste Hinführung zum Thema die Hexe in mir

Methode:
Gegenseitiges Sich-Vorstellen anhand eines selbst mitgebrachten persönlichen Gegenstandes, durch Gespräche und Austausch im Sitzkreis.

Gestaltung:
In der Mitte des Sitzkreises liegt ein runder großer Papierbogen, dessen Mittelpunkt jahreszeitlich geschmückt ist (Blumenstrauß, Blätter, Stein etc.).

Inhalt:
Die Teilnehmerinnen stellen sich nacheinander mit Namen, Hobbies, Alter usw. vor und erzählen kurz etwas über den Gegenstand, den sie mitgebracht haben.

Es kann folgende Frage dazu gestellt werden:
„Gibt es möglicherweise eine Verbindung zwischen dem Gegenstand und unserem heutigen Hexenthema?"
Anschließend schreiben die Teilnehmerinnen ihren Namen mit Wachsmalkreide auf ein buntes Papier und legen den Gegenstand dazu.

Material:
Bunte Papierbögen, Wachsmalkreide, jahreszeitlicher Schmuck, persönlicher Gegenstand.

Zeit:
15-20 Minuten

Eignung:
Als abgeschlossene Einheit, als Einstieg.

Abb. 6.3.2a Methoden-Steckbrief (Fröschl 1998, 32).

Die Kontrolle des Arbeitsfortschrittes (Projekt-Controlling) ist eine Führungsaufgabe. Kontrolle dient der regelmäßigen Bilanzziehung. Korrekturen erfolgen bei unerwünschtem Verlauf. „Eine wesentliche Voraussetzung für eine erfolgreiche Kontrolle ist die Information und Abstimmung zwischen allen Betroffenen und Verantwortlichen" (Litke et al.1998, 20). Dazu gehört das Setzen von Maßstäben, die Überwachung der Leistung und im gegebenen Fall die Ergreifung von Korrekturmaßnahmen (Haynes, 1999, 57).

Die Festlegung von **Meilensteinen** ist ein hilfreiches Instrument. Dazu müssen Schlüsselereignisse definiert werden und mit Termin festgelegt werden. Meilensteine sind also Zwischenergebnisse, die an wichtigen Abschnitten des Projektes erzielt werden müssen, damit das Projekt in die nächste Phase treten kann. Beispielsweise Durchführung des ersten Workshops im Monat März. Oder: Erstfassung des Jahresberichtes 30. November. Es läßt sich so übersichtlich überprüfen, ob diese Meilensteine erreicht wurden (Haynes 1999, 63; Litke et al. 1998, 40; Mehrmann et al. 1999, 234ff.).

6.3.3 Öffentlichkeitsarbeit

Meinungen bilden sich über Information und Kommunikation. Öffentlichkeitsarbeit unterstützt die Formierung von Meinungen.

Projekte bedürfen einer intensiven Öffentlichkeitsarbeit. Dabei gilt als erster Merksatz: **Öffentlichkeitsarbeit beginnt innen**. Das bedeutet in der eigenen Institution. Dies wird oft vergessen. Gerade bei innovativen Projekten ist nicht damit zu rechnen, dass die eigene Begeisterung automatisch die MitarbeiterInnen in der Institution erfaßt. Diese können sich durchaus bedroht fühlen und mit Abwehr reagieren. Für Vertrauen und Zustimmung sorgt Transparenz. Auch die aktive Beteiligung der MitarbeiterInnen beispielsweise bei der Ideensuche kann für beide Seiten hilfreich sein: MitarbeiterInnen und Leitung.

Jedoch muß bedacht werden, dass es durch die Projekt-Arbeit zu Kompetenzverschiebungen und Hierarchieproblemen kommen kann. Eine regelmäßige Information kann vertrauensbildend wirken.
Es gilt auch: innerhalb des Projektes besteht eine andere Eigenzeit als in der Organisation. Die Mühlen der Routine in der Organisation mahlen langsamer. Das Thema Gesund-Seins-Förderung einzuführen und im Projekt zu leben, kann zu einer echten Systemveränderung führen.

Nach außen gilt es PolitikerInnen und andere MeinungsführerInnen sowie den Geldgeber einzubeziehen. Hier können Präsentationen nötig sein. Eine gelungene Präsentation setzt die richtige Auswahl der Information und eine geeignete Wahl der Medien voraus. Fragen, die vorab gestellt werden müssen sind: wer wird mit welcher Meinung an der Präsentation teilnehmen? Was interessiert? Was soll erreicht werden? Wieviel Zeit steht zur Verfügung? Wie können die Inhalte dargestellt werden?
Die zentrale Frage bei jeder Art von Öffentlichkeitsarbeit muß dabei sein: Welche Information in welcher Sprache paßt für wen? Sprachlich wird ein Plakat für Jugendliche anders aufgemacht sein, als eine Anzeige in einer Tageszeitung. Weiterhin ist zu bedenken, dass die Gesund-Seins-Förderung eine eigene Sprache hat, die den AdressatInnen noch unbekannt sein kann.

Auch eingeplante massenkommunikative Elemente des Projektes sind öffentlichkeitswirksam. Dies können Broschüren, Plakate, Anzeigen, Faltblätter oder Aufkleber sein.
Aber auch an eine Pressearbeit ist zu denken. Die Versendung von Pressemitteilungen oder die Durchführungn von Pressekonferenzen sind zu überlegen.

Einzuplanen bleibt weiterhin die Vermarktung des Angebotes, das Marketing: „Unter Marketing werden alle Strategien und Aktivitäten verstanden, die auf den Markt gerichtet sind. Der Markt, das sind die Angebote, Anbieter und potentielle Kunden oder Zielgruppen in einer Region. Marketing entwickelt systematisch Ziele und Aktivitäten, um diese Ziele zu erreichen. Soziales Marketing ist marktorientiertes Handeln von Organisationen im sozialen Bereich". Marketing wird dort eine größere Rolle spielen, wo Angebote verkauft werden. Bei Gesundheitsmarketing geht es darum „das Angebot denjenigen nahezubringen, die davon profitieren können, für die es zu einer Erweiterung ihrer Gesundheitsfähigkeiten und -möglichkeiten (Empowerment) beitragen kann" (Krause 1995, 48-50). Auch hier kommt es wieder auf eine Unverwechselbarkeit des eigenen Angebots an.

Der Bedarf kann an Zahlen oder an Wünschen der Menschen festgemacht werden. Für die Zielgruppe Jugendliche sind nicht die steigenden Infektionszahlen durch HIV, wohl aber die erwachende Sexualität ein Thema.

6.4 Abschlußphase: Projekte beenden

Die Abschlußphase eines Projektes sollte bewußt gelebt werden. Die Gefahr ist groß, dass in der allgemeinen Hektik des Abschlusses - der Jahresbericht ist nicht fertig, die Abrechnung bereitet Probleme - der Schluß übersehen wird. Wichtig bleibt festzustellen: Was lief gut? Wo lagen die Fehler? Aus Fehlern sollte man oder frau lernen und sie in Zukunft vermeiden. Nach dem Motto: ein Profi macht nur neue Fehler (Kellner, 1996, 184). Ich habe gelernt, dass ich dabei bei mir selbst anfangen muß. Es sind häufig eben nicht die ungünstigen Umstände oder die Dummheit von anderen, sondern mein eigenes Tun oder Nicht-Tun.
Die Bilanz sollte so ehrlich sein, dass auch ein Scheitern eingestanden wird oder werden kann. Innovative Projekte können scheitern!!!
Aber: ein Erfolg oder ein Abschluß soll gefeiert werden.

6.4.1 Abschluß und Evaluation

Am Ende werden Plan und Verlauf sowie Ergebnis verglichen. Welche Abweichungen gab es? Woran lag es? Wurden zusätzliche Ergebnisse erzielt? So sollte beispielsweise unser „Hexenprojekt" Multiplikatorinnen im sozialarbeiterischen Bereich ansprechen, jetzt entdecken Fachkräfte aus Krankenpflegeschulen die Methoden für ihren Bereich.

Die Bilanzziehung gehört zum Abschluß eines Projektes. Die letzte Teamsitzung sollte dazu dienen. Was habe ich gelernt? Welche Zukunftsperspektiven ergeben sich? Welche Folgearbeiten bleiben zu tun? Wie sieht die Zukunft der MitarbeiterInnen aus (Litke et al 1998, 121ff.)?

Die Durchführung einer **Evaluation** sollte standardmäßig zu Projekten im Bereich der Gesund-Seins-Förderung gehören. Sie dient der Bewertung der Maßnahme. Evaluation erfolgt wissenschaftsgestützt und soll praxisrelevante Informationen über die Maßnahme geben. „Evaluation beinhaltet die Überprüfung und Bewertung von Handlungsmöglichkeiten und zielt auf deren Optimierung ab" (Wengle 1995, 223). Das Ziel ist die Beschaffung möglichst verläßlicher Informationen über das Projekt als Grundlage für dessen Bewertung und zukünftige Entscheidungen. Da es bei Projekten im Bereich der Gesund-Seins-Förderung vielfach um qualitative körperliche, seelische und soziale Faktoren geht, sind unterschiedliche Bewertungen durchaus möglich. Umso wichtiger ist die Darstellung der Bewertungskriterien.

Bewertet werden Struktur, Durchführung und Erfolg einer Maßnahme. Dementsprechend wird zwischen **Strukturevaluation, Prozeßevaluation und Ergebnisevaluation** unterschieden.
In der Strukturevaluation wird beispielsweise untersucht, ob die gewählte Organisationsform richtig war. Die Prozeßevaluation stellt Fragen nach dem Verlauf der Maßnahmen oder nach der Teamentwicklung. Sie kann wichtig sein, um im Verlauf rechtzeitig bei Problemen einzugreifen. Die am häufigsten durchgeführte Ergebnisevaluation untersucht die Wirkung nach Abschluß der Maßnahme (s. auch Hurrelmann et al. 1993, 192ff.).

Die Evaluation orientiert sich grundsätzlich an den Zielen des Projektes.
Zur Informationsgewinnung kann beispielsweise auf vorhandene Dokumentationen zurückgegriffen werden, können Interviews durchgeführt werden, die Daten mittels eines Fragebogens erhoben werden oder Beobachtungen durchgeführt werden.
Im folgenden gehe ich lediglich auf die Evaluation mit Hilfe eines Fragebogens ein. Fragebögen haben den Vorteil, dass sie im Vergleich zu Interviews in der Regel mit weniger Aufwand bei Datenerhebung und Auswertung verbunden sind. Jedoch ist die Entwicklung eines Fragebogens durchaus aufwendig. Fragebögen eignen sich zur Erhebung von konkreten Verhaltensweisen, Handlungen, Zuständen oder Sachverhalten und deren Bewertung durch die Befragten (Wengle 1995, 237).
Es können offene und geschlossene Fragen gestellt werden. Eine offene Frage erlaubt eine freie Auswahl von Antworten. Geschlossene Fragen arbeiten entweder mit Bewertungs-Skalen (Rating) oder Rangfolgen-Skalen. Beipiele:
Bewertungs-Skala: Das Maskenspiel hat mir -1 nicht - 2 wenig - 3 ganz gut - 4 gut - 5 sehr gut - gefallen.

Diese Fragen sind einfach auszuwerten, aber die Antworten konzentrieren sich häufig auf die Mitte.

Rangfolgen-Skala: Welche Methode war für die Auseinandersetzung mit dem Frausein am hilfreichsten? Welche am wenigsten?
Fantasiereise – Rollenspiel – Collage – Reise in die Hexenwelten - Maskenspiel
1 bedeutet am meisten hilfreich 2 am zweitmeisten und 5 am wenigsten hilfreich.

Rangfolgen-Skalen ergeben eine Rangfolge, allerdings besteht für die Befragten der Zwang eine Rangfolge zu erstellen, auch wenn sie keinen Unterschied ausgemacht haben.

Einige Hinweise zur Erstellung von Fragebögen sind in Abb. 6.4.1 zusammengestellt.

> kurze Anleitung zum Ausfüllen des Bogens an den Anfang
> Ziel der Befragung erklären
> Anpassung an die Sprache der Zielgruppe
> logischer Aufbau
> höchstens zwei DIN A4-Seiten
> Wechsel von offenen und geschlossenen Fragen
> Dank am Ende

Abb. 6.4.1 Hinweise zur Erstellung von Fragebögen

Die Erhebungsinstrumente sollten in jedem Fall vorgetestet werden, um beispielsweise zu verhindern, dass Fragen unverständlich sind.
Gütekriterien sind zu berücksichtigen. So betrifft die Validität die Gültigkeit der Aussagen. Anders ausgedrückt: Mißt das Instrument tatsächlich das, was es vorgibt zu messen (Haisch et al. 1999, 405)? Dabei ist auch die Frage zu beantworten: Sind die beobachteten Effekte tatsächlich auf die Maßnahme zurückzuführen? Und: Treten die beobachteten Effekte auch außerhalb der durchgeführten Untersuchungen auf? Hier ist es besonders wichtig zu beachten, ob es Einwirkungen von außen auf die TeilnehmerInnen gibt wie z.B. verstärkte Presseberichte zum Thema, die das Ergebnis beeinflussen. Verändert werden die Ergebnisse auch durch das Herausfallen von TeilnehmerInnen aus der Evaluation (Wengle 1994, 229ff.).
Um die geeignete Form der Evaluation auszuwählen, ist die Frage nach dem Adressaten der Evaluation (eigene Organisation oder Geldgeber), dem beabsichtigten Aufwand und den zur Verfügung stehenden finanziellen Mitteln zu stellen.

Die Auswertung muß ebenso mitgeplant werden. Häufig ist es notwendig, um den Aufwand überschaubar zu halten, Prioritäten zu setzen.
Es kann bei der Evaluation sinnvoll sein, auf Hilfe von außen zurückzugreifen.

6.4.2 Was bleibt für die Zukunft?

Projekte im Bereich der Gesund-Seins-Förderung laufen Gefahr, dass sie mit Abschluß in der geschlossenen Schublade verschwinden. Das gesamte erworbene Wissen verschwindet dann auch. Deshalb ist es wichtig zu fragen: was bleibt für die Zukunft? Das im Rahmen eines Projektes gebaute Haus bleibt stehen und ist zu nutzen. Die Jahresberichte von Projekten im Gesundheitsbereich liegen verstaubt im Keller der Institution und keine(r) weiß davon! Fragen sind: was passiert mit dem Material? Kann es in einem Folge-Projekt der Einrichtung weiterverwendet werden oder wird es einer anderen Institution zur Weiterverwertung angeboten? Wie sind die erarbeiteten Methoden für Interessierte zugänglich. Die erarbeiteten Methoden mit dem theoretischen Hintergrund der beiden Projekte „MIB-Mädchen total im Bild" und „Die Hexe in mir - ein Verwandlungsspiel mit Masken" sind als Manual für die Fachwelt verfügbar.

Es stellt sich natürlich auch die Frage, was aus dem Projekt in ein Folge-Projekt übernommen werden kann und welche Aspekte schließlich in die tägliche Routine übernommen werden können.

Wenn damit ein Stück Gesund-Seins-Förderung zur Routine wird, geht (m)ein Traum in Erfüllung!

7. Zusammenfassung

Ein systemisches Modell von **Gesund-Sein** stellt das Individuum in den Mittelpunkt. Ich bin gesund, statt ich habe eine Gesundheit. Männer, Frauen und Kinder werden dabei als autonome Wesen gesehen, die sich in ihrer Umwelt und Mitwelt verwirklichen. Gesund-Sein ist gelingendes Leben, das Gestaltungskraft und Bewältigungsfähigkeit integriert. Dabei schließt Gesund-Sein den angemessenen Umgang mit Krank-Sein, Sterben und Tod ein. Dieses Verständnis ermöglicht es auch Kindern, Frauen und Männern mit Behinderungen oder chronischer Krankheit, gesund zu sein.

Die **Systemtheorie** bietet für ein transdisziplinäres Verständnis von Gesund-Sein den theoretischen Hintergrund. Gesund-Sein wird in **autopoietischen Prozessen** in struktureller Koppelung mit der Umwelt hervorgebracht.

Die **Gesund-Seins-Förderung** bedingt einen Blickwinkelwechsel. Frauen, Männer und Kinder werden im Hilfeprozeß als autonome, handlungsfähige Subjekte, die bezüglich der eigenen Gesundheit einen ExpertInnenstatus innehaben, gesehen und nicht mehr als experten-abhängige Objekte betrachtet. Dazu wird der Begriff **KonduzentIn** eingeführt. Der Begriff KonduzentIn betont die Kooperation von selbständigen und selbsttätigen Wesen, die gemeinsam mit Professionellen in einer partizipativen Gestaltung am Prozeß der Gesund-Seins-Förderung teilhaben.
Als ressourcenorientiertes Konzept dient die **Salutogenese**. Sie stellt die Frage nach der Entstehung des Gesund-Seins. Der zentrale Begriff des Kohärenzgefühles (sense of coherence, SOC) beschreibt, wie ein Phänomen als Ressource wirkt. Das Kohärenzgefühl ist dabei eine globale Orientierung, die Individuen Vertrauen in die Sinnhaftigkeit der Welt gibt. Als Handlungsansatz dient das **Empowerment** mit dem Ziel einer Selbstermächtigung durch die Akzentuierung der Selbstorganisation und der autonomen Lebensführung..

Neben **personalen und ökosozialen Ressourcen** gilt es **gesund-seins-fördernde Prinzipien** (wieder) zu entdecken.
Der achtsame, innehaltende Umgang mit der **Zeit** führt zu einem langsam(er)en rhythmisch-zyklischen Leben unter Berücksichtigung der Eigenzeit.
Der Weg zu einer integrativen Gesund-Seins-Förderung kann nur über eine effektive interdisziplinäre **Kooperation** unter Einbezug der Konduzenten und Konduzentinnen gehen. Da dadurch die prozeßorientierte Arbeit verbessert wird, kann Qualität entstehen.
Im Leben mit den eigenen **Emotionen** geht es um Achtsamkeit, als nicht-urtei-

lendes Wahrnehmen. Achtsamkeit heißt Gefühle wie Kummer, Traurigkeit, Wut oder Angst, aber besonders Gefühle wie Freude, inneren Frieden und Glück zu würdigen und zuzulassen.

Ein bewußtes Erfahren des eigenen **Körpers** mit der persönlichen Lebensgeschichte, in der individuelle, soziale und kulturelle Aspekte wirksam sind, läßt uns die Weisheit unseres Körpers spüren. Er stellt die Verbindung von uns zu unserer Umwelt und Mitwelt her. Ein achtsamer Umgang mit Bewegung, Ruhe und Entspannung, Lust und Genuß und die Kontakt- und Grenzerfahrungen durch die Haut machen Körper-Sein statt Körper-Haben möglich.
Gesund-Sein enthält neben dem Körperlichen, Seelischen und Sozialen eine spirituelle Komponente. **Spiritualität**, in der das Individuum ein Gefühl der Zugehörigkeit und Verbundenheit mit dem Kosmos empfindet. Glaube und Religion können dabei bedeutende Ressourcen für das Wohlbefinden darstellen. Im Krank-Sein und Leid kommt es auf eine kreative Umgestaltung des Lebens an, die dem Leiden wenigstens ein Quentchen Sinn abringt. Heilung geht immer mit einem Prozeß des Loslassens und Annehmens einher. Rituale, die unsere Gefühle einbeziehen, können Hilfe und Hoffnung bieten.
Arbeit wird als ein schöpferischer Prozeß verstanden, der alle Fähigkeiten des Individuums, emotionale, intellektuelle und praktische, einbezieht, also auf die Ressourcen ausgerichtet ist. Neben der Erwerbsarbeit muß unbezahlte Arbeit eine gleichberechtigte Bewertung erfahren. Eigenarbeit, deren Dienstleistungen auf eine wechselseitige Befriedigung der Bedürfnisse ausgerichtet sind, kann eine neue Arbeits-Form darstellen. Die Betonung liegt dabei nicht auf dem Produkt, sondern auf dem sich entwickelnden Prozeß.

Die **Integrative Gesund-Seins-Förderung** bietet einen Zugang für die Unterstützung von gesunden, kranken, behinderten und sterbenden Männern, Frauen und Kindern. Die Synthese von neuen ressourcenorientierten, auf Partizipation ausgerichteten Konzepten aus Sozialer Arbeit, Medizin und Pflege zeigt den Weg zu einer Integrativen Gesundheitsförderung auf. Soll unser Gesundheitssystem tatsächlich das Gesund-Sein von Individuen in den Mittelpunkt stellen, muß es sich vom defizitorientierten Krankheitssystem entfernen. Der Blick wird sich auf das menschlich Wünschbare, statt auf das technisch Machbare verändern müssen.
Die Wiederentdeckung antiker Heilkonzepte kann dazu einen Weg weisen. So steht in der klassischen Heilkultur an oberster Stelle die Beachtung der Lebensordnung und Lebensführung, die Diätetik als Lehre von einer Lebensweise, die auf das Wohlbefinden ausgerichtet ist.
Als Ausgangspunkt für die Integrative Gesund-Seins-Förderung dient eine

Betrachtung der individuellen Gesund-Seins-Geschichte unter Berücksichtigung der Lebenssituation, der subjektiven Gesundheitskonzepte und Gesundheitshandlungen integriert in die Lebensgeschichte. Die daraus resultierenden Fragen sollen unter dem Dach einer **ökologischen Humanwissenschaft** bearbeitet werden.
Eine umfassende Gesund-Seins-Förderung muß neben den KonduzentInnen aber noch weitere Blickwinkel einbeziehen: die Ebene der Professionellen oder MitarbeiterInnen, die Institution und die Umwelt, in der die Dienstleistung stattfindet.
Die Prinzipien einer gelebten Integrativen Gesund-Seins-Förderung unterscheiden sich wesentlich vom Vorgehen der klassischen Hilfe bei Krankheiten: der Blick geht von der Krankheit zum Gesund-Sein, vom Objekt zum Subjekt, von PatientInnen/KlientInnen zu KonduzentInnen, von der Konsultation zur Begegnung, vom Defizit zur Ressource, von den Angeboten zu den Bedürfnissen, vom Fall zur Gesund-Seins-Geschichte und von der Struktur zum Prozeß.

Die **Projektarbeit** ist ein praktikabler Weg, um das weite Feld der Integrativen Gesund-Seins-Förderung in Konzepten beschreibbar, durchführbar und damit auswertbar zu machen. Projekte in der Gesund-Seins-Förderung ermöglichen die Entwicklung von Fantasien und Utopien und die Gestaltung von Lebensräumen in einem partizipativen Prozeß. Dort wo es eine Idee gibt, die mit einem definierten Ziel in einer begrenzten Zeit umgesetzt wird, ist die Arbeit in Projekten sinnvoll.
Ein Projekt ist gekennzeichnet durch eine Zielvorgabe, einen zeitlichen und finanziellen Rahmen, Neuartigkeit und Einmaligkeit, eine komplexe Aufgabe, interdisziplinäre Teamarbeit und eine spezifische Organisationsform. Zu einer effektiven Projektarbeit bedarf es einer genauen Planung und Steuerung sowie klarer Entscheidungsstrukturen.
Der Projektverlauf gliedert sich in vier Phasen: Orientierung, Planung, Durchführung, Abschluß.
Die möglichst exakte Formulierung von Zielen gibt im Verlauf des Projektes immer wieder Orientierung und macht am Ende eine Erfolgsbeurteilung möglich.
Das Projektteam ist gekennzeichnet durch eine interdisziplinäre Zusammensetzung, intensive gegenseitige Beziehungen und gegliederte Arbeitsaufgaben. Eine interdisziplinäre Zusammensetzung ist wichtig für Innovation, Kreativität und fachliche Ausgewogenheit.
Die zentrale Position in der Projektarbeit ist die Leitung. Sie ist für Planung, Koordination, Inhalt, Durchführung, Dokumentation, Kontrolle und die Personalführung verantwortlich.

Die Durchführung einer Evaluation sollte standardmäßig zu Projekten im Bereich der Gesund-Seins-Förderung gehören. Sie dient der Bewertung der Maßnahme. Evaluation erfolgt wissenschaftsgestützt und soll praxisrelevante Informationen über die Maßnahme geben.

Abschließend muß überlegt werden, wie die Ergebnisse des Projektes weiter verwendet werden. Dies kann in einer Weitergabe an andere, einem Folge-Projekt oder der Übernahme in die tägliche Routine erfolgen.

Literaturverzeichnis

Antonovsky, Aaron 1979: Health, stress and coping: New perspectives on mental and physical well-being. San Francisco.

Antonovsky, Aaron 1997: Salutogenese. Zur Entmystifizierung der Gesundheit. Deutsche Übersetzung von Alexa Franke. Tübingen.

Badura, Bernhard 1981: Soziale Unterstützung und chronische Krankheit. Frankfurt.

Bandura, Albert 1977: Self-efficacy: Toward a unifying theory of behavioral change. Psychological Review 84:191-215

Becker, Peter 1992: Die Bedeutung integrativer Modelle von Gesundheit und Krankheit für die Prävention und Gesundheitsförderung. In: Paulus, Peter (Hrsg.): Prävention und Gesundheitsförderung. Köln, S.91-108

Benson, Herbert/ Stuart, Eileen 1992: The Wellness Book. Boston.

Berkman, Lisa/ Syme, Leonard 1979: Social networks, host resistance, and mortality. American Journal of Epidemiology 109:186-204

Bertalanffy, Ludwig von 1937: Das Gefüge des Lebens. Leipzig.

Bertalanffy, Ludwig von 1975: Perspectives on General System Theory. New York.

Bertalanffy, Ludwig von 1981: A Systems View of Man. Colorado.

Bobzien, Monika/ Stark, Wolfgang/ Straus Florian 1996: Qualitätsmanagement. Alling.

Braun, Bernard/ Kühn, Hagen/ Reiners, Hartmut 1998: Das Märchen von der Kostenexplosion. Populäre Irrtümer zur Gesundheitspolitik. Frankfurt.

Brieskorn-Zinke, Marianne 1996: Gesundheitsförderung in der Pflege. Stuttgart.

Brockhaus 1997a: Die Enzyklopädie. Band 8. Leipzig.

Brockhaus 1997b: Die Enzyklopädie. Band 10. Leipzig.

Brockhaus 1997c: Die Enzyklopädie. Band 20. Leipzig.

Bronfenbrenner, Urie 1981: Die Ökologie der menschlichen Entwicklung. Stuttgart.

Brucks, Ursula 1998: Salutogenese – der nächstmögliche Schritt in der Entwicklung medizinischen Denkens? In: Schüffel, Wolfram/ Brucks, Ursula/ Johnen Rolf/ Köllner, Volker/ Lamprecht, Friedhelm/ Schnyder, Ulrich (Hrsg.): Handbuch der Salutogenese. Wiesbaden, S.23-36

Buber, Martin 1995: Ich und Du. Stuttgart.

Bundesministerium für Bildung, Wissenschaft, Forschung und Technologie (Hrsg.) 1997: Gesundheit und allgemeine Weiterbildung. Beitrag zu einer neuen Perspektive der Gesundheitsförderung. Bonn.

BzgA (Bundezentrale für gesundheitliche Aufklärung) (Hrsg.) 1998: Was erhält Menschen gesund? Antonovskys Modell der Salutogenese - Diskussionstand und Stellenwert. Forschung und Praxis der Gesundheitsförderung. Band 6. Köln.

Capra, Fritjof 1982: Wendezeit. Bern

Capra, Fritjof 1996: Lebensnetz. Bern.

Deutsches Institut für Normung e.V. 1987: DIN 69 901. Berlin.

Eisele, Hans 1995: Gesundheitsförderung durch Kommunikation. In: Krause, Regina (Hrsg.): Gesundheitsförderung: Von der Projektplanung bis zur Evaluation. Oberhaching, S. 63-82.

Ende, Michael 1973: Momo oder die seltsame Geschichte von den Zeit-Dieben und von dem Kind, das den Menschen die gestohlene Zeit zurückbrachte. Stuttgart.

Erben, Rosmarie/ Franzkowiak, Peter/ Wenzel Eberhard 1986: Die Ökologie des Körpers. Konzeptionelle Überlegungen zur Gesundheitsförderung. In: Wenzel Eberhard (Hrsg.). Die Ökologie des Körpers. Frankfurt. S. 13-120

Ernst, Heiko 1993: Die Weisheit des Körpers. München.

Ernst, Heiko 1997: Macht Glauben gesund? Psychologie heute 24/6: 20-21/27

Faltermaier, Toni/ Kühnlein, Irene/ Burda-Viering, Martina 1998a: Gesundheit im Alltag. Weinheim.

Faltermaier, Toni 1998b: Subjektive Theorien und Konzepte von Gesundheit. In: Flick, Uwe (Hrsg.): Wann fühlen wir uns gesund? Subjektive Vorstellungen von Gesundheit und Krankheit. Weinheim, S.70-86.

Feldenkrais, Moshé 1987: Die Entdeckung des Selbstverständlichen. Frankfurt.

Flick, Uwe (Hrsg.) 1998: Wann fühlen wir uns gesund? Subjektive Vorstellungen von Gesundheit und Krankheit. Weinheim.

Frank, Ulrike/ Belz-Merk, Martina/ Bengel, Jürgen/ Strittmatter, Regine 1998: Subjektive Gesundheitsvorstellungen gesunder Erwachsener. In: Flick, Uwe (Hrsg.): Wann fühlen wir uns gesund? Subjektive Vorstellungen von Gesundheit und Krankheit. Weinheim, S.57-69

Frankl, Viktor F. 1996: Zeiten der Entscheidung. Freiburg.

Fröschl, Monika 1998: Hexen gestalten Lebenslust. Manual für Gesundheitsförderung. München.

Fröschl, Monika 1999: Gesundheitsmanagement 2000: Kooperation als Weg zur Qualität in der Gesundheitsförderung. PflegeManagement 3/99:5-9

Germain, Carel/ Gitterman Alex 1988: Praktische Sozialarbeit. Das „Life Model" der sozialen Arbeit. Stuttgart.

Goleman, Daniel 1997: Emotionale Intelligenz. Nördlingen.

Gripp-Hagelstange, Helga 1995: Niklas Luhmann. München.

Grom, Bernhard 1997: Gottesvergiftung oder Gottestherapie? Psychologie heute 24/6: 22-26

Grün, Anselm 1997: Geborgenheit finden - Rituale feiern. Zürich.

Haisch, Jochen/ Weitkunat, Rolf/ Wildner, Manfred 1999: Wörterbuch Public Health. Bern.

Haynes, Marion 1999: Projektmanagement. Von der Idee bis zur Umsetzung. Wien.

Herriger, Norbert 1997: Empowerment in der Sozialen Arbeit. Stuttgart.

Höhmann, Ulrike/ Müller-Mundt, Gabriele/ Schulz, Brigitte 1998: Qualität durch Kooperation. Gesundheitsdienste in der Vernetzung. Frankfurt.

Hurrelmann, Klaus 1988: Sozialisation und Gesundheit. Weinheim.

Hurrelmann, Klaus/ Laaser, Ulrich 1993: Gesundheitswissenschaften. Weinheim, S. 192-195

Imber-Black, Evan 1997: Familien und größere Systeme. Im Gestrüpp der Institutionen. Heidelberg.

Kabat-Zinn, Jon 1998: Im Alltag Ruhe finden. Freiburg.

Kellner, Hedwig 1996: Die Posträuber Methode. Erfolgsstrategien für Selbst- und Projektmanagement. Frankfurt.

Keupp, Heiner/ Röhrle, Bernd 1987: Soziale Netzwerke. Frankfurt.

Kleese, Rosemarie/ Sonntag, Ute/ Brinkmann, Marita/ Maschewsky-Schneider, Ulrike 1992: Gesundheitshandeln von Frauen. Frankfurt.

Kobasa, Suzanne 1979: Stressful life events, personality and health: An inquiry in hardiness. Journal of Personality and Social Psychology 34: 839-850

Krause, Regina (Hrsg.) 1995: Gesundheitsförderung: Von der Projektplanung bis zur Evaluation. Oberhaching.

Kuhn, Thomas 1988: Die Struktur wissenschaftlicher Revolutionen. Frankfurt/Main.

Litke, Hans/ Kunow, Ilonka 1998: Projektmanagement. Planegg.

Lock, Dennis 1997: Projektmanagement. Wien.

Martiny, Karin 1999: Gesundheitspflege als Ausbildungsinhalt. Pflegezeitschrift 4/99: 2-7

Marx, Karl/ Engels, Friedrich 1973: Werke. Band 3. Berlin.

Maturana, Humberto/ Varela, Francisco 1987: Der Baum der Erkenntnis. Bern

Mehrmann, Elisabeth/ Wirtz, Thomas 1999: Effizientes Projektmanagement. München.

Miller, Tilly 1999: Systemtheorie und Soziale Arbeit. Stuttgart.

Milz, Helmut 1994: Der wiederentdeckte Körper. München.

Montagu, Ashley 1995: Körperkontakt. Stuttgart.

Morrow Lindbergh, Anne 1999: Das Schönste von Anne Morrow Lindbergh. München.

Mühlum, Albert/ Bartholomeyczik, Sabine/ Göpel, Eberhard 1997: Sozialarbeitswissenschaft - Pflegewissenschaft - Gesundheitswissenschaft. Freiburg.

Müller, Irmgard 1994: Hildegard von Bingen. In: Kemper, Peter (Hrsg.): Die Geheimnisse der Gesundheit. Frankfurt, S.159-175

Müller, Jörg 1998: Und heilt alle deine Gebrechen. Psychotherapie in christlicher Sicht. Stuttgart.

Nadolny, Sten 1987: Die Entdeckung der Langsamkeit. München.

Nefiodow, Leo A. 1999: Der sechste Kondratieff. Bonn.

Niedersächsische Kommission Gesundheitsförderung 1992: Gesundheit 2000. Neue Wege der Gesundheitsförderung in Niedersachsen. Hannover.

Paulus, Peter (Hrsg.) 1992: Prävention und Gesundheitsförderung. Köln.

Pelikan, Jürgen/ Garcia-Barbera, Mila/ Lobnig, Hubert/ Krajic, Karl (Hrsg.) 1998: Pathways to a Health Promoting Hospital. Gamburg.

Rappaport, Julian 1985: Ein Plädoyer für die Widersprüchlichkeit: ein sozialpolitisches Konzept des „empowerment" anstelle präventiver Ansätze. Verhaltenstherapie und psychosoziale Praxis 2:257-278

Reheis, Fritz 1998: Die Kreativität der Langsamkeit. Darmstadt.

Rieforth, Joseph/ Fichten, Wolfgang (Hrsg.) 1994: Gesundheitsförderliches Handeln in der Krankenpflege. Berlin.

Rotter, Julian 1966: Generalized expectancies for internal versus external control of reinforcement. Psychological Monographs 80: No. 609

Schaefer, Gerhard 1998: Balanceakt Gesundheit. Darmstadt.

Schipperges, Heinrich/ Geue, Bernhard/ Vescovi, Gerhard/ Schlemmer, Johannes 1988: Die Regelkreise der Lebensführung. Gesundheitsbildung in Theorie und Praxis. Köln.

Schipperges, Heinrich 1990: Geschichte der Medizin in Schlaglichtern. Mannheim.

Schipperges, Heinrich 1995: Hildegard von Bingen. München.

Schüffel, Wolfram/ Brucks, Ursula/ Johnen, Rolf/ Köllner, Volker/ Lamprecht, Friedhelm/ Schnyder, Ulrich (Hrsg.) 1998: Handbuch der Salutogenese. Wiesbaden.

Schütz, Alfred 1971: Begriffs- und Theoriebildung in den Sozialwissenschaften. In: Gesammelte Schriften Band I. Den Haag.

Schweitzer, Jochen 1998: Gelingende Kooperation. Weinheim.

Simonton, Carl 1997: Auf dem Wege der Besserung. Schritte zur körperlichen und spirituellen Heilung. Reinbek.

Sölle, Dorothee 1999: Lieben und Arbeiten. Eine Theologie der Schöpfung. Hamburg.

Solomon, Barbara 1976: Black empowerment. Social work in oppressed communities. New York.

Stark, Wolfgang 1996: Empowerment. Neue Handlungskompetenzen in der psychosozialen Praxis. Freiburg

Staub-Bernasconi, Silvia 1994: Soziale Probleme – Soziale Berufe – Soziale Praxis. In: Heiner, Maja et al. (Hrsg.): Methodisches Handeln in der Sozialen Arbeit. Freiburg, S. 11-101

Stutz, Pierre 1998: Alltagsrituale. Wege zur inneren Quelle. München.

Trojan, Alf/ Stumm, Brigitte (Hrsg.) 1992: Gesundheit fördern statt kontrollieren, Frankfurt.

Uexküll, Thure von 1997: Psychosomatische Medizin. München.

United Nations, 1994: Human Rights and Social Work. A Manual for Schools of Social Work and Social Work Profession. New York/Geneva.

Verres, Rolf 1998: Gesundheitsforschung und Verantwortung. In: Flick, Uwe (Hrsg.): Wann fühlen wir uns gesund? Subjektive Vorstellungen von Gesundheit und Krankheit. Weinheim, S.301-313

Vester, Frederic 1983: Unsere Welt – ein vernetztes System. München.

Waller, Heiko 1995: Gesundheitswissenschaft. Stuttgart.

Watzlawick, Paul 1991: Vom Schlechten des Guten. München.

Weidner, Frank 1995: Professionelle Pflegepraxis und Gesundheitsförderung. Frankfurt.

Weizsäcker, Victor von 1955: Soziale Krankheit und soziale Gesundung. Göttingen.

Welter-Enderlin, Rosmarie 1999: Wie aus Familiengeschichten Zukunft entsteht. Freiburg.

Wendt, Wolf-Rainer 1990: Ökosozial denken und handeln. Freiburg.

Wendt, Wolf-Rainer 1991: Unterstützung fallweise. Freiburg.

Wengle, Eva 1995: Praxisnahe Evaluation. In: Krause, Regina (Hrsg.): Gesundheitsförderung: Von der Projektplanung bis zur Evaluation. Oberhaching, S.221-256

Wenzel, Eberhard 1983: Die Auswirkungen von Lebensbedingungen und Lebensweisen auf die Gesundheit. In: Bundeszentrale für gesundheitliche Aufklärung (Hrsg.): Die Auswirkungen von Lebensbedingungen und Lebensweisen auf die Gesundheit. Köln, S.1-18

WHO Weltgesundheitsorganisation 1948: World Health Organization. Constitution. Genf.

WHO Weltgesundheitsorganisation 1986: Ottawa Charta for Health Promotion. Genf.

WHO Weltgesundheitsorganisation 1985: Einzelziele für „Gesundheit 2000". Kopenhagen.

WHO Weltgesundheitsorganisation 1989: Europäische Charta Umwelt und Gesundheit. Kopenhagen.

WHO Weltgesundheitsorganisation 1995: Nursing Practice. Report of WHO Expert Committee. Genf.

WHO Weltgesundheitsorganisation 1997: The Jakarta Declaration on Leading Health Promotion into the 21st Century. Genf.

WHO Weltgesundheitsorganisation 1998: Glossar Gesundheitsförderung. Genf.

Wolf, Max/ Mlekusch, Rudolf/ Broks, Harald 1997: Projektmanagement live. Prozesse in Projekten durch Teams gestalten. Renningen-Malmsheim.

Zelle, Barbara 1998: Kooperation von Krankenhäusern im Bereich der Patientenversorgung unter besonderer Berücksichtigung der Marktstruktur. Bayreuth.

Monika Fröschl, geboren 1959. Studium der Medizin und Promotion zum Dr.med. Ärztin für Haut- und Geschlechtskrankheiten.
Seit 1989 Professorin an der Katholischen Stiftungsfachhochschule München in den Fachbereichen Soziale Arbeit und Pflege. Habilitation 1992. An der Klinik für Dermatologie und Allergologie am Biederstein der Technischen Universität München Leitung eines interdisziplinären Teams (Medizin, Pflege, Soziale Arbeit, Kunsttherapie, Psychologie und Verwaltung) für die Beratung und Betreuung von Menschen mit HIV und AIDS. Seit 10 Jahren Projektarbeit im Bereich HIV-Prävention und Gesundheitsförderung.

Dimensionen Sozialer Arbeit und der Pflege

Herausgegeben von der Katholischen Stiftungsfachhochschule München

in Kürze erscheint
Band 4 Empowerment konkret

Herausg. von Prof. Dr. T. Miller und S. Pankofer, München.
Mit Beiträgen zahlreicher Fachautoren.
2000. ca. 180 S., kt. ca. DM 38,-/öS 277,-/sFr. 35,-
(ISBN 3-8282-0131-8)

Das Konzept des Empowerment hat in den letzten Jahren verstärkt Einzug in die psychosoziale Praxis- und Theorieentwicklung gehalten. Zentrales Merkmal ist die Orientierung an den Fähigkeiten der Menschen und einer sich daraus ergebenden spezifischen Haltung gegenüber AdressatInnen Sozialer Arbeit - einer Haltung, die allerdings leichter zu denken als umzusetzen ist.

Der Sammelband „Empowerment konkret" will diese Lücke füllen und stellt neben einer grundlegenden Auseinandersetzung mit dem Konzept Empowerment vor allem kreative Umsetzungsmöglichkeiten und methodische Vorgehensweisen vor. PraktikerInnen aus den unterschiedlichen Feldern der psychosozialen Arbeit berichten und diskutieren praxisnah und kritsch-konstruktiv, was Empowerment im Kontext ihres Feldes für sie und ihre AdressatInnen bedeutet - oder noch bedeuten könnte.

Übersicht über den Inhalt:

Einführung zum Empowerment
Kompetenzen - Fähigkeiten - Ressourcen: Eine Begriffsklärung
Empowerment und Macht
Empowerment und Sprache
Empowerment und Gesundheitsversorgung
Praxisbeispiele von Empowermentarbeit mit Randgruppen (Wohnungslose, Psychiatrieerfahrene, kriminelle Jugendliche, Menschen mit geistiger Behinderung)
Empowerment und Gemeinwesenarbeit
Empowerment in der Schule
Empowerment in der Hochschulausbildung
Empowerment und Supervision
Empowerment am Beispiel literarischer Texte

Lucius & Lucius

Dimensionen Sozialer Arbeit und der Pflege

Herausgegeben von der Katholischen Stiftungsfachhochschule München

Bd. 1 Systemtheorie und Soziale Arbeit

Ein Lehr- und Arbeitsbuch

Von Prof. Dr. T. Miller, München
1999. 191 S. kt. DM 38,-/öS 277,- /sFr 35,-
(ISBN 3-8282-4556-0)

Die Autoren arbeiten die systemtheoretischen Spezifika des systemischen Paradigmas mit Hilfe der Theorie von Niklas Luhmann heraus. Darauf aufbauend wird eine Handlungstheorie Sozialer Arbeit konzeptualisiert. Vier Wissensebenen werden zugrundegelegt: Erklärungswissen, Wertewissen, Verfahrenswissen und Evaluationswissen. Diese Wissensebenen werden konsequent mit systemtheoretischen Vorgaben gefüllt; gleichzeitig werden sowohl die Möglichkeiten als auch die Grenzen hinsichtlich der Reichweite des systemtheoretischen Paradigmas für die Theorie und Praxis Sozialer Arbeit aufgezeigt.

Bd. 2 Soziale Arbeit mit Frauen und Mädchen

Positionsbestimmungen und Handlungsperspektiven

Herausg. von Prof. Dr. T. Miller und Prof. Dr. C. Tatschmurat, München
1996.VI, 247 S.
DM 34,-/öS 248,-/sFr 31,50
(ISBN 3-8282-4555-2)

Ziel der Sozialen Arbeit mit Frauen ist es, dort zu helfen, wo Frauen und Mädchen aufgrund ihres Geschlechts diskriminiert, verfolgt, geschlagen und ausgegrenzt werden. Sozialarbeiterische Handlungsansätze aus dem Bereich der Arbeit mit Frauen und Mädchen werden in diesem Buch mit Sozialarbeitstheorien und feministischen Theoriepositionen verknüpft.

Lucius & Lucius

Bei Fragen zur Produktsicherheit wenden Sie sich bitte an:
If you have any questions regarding product safety,
please contact:

Walter de Gruyter GmbH
Genthiner Straße 13
10785 Berlin
productsafety@degruyterbrill.com